교육학개론
기출문제 정복하기

9급 공무원 교육학개론
기출문제 정복하기

| 개정1판 | 발행 | 2024년 02월 07일 |
| 개정2판 | 발행 | 2025년 01월 10일 |

편 저 자 | 공무원시험연구소

발 행 처 | ㈜서원각

등록번호 | 1999–1A–107호

주   소 | 경기도 고양시 일산서구 덕산로 88–45(가좌동)

교재주문 | 031–923–2051

팩   스 | 031–923–3815

교재문의 | 카카오톡 플러스 친구[서원각]

홈페이지 | goseowon.com

시험의 성패를 결정하는 데 있어 가장 중요한 요소 중 하나는 충분한 학습이라고 할 수 있다. 하지만 무작정 많은 양을 학습하는 것은 바람직하지 않다. 시험에 출제되는 모든 과목이 그렇듯, 전통적으로 중요하게 여겨지는 이론이나 내용들이 존재한다. 그리고 이러한 이론이나 내용들은 회를 걸쳐 반복적으로 시험에 출제되는 경향이 나타날 수밖에 없다. 따라서 모든 시험에 앞서 필수적으로 짚고 넘어가야 하는 것이 기출문제에 대한 파악이다.

교육학개론은 최근으로 올수록 주어진 사료를 바탕으로 역사적 사실을 유추해 내는 수능형 문제의 비중이 높아지고 있으며, 지엽적인 내용을 묻는 등 난도가 높아지고 있다. 따라서 한국사는 각 시행처별 기출문제를 통해 문제풀이에 대한 응용력을 길러야 하며, 고려와 조선의 정치 · 경제 · 사회사와 문화사 등은 출제 빈도가 높은 편으로 각별한 대비가 필요하다. 또한 최근 화제가 되고 있는 사회적 이슈와 결부 지을 수 있는 역사적 사실에 대한 꾸준한 관심도 필요하다. 보다 넓은 안목으로 한국사 학습에 임해야 할 것이다.

9급 공무원 최근 기출문제 시리즈는 기출문제 완벽분석을 책임진다. 그동안 시행된 국가직 · 지방직 및 서울시 기출문제를 연도별로 수록하여 매년 빠지지 않고 출제되는 내용을 파악하고, 다양하게 변화하는 출제경향에 적응하여 단기간에 최대의 학습효과를 거둘 수 있도록 하였다. 또한 상세하고 꼼꼼한 해설로 기본서 없이도 효율적인 학습이 가능하도록 하였으며, 모의고사 방식으로 구성하여 최종적인 실력점검이 될 수 있도록 하였다.

9급 공무원 시험의 경쟁률이 해마다 점점 더 치열해지고 있다. 이럴 때일수록 기본적인 내용에 대한 탄탄한 학습이 빛을 발한다. 수험생 모두가 자신을 믿고 본서와 함께 끝까지 노력하여 합격의 결실을 맺기를 희망한다.

STRUCTURE
이 책의 특징 및 구성

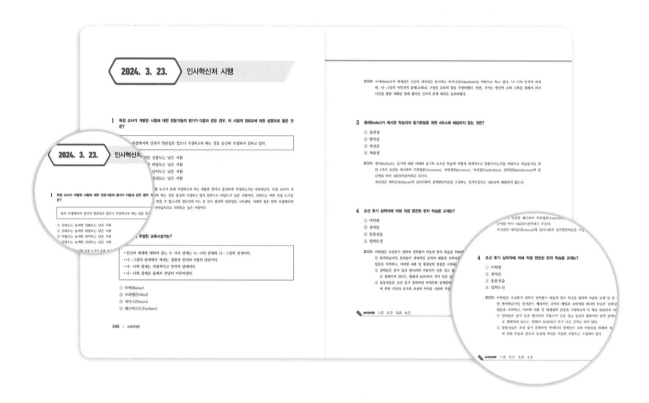

최신 기출문제분석

최신의 최다 기출문제를 수록하여 기출 동향을 파악하고, 학습한 이론을 정리할 수 있습니다. 기출문제들을 반복하여 풀어봄으로써 이전 학습에서 확실하게 깨닫지 못했던 세세한 부분까지 철저하게 파악, 대비하여 실전대비 최종 마무리를 완성하고, 스스로의 학습상태를 점검할 수 있습니다.

상세한 해설

상세한 해설을 통해 한 문제 한 문제에 대한 완전학습을 가능하도록 하였습니다. 정답을 맞힌 문제라도 꼼꼼한 해설을 통해 다시 한 번 내용을 확인할 수 있습니다. 틀린 문제를 체크하여 내가 취약한 부분을 파악할 수 있습니다.

CONTENT
이 책 의 차 례

교육학개론

기출문제 정복하기

교육학개론

1 다음 글에서 듀이(J. Dewey)의 반성적 사고의 특징을 설명한 것으로만 묶은 것은?

> ㉠ 궁극적으로 변화를 추구한다.
>
> ㉡ 과학적 탐구과정의 수단으로 활용될 수 있다.
>
> ㉢ 문제해결과정에서 최초 목표에 대한 수정이 불가능하다.
>
> ㉣ 개인의 내적 사고과정이므로 타인과의 상호작용에 가치를 두지 않는다.

① ㉠, ㉡   ② ㉠, ㉣

③ ㉡, ㉢   ④ ㉢, ㉣

>ADVICE 반성적 사고(reflective thinking) … 문제를 해결하는 과정에서 새로운 지식이나 능력·태도를 습득하는 학습방법으로, 문제의 명확화 → 가설의 설정 → 가설의 검증 → 가설의 긍정 → 문제해결로 이어지는 단계이다.
>
> ㉢ 문제를 해결해 나가는 과정에서 가설이 검증되지 않을 경우 최초 목표에 대한 수정이 가능하다.
>
> ㉣ 타인과의 상호작용의 영향을 받는다.

2 '2015 개정교육과정'의 성격과 특징에 대한 설명으로 옳지 않은 것은?[기출변형]

① 초등학교 1학년부터 중학교 3학년까지 공통 교육과정으로 편성한다.

② 초·중등학교의 교육과정은 교과(군)와 창의적 체험활동으로 편성한다.

③ 중학교와 고등학교는 학생의 학기당 이수 교과목 수를 8개 이내로 편성하도록 한다.

④ 초·중등학교의 창의적 체험활동은 특별활동, 동아리활동, 봉사활동, 진로활동으로 한다.

>ADVICE ④ 창의적 체험활동이란 기존의 창의적 재량활동과 특별활동을 통합한 교과 외 활동을 말하며 자율활동, 동아리활동, 봉사활동, 진로활동 등이 있다.

3 '이러닝(e-learning)'의 교육공학적 방법이 교육 분야에 공헌한 것으로 보기 가장 어려운 것은?

① 학습효과를 극대화시킨다.
② 교사와 학생 간 인격적 접촉을 증가시킨다.
③ 교육활동의 개별화를 촉진시킨다.
④ 교육의 경제성 및 대중화를 촉진시킨다.

> **ADVICE** 원격교육(E-Learning)은 교수자와 학습자가 직접 대면하지 않고, 방송교재, 오디오 · 비디오 교재 등을 매개로 하여
교수 – 학습활동을 하는 교수전략이다.
> ※ E – Learning의 장점
> • 학습자들은 원하는 시간과 장소에서 교육받을 수 있다.
> • 다수의 학습자를 동시에 교육할 수 있다.
> • 가격효과면에서 경제적이다.
> • 학습자들은 최신 정보를 필요할 때 입수할 수 있으며, 원거리에 있는 교사나 전문가와의 접촉이 가능하다.
> • 네트워크로 연결된 여러 지역의 학습자들이 생동감 있고 상호작용적인 학습 환경에서 협력학습을 할 수 있다.
> • 흩어져 있는 학습자원을 공유할 수 있다.

4 「초 · 중등교육법 시행령」의 고등학교 구분에서 특성화 고등학교에 해당하는 것은?

① 자연현장실습 등 체험위주의 교육을 전문적으로 실시하는 고등학교
② 특수분야의 전문적인 교육을 목적으로 하는 고등학교
③ 학교 또는 교육과정을 자율적으로 운영할 수 있는 고등학교
④ 특정분야가 아닌 다양한 분야에 걸쳐 일반적인 교육을 실시하는 고등학교

> **ADVICE** 교육감은 소질과 적성 및 능력이 유사한 학생을 대상으로 특정분야의 인재양성을 목적으로 하는 교육 또는 자연현장
실습 등 체험위주의 교육을 전문적으로 실시하는 고등학교(이하 "특성화고등학교"라 한다)를 지정 · 고시할 수 있다.
〈초 · 중등교육법 시행령 제91조 제1항〉

ANSWER 1.① 2.④ 3.② 4.①

5 "교육의 결과는 평등해야 한다."는 평등론적 교육사회학의 입장으로 인하여 나타날 수 있는 교육의 직접적인 변화라고 보기 어려운 것은?

① 무상교육이 확대된다.
② 사회적 약자의 성공 가능성이 높아진다.
③ 전체 국민의 평생학습 총량이 늘어난다.
④ 취학 전 어린이들을 위한 보상교육이 확대된다.

〉ADVICE ① 무상교육 확대는 교육 기회의 평등이다.

6 다음 글에서 설명하고 있는 교육조직은?

> • 대학을 대상으로 연구한 결과에 기반하고 있으며, 주로 고등교육조직을 설명할 때 많이 활용된다.
> • 의사결정이 주먹구구식으로 이루어진다고 하여 쓰레기통(garbage can) 모형이라고 한다.
> • 학교조직 참여자들이 유동적이며 추상적 목표에 대한 해석이 달라 상충을 일으키기도 한다.

① 조직화된 무정부조직(organized anarchy)
② 이완결합조직(loosely coupling organization)
③ 전문관료제(professional bureaucracy)
④ 사육조직(domesticated organization)

〉ADVICE 제시문은 조직화된 무정부 상태에 대한 내용이다. 조직화된 무정부 상태란 조직 내의 불확실한 상황을 가리키는 말로, 이러한 상황에서 의사결정 양태를 설명하는 모형으로 쓰레기통모형을 제시한다.

7 다음 글과 가장 적합한 콜버그(L. Kohlberg)의 도덕성 발달 단계는?

> • 주변에서 착한 아이라는 말을 듣기 좋아한다.
> • 부모님을 기쁘게 해 드리기 위해 열심히 공부한다.
> • 부모님이 걱정하시지 않도록 일찍 귀가한다.

① 처벌 – 복종지향 단계
② 상대적인 쾌락주의 단계
③ 대인관계 조화 단계
④ 법과 질서의 도덕적 추론 단계

> **ADVICE** 제시문은 콜버그의 도덕성 발달 단계 중 제3단계에 해당하는 대인관계 조화 단계에 해당하는 내용이다.

> ※ 콜버그의 도덕성 발달단계
> - 전인습수준의 도덕성(0~6세) : 제1단계(벌과 복종에 의한 도덕성), 제2단계(자기중심의 욕구충족을 위한 수단으로서의 도덕성)
> - 인습수준의 도덕성(6~12세) : 제3단계(대인관계에서의 조화를 위한 도덕성), 제4단계(법과 질서를 준수하는 도덕성)
> - 후인습수준의 도덕성(12세 이후) : 제5단계(사회 계약 및 법률 복종으로서의 도덕성), 제6단계(양심 및 도덕원리에 대한 확신으로서의 도덕성)

8 에릭슨(E. Erikson)의 사회심리적 발달이론에서 볼 때, 다음과 같이 지도한 결과로 형성되는 것과 가장 관련이 있는 것은?

- 자서전을 쓰게 한다.
- 자신의 약점과 강점을 스스로 평가하게 한다.
- 학습한 내용이 직업에서 어떻게 활용될 수 있는지 생각하게 한다.

---

① 자율성 ② 주도성
③ 근면성 ④ 정체성

> **ADVICE** 에릭슨의 심리 · 사회적 성격발달이론에 따르면, 12~18세는 정체성 대 역할 혼미의 시기로 육체적 · 지적 · 감성적 변화를 경험하면서 자신의 성격의 동일성과 계속성을 주위로부터 인정받으면 정체성이 형성되고, 성 역할과 직업선택에서 안정성을 확립할 수 없다면 혼미감을 느끼고 정체성의 혼란에 빠지게 된다.

> ※ 에릭슨의 심리 · 사회적 성격발달단계
> - 기본적인 신뢰감 대 불신감(0~1세)
> - 자율성 대 수치심 · 회의감(1~3세)
> - 주도성 대 죄책감(3~6세)
> - 근면성 대 열등감(6~12세)
> - 정체성 대 역할 혼미(12~18세)
> - 친밀감 대 고립감(19~24세)

✎ **ANSWER** 5.① 6.① 7.③ 8.④

9 표집방법에 대한 설명으로 옳지 않은 것은?

① 단순무선 표집방법(simple random sampling)은 모집단의 모든 구성원이 표집될 확률이 같도록 하는 방법이다.

② 유층 표집방법(stratified sampling)은 모집단을 다양한 하위집단으로 분할한 후에 각 하위집단으로부터 표본을 무선으로 표집하는 방법이다.

③ 편의적 표집방법(convenience sampling)은 표집의 단위가 개인이 아니라 집단을 표집단위로 표집하는 방법이다.

④ 체계적 표집방법(systematic sampling)은 모집단에 일련번호를 부여한 후에 한 번호를 선정하고 동일한 간격만큼 뛰어넘어 표집하는 방법이다.

> **ADVICE** ③ 편의적 표집방법은 연구자가 쉽게 구할 수 있는 구성원을 선택해 표본으로 삼는 비확률적인 표본추출 방법이다. 따라서 표본추출 오차가 크고 설득력이 약하지만, 모집단의 성격을 개략적으로 알아보기 위한 연구 등에 사용될 수 있다. 우연적 표집이라고도 한다.

   ※ 표집의 방법
   ㉠ 확률적 표집(무작위 표집)
   • 단순무선표집 : 제비뽑기와 같이 특별한 선정의 기준을 마련해 놓지 않고 아무렇게나 뽑는 방법
   • 유층표집 : 전집(모집단)이 가지고 있는 중요한 특성을 기준으로 여러 개의 하위 집단으로 구분해 놓고, 분류된 각 집단으로부터 무선표집 하는 방식
   • 군집표집 : 전집을 구성하고 있는 요소를 뽑는 것이 아닌 개별요소가 한 데 묶인 집단을 단위로 하여 표집 하는 방법
   • 단계적 표집 : 군집표집의 한 변형으로, 표집을 집단단위로 하는 방법
   • 체계적 표집 : 단순무선표집 때와 같이 전집의 각 표집단위에 일련번호를 붙이는 것이나, 제비뽑기식이 아니라 간격을 똑같이 하여 계통적으로 표집 하는 방법
   ㉡ 비확률적 표집
   • 의도적 표집 : 연구자의 주관적 판단에 의해서 전집을 잘 대표하리라고 믿는 사례들을 의도적으로 표집 하는 방법
   • 할당표집 : 전집의 여러 특성을 대표 가능한 몇 개의 하위 집단을 구성하여 각 집단을 의도적으로 표집 하는 방법
   • 우연적 표집(편의적 표집) : 특별한 표집계획 없이 조사자가 임의로 가장 손쉽게 구할 수 있는 대상들 중에서 표집 하는 방법

10 다음 글을 가장 잘 설명하는 교육사회학 이론은?

> 학교에서는 '상징적 폭력'을 행사하여 지배와 종속을 강화하며, 학교교육을 통해 자본가 계급의 '아비투스 (habitus)'를 노동자 계급의 아동들에게 주입하여 기존의 질서를 유지시켜 나간다.

① 기능이론　　　　　　　　　　② 경제재생산이론
③ 문화재생산이론　　　　　　　　④ 저항이론

〉ADVICE ③ 문화재생산이론은 학교교육이 계층 간의 문화·사회적 간격을 강화함으로써 사회계급 구조를 재생산하는 데 공헌하고 있다고 보는 입장이다. 즉, 지배계급이 선호하는 '아비투스(habitus)'를 학교교육에 투입시켜 불평등한 사회적 관계를 정당화하고 있다고 본다.

11 다음 글이 설명하고 있는 것과 가장 관련이 있는 것은?

> 구성주의 학습이론에 따르면 직접적인 지시보다는 간접적인 힌트, 암시, 단서, 질문 등의 전략을 통해 초기에는 많은 도움을 주다가 점차 도움을 줄여서 학습자가 자기주도적 학습능력을 기르게 할 필요가 있다.

① 근접발달영역(ZPD)
② 비계설정(scaffolding)
③ 프로젝트학습(project-based learning)
④ 정착수업(anchored instruction)

〉ADVICE 비계란 아동이나 초보자가 주어진 과제를 잘 수행할 수 있도록 경험자나 또래가 도움을 제공하는 것으로, 우드, 브루너, 로스 등이 비고츠키(Vygotsky)의 인지발달이론을 효과적으로 적용하기 위해서 제시한 개념이다. 제시문과 같이 수업에서 힌트·단서를 주거나 암시를 주는 것은 일종의 비계설정 행위라고 볼 수 있다.

12 다음 글은 교육행정을 정의하는 관점 중 어느 것에 근거한 것인가?

> 광복 직후 우리나라에는 오늘날의 교육과학기술부와 같은 독자적인 중앙교육행정조직이 없었다. 그 대신 내무부 산하의 학무국이 중앙교육행정조직이었으며, 여기에는 비서실 외에 6과가 편성되어 있었다.

① 조건정비론   ② 행정과정론

③ 협동행위론   ④ 국가통치권론

>**ADVICE** ④ **국가통치권론** : 교육행정을 국가 권력 작용의 관점에서 파악하려는 것으로 교육행정을 교육을 대상으로 하는 법적, 행정적 작용으로 본다. 교육행정의 특수성과 전문성을 무시하고 행정의 관료성과 획일성을 강조하며, 교육의 정치적 중립성을 간과하고 있다는 단점이 있다.
> ① **조건정비론** : 교육과 행정의 관계에서 교육이 중심이 되고 행정을 수단으로 보는 견해이다. 교육행정은 교육목표를 효율적으로 달성하기 위해 필요한 인적·물적 조건을 정비하는 봉사적 활동이라고 정의한다.
> ② **행정과정론** : 행정과정이란 계획수립에서부터 실천, 평가에 이르는 일련의 프로그램으로, 행정의 일반적 기능이 무엇이며 어떠한 순환적 경로를 통해 이루어지고 있는가에 초점을 두고 교육행정을 정의하는 관점이다.
> ③ **협동행위론** : 교육행정은 합리적으로 계획된 과정·절차에 따라 교육목표를 최대한으로 달성하기 위해 관련 제반 조직과 조건을 정비하고 조성하는 협동적 행위라고 정의한다.

13 캠벨(R. Campbell)의 교육정책 수립 단계 중에서 다음 글에 해당하는 것은?

> 교육과학기술부 산하 자문위원회 또는 각종 연구소나 전문기관이 작성한 보고서를 통해서 교육정책이 제안된다.

① 기본적인 힘(basic forces)

② 선행운동(antecedent movements)

③ 정치적 활동(political action)

④ 입법화(formal enactment)

>**ADVICE** 제시문은 캠벨의 교육정책 결정론 중 2단계에 해당하는 선행운동 단계에 해당하는 내용이다. 선행운동 단계란 전문기관에서 앞서 작성한 보고서 등을 참고로 하여 교육정책을 제안하는 것을 말한다.

14 드리븐(R. Dreeben)이 주장하는 현대사회에서 요구되는 핵심적인 네 가지 규범 중 다음 글에 해당하는 것은?

> 학생들은 시험에서 부정행위를 했거나 표절을 했을 때 제재를 받는다는 사실을 통해서 이 규범을 익히게 된다. 이 규범에 적응함으로써 학생들은 자신들의 행위에 대해 개인적으로 책임져야 한다는 것을 깨닫게 된다.

① 독립성(independence)
② 성취의 중요성(achievement)
③ 보편주의(universalism)
④ 특수성(specificity)

>**ADVICE** 드리븐의 학교사회화
> ㉠ 독립성의 규범 : 학문적 학습활동에 적용되는 규범으로 학교에서 과제를 스스로 처리하게 하고 자신의 행동을 책임지게 함으로써 습득된다.
> ㉡ 성취성의 규범 : 학생들이 할 수 있는 한 최선을 다해 과제를 수행해야 한다는 규범으로 교수·학습·평가로 이어지는 체제 속에서 형성된다.
> ㉢ 보편성과 특정성의 규범 : 보편성의 규범은 동일한 연령의 학생들이 같은 학습내용과 과제를 공유하는 것으로 형성되는 규범이고, 특정성의 규범은 동일한 연령의 학생들이 다른 학년과 구별되어 특정한 환경을 공유함으로써 형성되는 규범이다.

15 고려시대 국자감에 대한 설명으로 옳지 않은 것은?

① 국자감은 유학부와 기술부의 이원체제로 운영되었다.
② 국자감의 유학부에서는 논어와 주역을 필수교과로 하였다.
③ 예종 때에 국자감에 설치한 7재에는 무학도 포함되어 있었다.
④ 국자감은 향사의 기능을 가진 문묘와 강학의 기능을 가진 학당이 별도로 있었다.

>**ADVICE** 국자감 … 고려 성종 11년(992) 개경에 설립한 최고 학부의 국립고등교육기관이다.
> ② 논어(論語)와 효경(孝經)을 필수교과로 하였다.

ANSWER 12.④ 13.② 14.① 15.②

16 데이브(R. Dave)와 스캐거(R. Skager)가 제시한 평생교육의 개념적 특징 중 다음 글과 가장 관련이 있는 것은?

> 최대의 학습효과를 올리기 위하여 자기주도학습을 도모하되, 이를 위하여 학습방법, 체험의 기회, 평가방법 등의 개선에 주목한다.

① 전체성(totality)　　　　　　　　　　　② 융통성(flexibility)

③ 기회와 동기부여(opportunity and motivation)　④ 교육 가능성(educability)

> **ADVICE** 제시문은 평생교육의 '교육 가능성'에 대한 설명이다.
>
> ※ 데이브 & 스캐거의 평생교육의 특징
>
> ㉠ 전체성 : 기존의 교육 체제는 교육을 형식적·비형식적·준형식적 교육 등으로 구분하고 있으나 평생교육은 이들을 통합하고 연계함을 원리로 한다.
>
> ㉡ 통합성 : 평생교육은 개인의 전 생애를 통하여 자신이 선택한 시기에 교육적인 혜택을 누릴 수 있는 것이다.
>
> ㉢ 융통성 : 기존 교육 체제는 학습내용, 학습방법, 학습시간의 운용이 경직되어 있으나 평생교육은 융통성이 있다.
>
> ㉣ 민주화 : 기존의 교육 체제는 학령기라는 개념 아래 일정 집단에게만 학습의 기회를 제공했지만 평생교육은 모든 사회 구성원에게 평등한 교육기회를 보장한다.
>
> ㉤ 기회와 동기의 부여 : 개인의 호기심과 탐구력에 의한 학습기회를 충분히 제공하며 필요할 경우 자극을 통한 동기 부여를 한다.
>
> ㉥ 교육 가능성 : 최대의 학습효과를 위하여 자기 주도적 학습을 도모하며, 학습방법, 체험의 기회, 평가방법 등의 개선에 주목한다.
>
> ㉦ 다양한 전개 양식 : 사람들의 생활양식은 다양하므로 교육과 학습의 형태와 방법도 다양하게 전개해야 한다.
>
> ㉧ 삶과 학습의 질 : 인간 삶의 질을 향상시키는 데 필요한 능력 개발에 교육적인 도움을 준다.

17 소피스트들과 이소크라테스(Isocrates)의 교육 방식과 철학에 대한 비교로 옳지 않은 것은?

① 대부분의 소피스트들은 연속적이고 체계적인 교육을 제공하였지만, 이소크라테스(Isocrates)는 인간의 삶에 관계되는 다양한 질문을 하면서 산발적이며 비형식적인 교육을 하였다.

② 소피스트들은 젊은이들에게 수사학의 기술을 가르쳐 유능한 대중 연설가로 키우는 것이 목적이었으나, 이소크라테스(Isocrates)는 수사학의 기술과 함께 이들에게 인간의 정신을 도야하도록 가르쳤다.

③ 소피스트들은 출세위주의 입신양명에 교육목적을 두었으나, 이소크라테스(Isocrates)는 자신이 소피스트가 아니라고 주장했다.

④ 자유분방한 소피스트들은 법과 권위를 당연한 것으로 받아들이지 않는 회의주의적 도덕관을 가졌으나, 이소크라테스(Isocrates)는 보편적인 인간교육 이념을 확산시켰다.

> **ADVICE** ① 서로 반대된 설명이다. 소피스트는 변론술과 입신출세에 필요한 백과사전적 지식을 가르쳤고, 이소크라테스는 이를 비판하며 체계적이고 보편적인 교육의 중요성을 강조하였다.

18 피들러(F. Fiedler)의 상황적응 지도성이론을 학교 상황에 적용했을 때 상황 호의성 변수가 아닌 것은?

① 교장과 교사의 관계 ② 과업구조

③ 교사의 성숙도 ④ 교장의 지위 권력

> **ADVICE** 피들러의 '지도성 상황이론'에 따르면 지도성 유형과 효과성 관계는 상황적 요소인 지도자 – 구성원 관계, 과업구조, 지도자의 지위권력의 세 가지에 따라 달라진다.

19 와이너(B. Weiner)의 귀인이론에서 ㉠에 들어갈 귀인요소는?

귀인요소	원인의 소재	통제가능성	안정성
(㉠)	외적	통제불가	안정
( )	내적	통제가능	불안정
( )	내적	통제불가	안정
( )	외적	통제불가	불안정

① 운 ② 과제난이도

③ 노력 ④ 능력

> **ADVICE** 와이너의 '귀인이론'은 성공과 실패에 대한 설명이 동기와 행동정서에 어떤 영향을 미치는지에 대해 설명한 이론이다. 학습자의 성공과 실패의 원인을 능력, 노력, 학습과제의 난이도, 운 등으로 구분하고 이것을 원인의 소재, 통제가능성, 안전성에 따라 분류한다.

귀인요소	원인의 소재	통제가능성	안정성
과제난이도	외적	통제불가	안정
노력	내적	통제가능	불안정
능력	내적	통제불가	안정
운	외적	통제불가	불안정

✎ **ANSWER** 16.④ 17.① 18.③ 19.②

20 평생학습도시에 대한 설명으로 옳은 것은?

① 평생학습도시의 효시는 1968년에 애들러(M. Adler)가 학습사회론을 제창하면서부터이다.

② 1979년에 평생학습도시를 최초로 선언한 도시는 영국의 뉴캐슬이다.

③ 평생학습도시의 유형 중 '산업혁신형'은 지방자치단체의 종합적이고 광범위한 재생 전략을 기본 특징으로 하는 도시이다.

④ 우리나라의 경우 1999년에 경기도 광명시가 최초로 평생학습도시를 선언한 후 국가 단위의 학습도시사업이 전개되고 있다.

> **ADVICE** 평생학습도시란 언제 어디서 누구나 원하는 학습을 즐길 수 있는 학습공동체 건설을 도모하는 지역사회교육운동으로, 개인의 자아실현, 사회적 통합증진을 통해 개인의 삶의 질을 향상하고 도시 전체의 경쟁력을 확보하는 것을 목표로 한다.
> ① 1968년 허친스(Hutchins)가 학습사회론을 제창하면서부터이다.
> ② 1979년에 평생학습도시를 최초로 선언한 도시는 일본의 가게가와이다.
> ③ 행정주도형에 대한 설명이다. 산업혁신형은 산업단지의 혁신을 목적으로 하는 기업체 주도의 학습지역운동이다.

1 대법원의 '우리농산물 학교급식 사용 조례'에 관한 판결에 대한 설명으로 적절하지 않은 것은?

① 학교급식 조례에 학교급식 때 전북지역 농산물을 사용토록 규정한 것은 내국민대우원칙을 규정한 GATT 제3조 제1항과 제4항에 위반된다.

② 이 조례는 학교급식의 질적 개선을 통해 학생의 건전한 성장 및 식생활 개선을 달성하려는 것이지, 수입농산물을 불리하게 대우하려는 목적이 아니기 때문에 외국 농산물을 국내 농산물보다 불리하게 대우하는 피고의 주장은 이유가 있다.

③ 판결은 국회 교육위원회에 계류 중인 학교급식법 개정안에 대한 논의 과정에도 영향을 끼칠 수 있다.

④ 조례 제정 15개 광역자치단체 중 9곳은 '우수 농산물' 또는 '친환경농산물'로 표기하고 있어 직접적인 영향은 받지 않는다.

⑤ 이미 82개 기초자치단체가 급식 조례를 제정해 42개 지자체가 시행 중이며 61개 지자체 의회가 조례 제정을 추진 중이다.

>**ADVICE** ② 학교 급식 조례안은 학교급식의 질적 개선을 통한 성장기 학생의 건전한 심신의 발달의 도모와 전통 식문화에 대한 이해의 증진 및 식생활 개선이라는 목적과 그를 달성하기 위한 수단의 하나로 안전성이 검증된 우수농산물을 사용하도록 하겠다는 것이지 수입농산물을 국내농산물보다 불리한 대우를 하겠다는 것이 아니므로 내국민대우원칙을 규정한 GATT 제3조 제1항, 제4항에 위반되지 않는다고 주장한다. 그러나 이 사건 조례안이 원고 주장과 같은 정책목적을 가지고 있다 하더라도 그러한 정책목적을 달성하기 위한 수단이 내국민대우원칙을 위반하여 외국농산물을 국내농산물보다 불리하게 대우한 이상 내국민대우원칙을 규정한 GATT 제3조 제1항, 제4항의 적용이 배제된다고 할 수 없다. 이 점에 관한 피고의 위 주장은 이유 없다(대법원 2005. 9. 9. 선고 2004추10).

2 신인문주의(Neo-Humanism)에 대한 설명이 아닌 것은?

① 개인의 완성 및 개인적 필요에 의한 교육으로, 인간중심적 교육이다.
② 개성을 존중하면서도 사회성과 역사성을 중시하였다.
③ 루소의 자연주의에 영향을 받았다.
④ 계몽주의에 반대하고 비이성적 측면을 강조한다.
⑤ 계발주의, 국가주의, 과학적 실리주의 등이 이에 해당한다.

> **ADVICE** ① 종교교육과 교부철학이 지배했던 중세 전기교육에 대한 설명이다. 신인문주의는 19세기 교육의 한 흐름으로 고전 문화의 정신인 인간성의 조화로운 발달을 중시했다.

3 다음에서 평생교육의 유사개념에 대한 설명으로 잘못된 것은?

① 사회교육(social education)이란 학교교육을 제외하고 국민의 평생교육을 위한 모든 형태의 조직적인 교육으로 성인들을 대상으로 직업생활, 여가, 오락, 교양 등 보다 나은 인생을 살아갈 수 있도록 하기 위해 발전된 교육 형태이다.
② 계속교육(continuing education)은 정규교육을 경험했던 졸업생들에게 계속 교육을 받을 수 있는 기회를 제공하는 교육 형태이다.
③ 순환교육(recurrent education)은 정규교육을 마치고 사회에 진출한 사람들을 정규교육 교육기관에 입학시켜 재학습의 기회를 부여하는 직업적·기술적 자질을 향상시키는 교육 형태이다.
④ 생애교육(career education)은 진로나 일에 중점을 둔 교육형태로 주로 형식적 교육체제 내에서 행해진다.
⑤ 군위탁교육, 산업체 위탁교육 등은 생애교육에 해당한다.

> **ADVICE** ⑤ 우리나라의 경우 군위탁교육, 산업체 위탁교육 등은 순환교육에 해당한다.

4 다음 중 조선시대의 관학에 대한 설명으로 적절하지 않은 것은?

① 성균관은 태조 7년에 건립된 최고의 고등교육기관이다.
② 종학(宗學)은 세종 11년에 왕실 종친의 자제를 교육하기 위해 설립한 학교이다.
③ 사부학당은 사학(四學)이라고도 하며, 성균관이나 향교와 마찬가지로 문묘를 가진다.
④ 향교(鄕校)는 숭유주의에 입각하여 인재양성과 민풍순화에 중점을 두었다.
⑤ 조선시대의 잡학교육은 형식적인 교육기관 없이 중앙과 지방의 소관관청에서 실시한 실업교육·기술교육적 성격을 띤다.

③ 사부학당은 성균관이나 향교와 다르게 문묘를 갖지 않는다는 점이 특징적이다.

　※ 사부학당 … 제도적 시초는 고려 원종 2년에 설립된 동서학당으로 조선 태종 11년에 설립된 중등교육기관이다. 남부학당으로 시작하여 중부·동부·서부에 설립되어 사부학당을 이루게 되었으며, 이를 사학(四學)이라고도 한다. 학습 내용이나 방법은 성균관과 유사하나 그 수준이 성균관보다 낮아 성균관의 부속학교적 성격을 '소학'을 필수과목으로 가르치고 기숙사 제도를 시행하였다.

5 다음 중 가네(R. M. Gagne)의 수업이론에서 학습의 결과 얻어지는 다섯 가지 인간능력 중 운동 기능에 해당하는 것은?

① 사물의 명칭이나 사실들을 아는 능력이다.
② 인간의 심리운동기능을 말한다.
③ 학습방법, 사고방법을 독자적으로 개발하는 사고전략이다.
④ 어떤 과제를 수행하는 데 필요한 다양한 과정을 수행하는 능력이다.
⑤ '타자를 칠 줄 안다'와 같은 절차적 지식과 관련 있다.

① 언어정보
　③ 인지전략
　④⑤ 지적기능
　※ 가네(R. M. Gagne) … 가네의 수업이론은 목표에 따라 학습조건이 다름을 주장하여 가네의 이론을 목표별 수업이론 또는 학습조건적 수업이론이라고 부른다. 목표별 수업이론모형에서 학습의 성과는 학습의 결과 얻어지는 대상 또는 목표로 지적기능, 인지전략, 언어정보, 운동기능, 태도가 있다.

6 초우량 지도성에 대한 설명으로 옳지 않은 것은?

① Mans와 Sims에 의해 제안된 지도성이다.
② 권력과 권위, 그리고 직원의 통제를 강조하여 비효과적이라고 비판하여 제시한 새로운 지도성이다.
③ 이들은 구성원들이 자기 지도적이고 내적인 통제에 의해 생산적이고 성공적인 직무수행이 가능하다고 본다.
④ 지도자의 윤리적이고 도덕적인 행동과 헌신에서 비롯되어 구성원들에게 큰 영향력을 미치게 된다.
⑤ 조직 구성원 각자가 스스로를 통제하고 자신의 삶에 진정한 주인이 될 수 있도록 자율적 지도력(self-leadership)을 계발하는데 중점을 두는 지도성 개념이다.

④ 변혁적 지도성에 대한 설명이다.

ANSWER　2.②　3.⑤　4.④　5.②　6.④

7 학습 및 교수가 진행되는 유동적인 상태에 있는 도중에 학생에게 학습곤란을 교정하고 송환효과를 주며, 교과과정 및 수업방법을 개선하기 위하여 실시하는 평가는?

① 진단평가
② 형성평가
③ 총괄평가
④ 상대평가
⑤ 수행평가

> **ADVICE** ① 진단평가 : 교수활동이 시작되는 초기상태에서 실시하는 평가로 학생의 기초능력 전반을 진단하는 평가이다. 교수전략을 위한 기초자료를 얻고 어떠한 교수방법, 학습방법이 적절할 것인가를 결정하는 데 영향을 준다.
> ③ 총괄평가 : 학습과제 종료 시에 실시하는 평가로 학생의 학업성취의 수준을 총합적으로 판정하고 평점을 주기 위해 실시한다.
> ④ 상대평가 : 규준지향평가라고도 하며 평가기준이 일정한 표준척도에 의하여 조작되는 평가형태이다. 한 학생의 학업성취도를 속해 있는 집단의 결과에 비추어 상대적으로 나타낸다.
> ⑤ 수행평가 : 학생 스스로가 자신의 지식이나 기능을 활용할 수 있는 능력이 어느 정도인지를 평가하기 위해 산출물을 만들거나, 행동으로 나타내거나, 답안을 작성하도록 하는 평가이다.

8 교원 징계에 대한 구분과 그 내용으로 적절한 것은?

① 파면 : 공무원을 강제로 퇴직시키는 중징계처분의 하나로 파면된 사람은 3년 동안 공무원으로 임용될 수 없고 연금법 상의 불이익이 없다.
② 해임 : 직위에서 물러나게 해 업무를 못하도록 하는 것으로 징계의 효과는 있지만 징계 자체는 아니다.
③ 정직 : 1월 이상 6월 이하의 기간으로 한다. 정직처분을 받은 자는 공무원의 신분은 보유하나 직무에 종사하지 못하며 보수의 3분의 2를 감한다.
④ 감봉 : 1월 이상 3월 이하의 기간에 보수의 3분의 2를 감한다.
⑤ 견책 : 견책은 전과에 대하여 훈계하고 회개하게 한다.

> **ADVICE** ① 해임에 대한 설명이다(단, 금품수수 및 횡령 등으로 인한 징계인 경우에는 퇴직급여액의 불이익을 받을 수 있다). 파면은 공무원을 강제로 퇴직시키는 중징계처분의 하나로 파면된 사람은 5년 동안 공무원으로 임용될 수 없으며 퇴직급여의 1/2(5년 미만 근무자는 1/4) 삭감한다.
> ② 직위해제에 대한 설명이다.
> ③ 정직은 1월 이상 3월 이하의 기간으로 하고 보수는 전액을 감한다.
> ④ 감봉은 1월 이상 3월 이하의 기간에 보수의 3분의 1을 감한다.

9 학습된 무기력감(learned helplessness)에 대한 설명으로 옳지 않은 것은?

① 피할 수 없거나 극복할 수 없는 환경에 반복적으로 노출된 경험으로 인하여 실제로 자신의 능력으로 피할 수 있거나 극복할 수 있음에도 불구하고 스스로 그러한 상황에서 자포자기하는 것이다.

② 셀리히만(M. Seligman)과 동료 연구자들이 동물을 대상으로 회피 학습을 통하여 공포의 조건 형성을 연구하던 중 발견한 현상이다.

③ 전기충격을 멈출 수도 피할 수도 없는 상황에서 지속적으로 전기충격을 받았던 개들도 멈추거나 피할 수 있는 새로운 환경으로 이동하면 가해지는 전기충격을 피하기 위해 노력한다.

④ 특수교육에서 학습된 무기력이 중요시되는 이유는 장애 학생들이 학교나 가정에서 학습이나 적응 행동에 실패의 경험이 지나치게 누적되는 경우 학습된 무기력으로 어떠한 시도조차 하지 않을 수 있기 때문이다.

⑤ 교사는 학습된 무기력감에 빠진 학습자들을 위하여 적절한 성취감을 맛볼 수 있도록 과제를 분석하여 제시해야 한다.

> **ADVICE** ③ 전기충격을 멈출 수도 피할 수도 없는 상황에서 지속적으로 전기충격을 받았던 개들은 멈추거나 피할 수 있는 새로운 환경으로 이동한 후에도 가해지는 전기충격을 피하기 위해 노력하지 않고 그냥 받아들인다. 즉, 자신이 어떤 일을 해도 그 상황을 극복할 수 없을 것이라는 무기력감이 학습된 것이다.

10 교육사회학의 주요 이론에 대한 설명으로 옳은 것을 모두 고르면?

> ㉠ 기능주의이론은 사회를 안정지향적으로 보며, 각 제도는 구성원의 합의에 기초하는 개별적인 것으로 상호 연관성을 갖지 않는다고 파악하였다.
>
> ㉡ 갈등이론은 마르크스주의적 경제결정론적 입장에서 교육을 이해하는 것으로, 교육은 지배집단의 권익을 정당화하여 기존 지배계층의 구조를 영속화하고 재생산하는 도구적 기능을 수행한다고 보았다.
>
> ㉢ 기능주의이론은 거시적 관점으로, 갈등주의는 미시적 관점으로 교육에 접근한다.
>
> ㉣ 문화적 재생산이론은 교육이 계층 간의 문화적·사회적 간격을 강화함으로써 사회계급 구조를 재생산하는 데 공헌하고 있다고 본다.
>
> ㉤ 저항이론은 학생들의 주체적 의지와 판단을 강조하며, 자유의지에 입각해 학교에서 가르치는 것을 선택적으로 받아들이거나 거부, 비판, 저항할 수 있는 능동적 주체로 보아야 함을 주장한다.

① ㉠, ㉡, ㉢　　　　　　　　　　　② ㉠, ㉢, ㉤
③ ㉡, ㉢, ㉣　　　　　　　　　　　④ ㉡, ㉢, ㉤
⑤ ㉡, ㉣, ㉤

> **ADVICE** ㉠ 기능주의이론은 사회를 안정지향적으로 보며, 각 제도는 구성원의 합의에 기초하는 것으로 상호연관성을 갖는다.
> ㉢ 기능주의이론과 갈등주의는 모두 거시적 관점으로 교육에 접근한다.

 ANSWER 7.② 8.⑤ 9.③ 10.⑤

11 편의점에서 물건을 사고 받은 거스름돈이 원래 받아야 할 거스름돈보다 많았다. 착한 아이가 되고 싶은 마음에 더 받은 거스름돈을 돌려준 아이는 콜버그(Kohlberg)의 도덕성 발달 단계 중 어느 단계에 해당하는가?

① 제1단계　　　　　　　　　　　　　② 제2단계
③ 제3단계　　　　　　　　　　　　　④ 제4단계
⑤ 제5단계

>**ADVICE** ③ 제3단계는 대인관계에서의 조화를 위한 도덕성으로 사회적 조화가 핵심이 되며, 착한 아이 지향적인 특성을 보인다.

　　※ **콜버그의 도덕성 발달이론** … 콜버그(Kohlberg)는 'Heinz가 약을 훔치다'라는 도덕적 딜레마를 설정하여 이에 대해 사람들이 어떻게 대답하는가의 사고체계를 바탕으로 도덕적 발달과정을 설명하였다.

　　　ⓐ 전인습수준의 도덕성(출생~6세)

　　　• 제1단계 : 벌과 보종에 의한 도덕성
　　　　- 복종과 처벌지향적인 특성을 갖는 시기이다.
　　　　- 단순한 신체적·물리적 힘이 복종이나 도덕 판단의 기준이 된다.
　　　　- 신체적 벌을 피하기 위해 규칙에 복종한다.
　　　• 제2단계 : 자기중심의 욕구충족을 위한 수단으로서의 도덕성
　　　　- 상대적 쾌락주의의 특성을 갖는 시기이다.
　　　　- 자신의 욕구를 만족시키는지의 여부에 따라 도덕적 가치를 판단한다.

　　　ⓑ 인습수준의 도덕성(6~12세)

　　　• 제3단계 : 대인관계에서의 조화를 위한 도덕성
　　　　- 착한 아이 지향적인 특성을 갖는 시기이다.
　　　　- 사회적 조화가 핵심이 된다.
　　　　- 다른 사람의 인정을 중요시하고 관계를 판단의 기준으로 삼는다.
　　　　- 도덕적 사고는 독특한 고정관념을 바탕으로 한다.
　　　• 제4단계 : 법과 질서를 준수하는 도덕성
　　　　- 권위와 질서지향적인 특성을 갖는 시기이다.
　　　　- 사회질서와 법률의 중요성을 강조하고 지키는 방향으로 행동한다.
　　　　- 질서와 법률의 존재 이유 및 그 기능에 대한 개념을 갖고 있다는 점에서 3단계보다 더욱 발전되었다.
　　　　- 여러 가지 법과 질서가 서로 상반될 경우에 해결책이 모호해진다.

　　　ⓒ 후인습수준의 도덕성(12세 이후) : 도덕적 가치나 원리가 그 자체로서 타당성을 가진다고 생각한다. 보편적 도덕적 원리가 행위의 도덕적 판단 기준이 된다.

　　　• 제5단계 : 사회계약 및 법률복종으로서의 도덕성
　　　　- 계약지향형의 특징이다.
　　　　- 법의 절대성과 고정성을 벗어나 사회적 융통성을 인정하는 시기이다.
　　　　- 법과 질서도 가변적임을 인식한다.
　　　　- 개인의 권리존중, 가치나 관점의 상대성을 도덕적 판단의 근거로 삼는다.
　　　　- 법률에 따라 의무수행, 타인의 의지와 권리에 위배되는 행동은 피하고 대다수의 의지와 복지에 따라 행동한다.
　　　• 제6단계 : 양심 및 도덕원리에 대한 확신으로서의 도덕성
　　　　- 도덕원리 지향적인 특징을 지닌다.
　　　　- 올바른 행위란 스스로 선택한 도덕원리에 따른 양심의 결단을 의미한다.

12 실즈와 리치(Seels & Richey)의 정교화 된 ADDIE 모형 중 다음의 행위가 포함되는 과정은?

• 수행목표 명세화　　　　　　　　　• 평가도구개발
• 계열화　　　　　　　　　　　　　• 교수전략 및 매체선정

① 분석(Analysis)　　　　　　　　② 설계(Design)

③ 개발(Development)　　　　　　④ 실행(Implementation)

⑤ 평가(Evaluation)

>**ADVICE** 정교화 된 ADDIE 모형
　㉠ 분석(Analysis) : 요구분석, 학습자분석, 환경 분석, 직무 및 과제분석
　㉡ 설계(Design) : 수행목표의 명세화, 평가도구개발, 계열화, 교수전략 및 매체선정
　㉢ 개발(Development) : 교수자료 개발, 파일럿 테스트 및 수정, 제작
　㉣ 실행(Implementation) : 사용 및 설치, 유지 및 관리
　㉤ 평가(Evaluation) : 총괄평가(교육훈련 성과평가)

13 가네(R. M. Gagne)의 수업이론에 대한 설명으로 적절하지 않은 것은?

① 가네의 수업이론은 목표에 따라 학습조건이 다름을 주장하여 목표별 수업이론 또는 학습조건적 수업이론이라고도 부른다.
② 학교학습에는 학습의 성과, 학습의 사태, 그리고 학습의 조건의 세 가지 요소가 관여한다.
③ 학습의 성과는 학습의 결과로 얻어지는 대상 또는 목표로 지적기능, 인지전략, 언어정보의 세 가지가 있다.
④ 강화의 원리란 새로운 행동의 학습은 그 행동이 일어났을 때 만족한 결과, 즉 보상이 있을 때 강화된다.
⑤ 학습의 성과 또는 목표를 달성하기 위해서 학습자 내부에서 일어나는 일련의 정보처리 과정을 학습의 사태 또는 학습의 내적 조건이라 한다.

>**ADVICE** ③ 학습의 성과는 학습의 결과로 얻어지는 대상 또는 목표로 지적기능, 인지전략, 언어정보, 운동기능, 태도 등 다섯 가지가 있다.

14 표준편차(standard deviation)에 대한 설명으로 적절한 것은?

① 각 표본들의 평균이 전체 평균과 얼마나 떨어져있는가를 알려주는 것이다.
② 표본들이 실제 모집단과 얼마나 차이가 나는가에 관한 것으로 평균의 정확도를 추정할 때 쓴다.
③ 모집단의 크기가 클 때에는 모집단 전체를 조사하여 표본 내 자료 관계를 파악해야 한다.
④ 표준편차가 0일 때는 관측 값이 모두 동일한 크기라고 볼 수 있다.
⑤ 표준편차가 클수록 관측 값 중에서 평균과 가까운 값이 많이 존재한다고 볼 수 있다.

> ADVICE ①② 표준오차에 대한 설명이다.
　　　　③ 모집단의 크기가 클 때에는 모집단 전체를 조사하지 않고도, 그 모집단을 대표하는 표본을 추출해서 그 분포를 이용해 모집단을 측정할 수 있다.
　　　　⑤ 표준편차가 클수록 관측 값 중에서 평균에서 떨어진 값이 많이 존재한다고 볼 수 있다.

15 다음 중 교육학의 개념에 대한 설명으로 틀린 것은?

① 교육의 철학은 전통적인 관점으로 철학적 지식을 교육의 분야에 응용하는 것이다.
② 교육적 철학은 교육현상을 철학적으로 탐구하는 것이다.
③ 교육적 철학은 기존 철학과는 구별되는 독자적인 교육철학을 제시한 것이다.
④ 교육적 철학은 존재론·가치론·인식론·논리학 등을 교육의 분야에 응용하여 교육의 가능성, 교육과 지식, 교육학의 개념과 논리적 근거 등을 연구한다.
⑤ 교육적 철학은 교육과학과 구분되며 교육학의 인식론과 교육개념의 형이상학을 포함한다.

> ADVICE ④ 교육의 철학적 입장에서 교육학을 설명하는 내용이다.

16 홀(R. H. Hall)의 교육조직구조 유형을 나타낸 것이다. (개)~(래)에 대한 설명으로 적절하지 않은 것은?

구분		전문성 정도	
		높음	낮음
관료성 정도	높음	(개)	(내)
	낮음	(대)	(래)

① (개)는 베버(M. Weber)가 주장한 이상적 관료제의 모습과 가장 유사하다.
② (내)는 권위주의형으로 규칙과 절차가 인정에 얽매이지 않고 일관성 있게 적용된다.

③ ㈐는 전문형으로 의사결정의 실질적인 권한을 교장·교감 등 관리직이 갖는다.

④ ㈑는 무질서형으로 일상적 운영에서 혼돈과 갈등이 전형적으로 나타나는 구조이다.

⑤ 학교조직의 특성상 목표가 구체적이거나 분명하게 설정되기 어렵다.

>ADVICE ③ 전문형은 직원을 전문지식과 능력을 갖춘 전문가로 간주하여 조직의 실질적인 의사결정권을 일선 직원에게 위임한 구조라고 할 수 있다.

17 비고츠키(L. S. Vygotsky)의 인지발달이론을 가장 잘 설명한 것은?

① 학생의 현재 발달수준보다 앞선 내용을 가르치는 것은 효과적이지 않다.

② 성인과의 상호작용보다는 또래와의 상호작용이 인지발달에 유용하다.

③ 아동의 언어와 사고는 본래부터 하나로 결합된 상태로 시작한다.

④ 문제해결에 있어서 곤란도가 높아지면 내적 언어사용이 감소한다.

⑤ 근접발달영역(ZPD)에 위치한 아동에게는 구조화를 형성할 수 있는 단서제공이 필요하다.

>ADVICE ① 비고츠키는 아동이 혼자서는 해결할 수 없지만 성인이나 뛰어난 동료와 함께 학습하면 성공할 수 있는 영역인 근접발달영역을 설정하고, 현재 발달수준보다 앞선 내용을 가르치고자 한다.

② 또래와의 상호작용보다는 어른이나 능력 있는 동료와의 상호작용을 통해 지적 성장을 한다.

③ 아동의 언어와 사고는 본래 별개의 독립적인 기능으로 출발하여 2세 정도 되어 차츰 결합하기 시작한다.

④ 문제해결에 있어 곤란도가 높아지면 내적 언어사용이 증가한다.

18 협동학습과 전통적인 소집단학습을 비교했을 때 적절하지 않은 것은?

① 협동학습은 긍정적인 상호의존성을 가지는 반면, 전통적인 소집단학습은 상호의존성이 없다.

② 협동학습과 다르게 전통적인 소집단학습은 개별책무성을 갖는다.

③ 협동학습에서는 지도력을 공유하는 반면, 전통적 소집단학습은 한 사람이 지도자가 된다.

④ 전통적인 소집단학습에서는 과제만을 강조하는 것에 비해 협동학습은 과제뿐만 아니라 구성원과의 관계지속성에도 초점을 둔다.

⑤ 전통적 소집단학습에서는 구성원의 동질성에, 협동학습에서는 구성원의 이질성에 초점을 둔다.

>ADVICE ② 전통적 소집단학습에서는 개별책무성이 없는 것에 반해, 협동학습의 경우 구성원 개개인은 다른 구성원에 대해 개인적인 의무와 책임을 가진다.

✎ **ANSWER** 14.④ 15.④ 16.③ 17.⑤ 18.②

19 다음 내용에 가장 적합한 것은?

> • 아동이 혼자서는 해결할 수 없지만 성인이나 뛰어난 동료와 함께 학습하면 성공할 수 있는 영역을 의미한다.
> • 개인의 현 수준에 인접해 있는 바로 위의 발달수준이다.

① 근접발달영역　　　　　　　　　　　② 잠재활동영역
③ 수행기능영역　　　　　　　　　　　④ 실제기능영역
⑤ 발전가능영역

>ADVICE 근접발달영역(ZPD : Zone of Proximal Development)은 아동이 혼자서는 해결할 수 없지만 성인 · 동료와 함께 학습하면 성공이 가능한 영역으로, 아동의 인지발달에 교사나 성인이 적극적으로 도움을 줄 수 있는 근거를 마련했다는 점에서 중요한 의미를 갖는다.

20 교육과정에 대한 설명 중 옳지 않은 것을 모두 고르면?

> ㉠ 교과중심 교육과정은 체계적이고 조직적인 지식전달이 용이하지만, 학생들의 능력 · 흥미 · 필요가 무시당할 우려가 있다.
> ㉡ 경험중심 교육과정은 능동적인 학습태도를 함양할 수 있고 문제해결력을 신장시킬 수 있어 행정적 통제가 쉽다.
> ㉢ 인간중심 교육과정은 교육의 수단적 기능에 반대하고 교육의 본질을 인간 삶의 충실과 자기 충족감이 넘치는 인간 육성에 두었다.
> ㉣ 잠재적 교육과정은 학교에서 교육시킬 의도 없이 물리적 조건, 제도 및 행정조직, 사회 · 심리적 상황을 통하여 학생들이 은연중에 가지게 되는 경험의 총체이다.
> ㉤ 영 교육과정은 언어적 · 논리적 사고영역을 중시하며, 경제학, 법률학, 예술 등의 학문을 주지적으로 가르친다.

① ㉠, ㉡　　　　　　　　　　　　② ㉠, ㉣
③ ㉡, ㉤　　　　　　　　　　　　④ ㉢, ㉣
⑤ ㉣, ㉤

>ADVICE ㉡ 경험중심 교육과정은 능동적인 학습태도를 함양할 수 있고 문제해결력을 신장시킬 수 있다. 하지만 행정적 통제가 어렵다는 단점이 있다.
>　　　 ㉤ 영 교육과정은 비언어적 · 비논리적 사고영역을 중시한다. 또한 중요함에도 불구하고 소홀히 간주되는 영역인 경제학, 법률학, 예술 등의 학문을 주지적으로 가르친다.

1 학문중심 교육과정의 기본관점에 대한 설명으로 옳은 것은?

① 교과내용을 미리 선정하거나 조직하지 않고 학습의 장에서 결정한다.

② 교과의 목적은 사회의 재구조화를 위한 비판적 시민을 양성하는 데 있다.

③ 핵심적인 아이디어 또는 기본적인 원리 및 개념을 중시한다.

④ 교육과정의 효율성을 위하여 체계적이고 과학적인 방법론을 적용한다.

>**ADVICE** 학문중심 교육과정에서는 가르쳐야 할 내용으로 '지식의 구조'를 강조하는데, 이는 학문의 바탕이 되는 기본적인 원리 및 개념, 핵심적인 아이디어 등을 말한다.
① 경험중심 교육과정
② 재건주의 교육과정
④ 타일러 합리적, 목표중심 모형

2 타일러(Tyler)가 개념화시킨 교육과정 개발의 네 가지 단계에 해당하지 않은 것은?

① 지식의 구조

② 학습경험의 선정

③ 교육목표

④ 학습자평가

>**ADVICE** 타일러의 교육과정 개발의 네 가지 단계
교육목표의 설정, 학습경험의 선정, 학습경험의 조직, 학습 성과의 평가

✎ **ANSWER** 19.① 20.③ / 1.③ 2.①

3 어떤 단원의 학습을 위해, 수업 전에 학습자가 알고 있는 기초 지식이나 기술 등을 점검하는 평가는?

① 형성평가   ② 진단평가

③ 중간평가   ④ 준거지향평가

> **ADVICE** ① 형성평가 : 학습 및 교수가 진행되는 상태에 있는 도중에 학생에게 학습곤란을 교정하고 송환효과를 주며 교과과정을 개선하고 수업방법을 개선하기 위하여 실시하는 평가이다.
> ③ 중간평가 : 학기의 중간에 학력을 평가하기 위해 실시한다.
> ④ 준거지향평가 : 절대 평가, 목표지향 평가라고도 한다. 평가기준을 교육과정을 통해 달성하려는 수업목표 또는 도착점 행동에 둔다. 교수-학습과정의 개선과 학생의 능력구분과 관련된 의사결정에 도움을 주기 위한 평가이다.

4 학점은행제에 대한 설명으로 옳은 것은?

① 평가인정의 기준, 학점인정의 기준, 학위 수여요건에 대한 사항은 기관운영의 편이성 차원에서 해당 대학의 장이 정한다.

② 평생교육훈련기관이나 독학사 시험 및 독학시험 면제교육과정 이수 등의 학습경험을 학점으로 인정하지만, 국가기술자격은 학점으로 인정하지 않는다.

③ 표준교육과정은 학위의 종류에 따른 전공별로 정하되, 전문학사과정의 학위취득 최소이수학점은 140학점이다.

④ 학교뿐 아니라 학교 밖에서 이루어지는 다양한 형태의 학습경험을 제도적 인정기준과 절차에 따라 평가하여 학점이나 학력 또는 국가자격 등과 같이 사회적으로 공인된 교육결과를 인정하는 제도이다.

> **ADVICE** ① 평가인정의 기준, 학점인정의 기준, 학위수여요건에 대한 사항은 법으로 지정되어있다.
> ② 기술사(45학점), 기능장(30학점), 기사(20학점), 산업기사(16학점), 전산회계운용사 1급(18학점), 컴퓨터활용능력 1급(14학점) · 2급(6학점), 비서1급(10학점) · 비서2급(4학점) 등의 국가기술자격증 취득자에도 일정한 학점이 인정된다.
> ③ 학위취득 최소 이수학점은 학사는 140점, 전문학사 3년제는 120학점 이상, 2년제는 80학점 이상이다

5 비판적 교육사회학 이론가들의 교육관으로 가장 적절한 것은?

① 부르디외(Bourdieu), 애플(Apple), 가드너(Gardner)는 상호작용의 관점에서 학교의 현상을 설명한다.

② 학교의 지식은 그 시대의 사회적 합의에 의하여 만들어진다.

③ 특정 입장에 대한 편향성을 지양하므로 가치중립적 관점을 추구한다.

④ 교과지식의 획득보다는 사회의 구조적 문제해결에 더 관심을 둔다.

ADVICE ① Cooley, Mead, Jackson, Rosenbaum, Cicourel... etc – 상호작용이론을 통해 접근한 학자

M. W. Apple – 갈등 주의적 관점에서 종속이론을 통해 교육을 이해한 학자

P. Bourdieu – 해석학적관점에서 교육의 내적과정에 대한 분석을 중시한 신교육사회학 이론의 학자

Gardner – 지능에 관한 광범위한 자료를 종합하여 7가지의 비교적 독립적인 지능이 있다는 이론을 제시하여 지능을 개념화한 다중지능이론을 만들었다.

② 학교교육은 지배집단의 가치체계인 이데올로기를 학생들에게 강제적으로 사회화시켜 특정집단의 문화와 권익을 옹호하고 정당화시켜주는 과정이라고 생각하였다.

③ 자본주의 사회의 학교교육의 비판은 있으나 사회주의사회의 교육에 대한 비판은 없었다.

6 괄호 안에 들어갈 용어로 가장 적절한 것은?

- 사회적 ( )는 비고츠키(Vygotsky)의 영향을 받아 전개되었다. 우리의 지식과 가치는 사회와 문화에 깊은 영향을 받는다.
- ( ) 이론은 듀이(Dewey), 피아제(Piaget), 비고츠키(Vygotsky) 등으로부터 직접적인 영향을 받았다.
- ( ) 학습모형에는 문제중심학습과 상황학습 등이 있다.

---

① 구조주의   ② 구성주의
③ 실용주의   ④ 인지주의

ADVICE ① 구조주의 : 기본적으로 인간의 언어, 사회구조, 정신을 지배하는 보편적 구조가 존재하고 개인의 특성이라는 것은 그 구조 안에서 발생하는 가능성의 조합이라고 생각한다.

③ 실용주의 : 내용보다 방법을 더 중요시했으며 교육의 방법은 융통성이 있어야 한다고 생각했다. 학교에서 가르치는 가치는 인간의 복리를 증진시키는 데 우선을 두고 교육적 환경을 민주적이어야 하며 학습자의 흥미와 욕구를 존중한다.

④ 인지주의 : 학습이란 학습자 내부에서 인지 구조의 변화와 외부로부터 정보를 수용하여 본인 스스로의 인지 구조 속으로 포함시키는 과정이 학습의 과정이자 원리가 된다. 즉 문제해결의 열쇠를 찾는 일은 어떤 관계를 지각함으로써 시작된다고 본다.

ANSWER 3.② 4.④ 5.④ 6.②

7 다음 글에서 설명하는 용어는?

> • 조직 및 개인의 목표달성을 위하여 사람들의 직무관련능력을 조직적으로 확장하는 수단이며, 행동변화를 목적으로 특정 기간 내에 실시하는 일련의 조직적 활동이다.
> • 개인, 집단 및 조직의 효율성 향상을 위한 훈련과 개발, 조직개발 및 경력개발을 통합한 의도적인 학습활동이다.
> • 개인의 성장과 개발, 조직의 성과향상, 지역사회의 개발과 발전, 국가의 발전과 국민복지의 향상을 달성하기 위한 조직화된 활동 또는 시스템이다.

① 인적자원개발
② 직무분석
③ 조직혁신
④ 총체적 질 경영(TQM)

ADVICE ② 직무분석 : 직무에 관한 정보를 수집·분석하여 내용을 파악한 다음, 각 직무의 수행에 필요한 지식, 능력, 숙련, 책임 등의 조건을 명확히 하여 과학적인 인적자원 관리를 가능하게 한다.
③ 조직혁신 : 조직진단을 통하여 문제점을 파악 후 분석과 개선을 통하여 조직의 효율성을 높이려는 의도적인 변화노력을 말한다.
④ 총체적 질 경영(TQM) : 조직의 모든 구성원들이 지속적으로 조직 문화를 개선하고 조직의 목표를 달성하기 위한 실제적 이행의 과정 철학이다. 즉, 최고관리자의 적극적인 헌신과 지원 아래 조직 문화의 변화까지 포함하는 광범위한 관리 철학이다.

8 각 시대별 교육기관이 바르게 짝지어진 것은?

① 백제(경당), 고구려(국학), 고려(오경박사), 조선(국자감)
② 통일신라(사부학당), 백제(서당), 고려(향교), 조선(국학)
③ 고구려(태학), 통일신라(국학), 고려(십이공도), 조선(향교)
④ 고구려(경당), 백제(학당), 고려(국학), 조선(성균관)

ADVICE 통일신라(국학), 고구려(태학), 고려(십이공도), 조선(향교), 백제의 교육기관의 경우 명확한 기록이 존재하지 않는다.

9 학교선택제와 거리가 먼 학교 유형은?

① 마그넷학교(Magnet school)
② 협약학교(Charter school)
③ 블루리본학교(Blue-ribbon school)
④ 교부금지원학교(Grant-maintained school)

》ADVICE 미국 교육부가 학업성적과 학생들의 성취정도를 평가하여 우수한 학교를 블루리본학교로 지정하는 것을 말한다.

10 20세기 말 이후 교육학의 새로운 패러다임으로서 포스트모더니즘이 등장하였다. 포스트모더니즘을 주장한 주요 학자와 핵심개념이 바르게 연결되지 않은 것은?

① 윌리스(Willis) − 모방, 저항
② 푸코(Foucault) − 권력과 지식, 광기
③ 리오타르(Lyotard) − 소서사, 주체성
④ 데리다(Derrida) − 해체, 차연

》ADVICE 윌리스(Willis) − 신교육사회학자, 교육의 내적 과정에 대한 분석을 중시하였다.

11 스트레스에 대처하는 다양한 방어기제들에 대한 설명으로 옳지 않은 것은?

① 퇴행 − 만족이 주어졌던 발달 초기의 수준으로 돌아가 미숙한 반응을 나타내어 불안을 극복하려는 것
② 합리화 − 사회적으로 용납될 수 없거나 수치스러운 욕구가 외부로 나타나지 않도록 욕구와 반대되는 행동과 태도를 보이는 것
③ 승화 − 사회적으로 가치 있는 일을 성취하려고 노력함으로써 자신이 억압당하고 있는 욕구를 만족시키는 것
④ 동일시 − 다른 사람의 행동특성이나 심리특성을 자신의 특성처럼 받아들여 불안을 극복하려는 것

》ADVICE • 합리화 − 자기의 실패나 약점을 남의 비난을 받지 않도록 하는 방어기제이다. 즉 적당한 변명으로 자기를 기만하는 작용이다.
• 반동형성 − 사회적으로 용납될 수 없거나 수치스러운 욕구가 외부로 나타나지 않도록 욕구와 반대되는 행동과 태도를 보이는 것

◆ ANSWER 7.① 8.③ 9.③ 10.① 11.②

12 상담이론에 대한 설명으로 옳지 않은 것은?

① 프로이드(Freud) 정신분석이론의 핵심개념은 무의식으로, 상담의 목표는 무의식을 의식화하는 것이다.
② 글레이서(Glasser)의 현실주의 이론은 책임있는 행동이 성공적인 자아정체의식을 효과적으로 형성한다고 가정한다.
③ 엘리스(Ellis)의 합리적·정서적 치료이론은 인지적 측면의 합리성과 정의적 측면의 정서, 행동주의의 원리를 절충한 방법이다.
④ 번(Berne)의 교류분석이론은 인간을 원본능, 자아, 초자아의 세 가지 자아상태로 구성된 존재로 간주한다. 이에 인간이 가진 신체적 욕구와 심리적 욕구들은 다른 사람과의 교류를 통해서만 충족될 수 있다고 강조한다.

> **ADVICE** 번(Berne) – 자아 상태는 세 가지[부모자아(Parent Ego), 성인자아(Adult Ego), 아동자아 (Child Ego)] 중 하나가 개인을 지배하여 결정한다고 생각한다(PAD).
> 교류분석이론은 행동이면에 숨겨져 행동동기를 부여하는 숨겨진 배경들과 발생 과정을 분석한다. 정신분석이론의 결정론을 비판한다. 상담과정은 내담자의 자율성을 증진하고 결정과정의 조력과정이라 할 수 있다.

13 장학의 유형과 그에 대한 설명으로 옳지 않은 것은?

① 자기장학 – 교수활동의 전문성을 반영한 장학형태이다.
② 동료장학 – 인적자원활용의 극대화라는 측면에 장점이 있다.
③ 임상장학 – 학교운영 전반에 대한 진단 및 임상적 처방이 목적이다.
④ 약식장학 – 교장이나 교감 등 주로 학교의 관리자에 의하여 이루어진다.

> **ADVICE** 임상장학 – 교사의 수업기술 향상이 주된 목적이며 교실 내에서의 교사의 수업행동에 초점을 둔다. 교사와 장학담당자 간의 대면적인 상호작용을 중시하며 체계적이고 집중적인 지도·조언의 과정이다.

14 교육법의 주요원리에 해당하지 않는 것은?

① 법률주의의 원리   ② 효과성의 원리
③ 자주성존중의 원리   ④ 기회균등의 원리

>**ADVICE** 교육법의 주요원리
- 법률주의의 원리 : 교육법은 반드시 국회에서 제정하는 법률에 의해야한다.
- 기회균등의 원리 : 모든 국민은 성별, 종교, 신념, 인종, 사회적 신분, 경제적 지위 또는 신체적 조건 등을 이유로 교육에서 차별을 받지 아니한다.
- 자주성존중의 원리 : 국가와 지방자치단체는 교육의 자주성과 전문성을 보장하여야하며 지역실정에 맞는 교육을 실시하기 위한 시책을 수립 실시하여야한다.

15 가네(Gagne)의 학습위계설의 중요한 영역은 수업사태(instructionalevents)이다. 다음 설명에 가장 적합한 수업사태는?

- 학생들에게 학습내용에 대한 힌트나 질문을 던진다.
- 지난 시간에 학습한 내용과의 유사점과 차이점을 설명해준다.
- 가요에 화학 원소 기호의 첫 글자로 개사하여 개사된 가요를 부르며 화학 원소 기호를 쉽게 외울 수 있도록 한다.

---

① 주의집중   ② 선수학습회상
③ 수행유도   ④ 학습안내

>**ADVICE** ① 주의집중 : 수업을 시작할 때 우선적으로 이루어져야 하는 일로 단순한 자극의 변화를 넘어 학습자의 흥미를 유발할 수 있다.
② 선수학습회상 : 학습자가 새로운 정보를 학습하는 데 필요한 기능을 숙달했는지 확인 후 그것을 지적해 주거나 회상시켜야 한다. 만약 학습자들이 선수학습이 제대로 되어있지 않으면 학습을 시작하기 전에 이전의 내용을 다시 가르쳐야한다,
③ 수행유도 : 통합된 학습의 요소들이 실제로 학습자에 의해 실행되는 단계로 학습을 증명하는 기회를 제공한다. 수업 시간의 질문에 대답하거나 실험을 완료하거나 그들이 배운 것을 실습할 수 있는 기회를 제공한다.

✎ **ANSWER** 12.④ 13.③ 14.② 15.④

16 학교교육의 다양한 사회적 기능 중 다음 설명에 해당하는 것은?

> 현대사회는 귀속적 지위보다 업적적 지위를 더 중요시한다. 예컨대, 개인의 학업 성적이나 전문 지식과 기술 등을 바탕으로 획득한 지위를 가정 배경이나 종교, 성별 등에 따라 주어지는 지위보다 더 중요하게 여기는 것이다. 업적적 지위의 획득에 필요한 개인의 전문적 지식이나 기술은 주로 학교교육을 통하여 습득되기 때문에, 현대사회에서 학교교육은 개인이 자신의 사회적 지위를 향상시키는 데 필요한 조건이나 능력을 마련해 주는 기능을 수행한다고 할 수 있다.

① 사회이동　　　　　　　　　　　② 사회충원
③ 사회통합　　　　　　　　　　　④ 사회혁신

> **ADVICE** ② 사회충원 : 지식, 기술, 교양 등의 함양을 통하여 필요한 인재의 선별하고 분류하여 적재적소에 배치하는 역할을 하는 것이다.
> ③ 사회통합 : 사회기관들의 관계를 조정하고, 부분문화와 특수문화 간의 모순과 갈등을 해소하여 조화를 이룰 수 있게 하는 기능이다.
> ④ 사회혁신 : 기존의 사회가 직면한 여러 문제들을 새롭게 변화시키는 생각이나 방법.

17 홀랜드(Holland)의 진로이론에 대한 설명으로 옳지 않은 것은?

① 대부분의 사람들은 실재적, 탐구적, 예술적, 사회적, 기업가적인 다섯 가지 유형 중의 하나로 분류될 수 있다.
② 실재적 유형은 기계, 전기 등과 같이 옥외에서 하는 육체노동에 관련된 직업을 선택하는 경향이 높다.
③ 사회적 유형과 예술적 유형은 매우 높은 상관이 있다.
④ 진로의식의 핵심요소로 직업흥미를 중시한다.

> **ADVICE** 대부분의 사람들은 현실적, 탐구적, 예술적, 사회적, 설득적, 관습적인 여섯 가지 성격유형중의 하나로 분류될 수 있다.

18 다음 중 교육감의 임기와 자격에 대한 설명으로 옳지 않은 것은?[기출변형]

① 교육감후보자가 되려는 사람은 당해 시·도지사의 피선거권이 있는 사람으로서 후보자등록신청개시일부터 과거 1년 동안 정당의 당원이 아닌 사람이어야 한다.

② 교육감후보자가 되려는 사람은 후보자등록신청개시일을 기준으로 교육경력과 교육행정경력 중 하나에 해당하는 경력이 3년 이상 있거나 해당하는 두 경력을 합한 경력이 3년 이상 있는 사람이어야 한다.

③ 임기는 4년으로 하되 재임은 2기에 한한다.

④ 국회의원·지방의회의원·국가공무원·지방공무원, 사립학교 교원 및 사립학교 경영자 등은 겸직할 수 없다.

)ADVICE ③ 교육감의 임기는 4년으로 하며, 교육감의 계속 재임은 3기에 한정한다〈지방교육자치에 관한 법률 제21조〉.

✎ **ANSWER** 16.① 17.① 18.③

19 서양의 사상가와 그 교육사상을 시대 순으로 바르게 나열한 것은?

> ㉠ 로크(인간의 마음계발)
> ㉡ 피히테(국가를 위한 국민교육)
> ㉢ 스펜서(과학과 실용성에 기초한 교육)
> ㉣ 코메니우스(대교수학)

① ㉠-㉣-㉢-㉡   ② ㉣-㉠-㉢-㉡
③ ㉣-㉠-㉡-㉢   ④ ㉠-㉣-㉡-㉢

> ）ADVICE ㉠ 로크(1632~1704)
> ㉡ 피히테(1762~1814)
> ㉢ 스펜서(1820~1903)
> ㉣ 코메니우스 (1592~1670)

20 다음 설명에 해당하는 지도성이론은?

> • 대표적 학자에는 하우스(House), 허시(Hersey)와 블랜차드(Blanchard) 등이 있다.
> • 지도자의 행동은 사회적 맥락에 따라 유동적이고 지도성의 효과도 다르다.
> • 레딘(Reddin)의 삼차원 지도성 유형을 예로 들 수 있다.

① 특성적 지도성이론   ② 행동적 지도성이론
③ 변혁적 지도성이론   ④ 상황적 지도성이론

> ）ADVICE ① 특성적 지도성이론 : 지도자는 피지도자가 소유하지 않은 어떤 특성을 지니고 있을 것이라고 생각하여 지도자가 지니고 있는 선천적인 공통특성을 식별하려고 노력하였다.
> ② 행동적 지도성이론 : 내면적 인성보다는 행동을 강조하고 상황 내에서 지도자의 행동을 관찰하여 지도자들 간에 나타내는 행동양식의 차이점을 유형화하는 것이 이 이론의 특징이다.
> ③ 변혁적 지도성이론 : 지도자가 부하 직원에게 장기적인 비전을 제시하고 달성을 위해 함께 노력할 것을 당부하여 부하직원들의 태도와 가치관의 변화를 통해 성과를 이루려는 지도성

안전행정부 시행

1 교육의 개념에 대한 설명으로 옳지 않은 것은?

① 교육의 사회적 기능이 부각되면서 사회가 요구하는 가치나 규범을 내면화하는 개념으로 사회화라는 개념이 쓰이게 되었다.

② 교육의 기초인 양육은 물질적인 원조뿐만 아니라 정신적, 심리적 조력을 모두 포괄하는 개념이다.

③ 조작적 정의를 견지하는 학자들은 교육을 '인간행동을 계획적으로 변화시키는 과정'이라고 본다.

④ 훈련(training)은 자연의 원리에 따르는 교육에서 유래한 것으로, 신념체계 전체를 변화시키는 '전인적' 교육이다.

》ADVICE ④ 훈련은 자연의 원리보다 인위적인 노력을 통한 변화에 해당한다.

※ 교육과 훈련

구분	내용	가치성	변화성	강조성
교육	넓은 신념체계·안목의 변화	가치 지향	전인적 변화	지적·창의적 자발적 참여 강조
훈련	제한된 기술의 연마	가치 중립	부분적 변화	기계적 반복적 연습

2 현재 우리나라에서 시행되고 있는 지방교육자치제도에 대한 설명으로 옳은 것은?[기출변형]

① 교육감은 국회의원·지방의회의원을 겸할 수 있다.

② 교육감은 법령 또는 조례의 범위 안에서 그 권한에 속하는 사무에 관하여 교육규칙을 제정할 수 없다.

③ 교육감의 임기는 4년으로 하며, 교육감의 계속 재임은 3기에 한한다.

④ 교육감은 학교운영위원에 의한 간선제로 선출된다.

》ADVICE ① 교육감의 겸직 제한〈지방교육자치에 관한 법률 제23조 제1항〉 … 교육감은 다음의 어느 하나에 해당하는 직을 겸할 수 없다.

• 국회의원·지방의회의원

• 「국가공무원법」에 규정된 국가공무원과 「지방공무원법」에 규정된 지방공무원 및 「사립학교법」의 규정에 따른 사립학교의 교원

• 사립학교경영자 또는 사립학교를 설치·경영하는 법인의 임·직원

② 교육감은 법령 또는 조례의 범위 안에서 그 권한에 속하는 사무에 관하여 교육규칙을 제정할 수 있다〈지방교육자치에 관한 법률 제25조 제1항〉.

④ 교육감은 주민의 보통·평등·직접·비밀선거에 따라 선출된다.

✎ ANSWER 19.③ 20.④ / 1.④ 2.③

3 다음 글은 어느 동기이론에 관한 설명인가?

> - A교사는 평소 수업 준비 및 연수에 많은 시간과 열정을 쏟아온 결과, 학생들의 성적 및 수업 만족도가 높은 편이다. 반면 같은 학교 동료교사 B는 그동안 수업 준비나 연수에 시간과 열정을 훨씬 더 적게 쏟는 편이어서 늘 학생들의 성적이나 수업 만족도가 낮았다.
> - 그런데 최근 실시한 연구수업에서 동료교사 B가 학교장과의 관계가 좋다는 이유로 A자신보다 더 높은 학교장의 평가를 받은 것으로 보였다. 그 일 이후 A교사는 수업에 대한 열정에 회의를 느끼면서 수업 준비를 위한 시간이나 연수 시간을 현저히 줄이게 되었다.
> - 이처럼 사람들은 자신의 노력에 대한 성과의 비율과 타인의 노력에 대한 성과의 비율을 비교하여 같지 않다고 느낄 경우 원래의 동기를 변화시키게 된다.

① 목표설정이론　　　　　　　　　　② 동기위생이론
③ 공정성이론　　　　　　　　　　　④ 기대이론

> **ADVICE** 아담스의 공정성이론 … 한 개인이 다른 사람들에 비해 얼마나 공정하게 또는 균형있게 대우를 받느냐 하는데 초점을 맞추고 있는 이론이다. 여기서 동기란 개인이 자기의 작업 상황에서 지각한 공정성 정도에 따라 영향을 받으며 얼마나 공정한 대우를 받고 있는가가 중요한 동기요인이 된다.
> ① 로크(Locke)의 목표설정이론이다.
> ② 허츠버그(Herzberg)의 동기-위생이론이다.
> ④ 브룸(Vroom)의 기대이론이다.

4 민간경제와 교육재정의 특성을 비교한 설명으로 옳은 것은?

① 민간경제는 등가교환 원칙에 의하여 수입을 조달하지만, 교육재정은 합의의 원칙에 의한다.
② 민간경제는 수입과 지출이 균형을 유지해야 하는 특성을 가지고 있는 반면, 교육재정은 항상 잉여획득을 기본 원칙으로 하여 거래가 이루어지고 있다.
③ 민간경제는 존속기간이 영속성을 가지고 있는 데 비해, 교육재정은 단기성을 가진다.
④ 민간경제는 양입제출의 회계원칙이 적용되는 데 반해, 교육재정은 양출제입의 원칙이 적용된다.

> **ADVICE** 교육재정(educational finance) … 교육에 필요한 재원을 공권력에 의해 조달하고 그것을 합목적적으로 관리하고 지출하는 경제행위이다. 교육재정은 필요한 경비를 먼저 산출하고 후에 수입을 확보하는 양출제입의 원칙이 적용되는 것이 특징이다.
> ① 교육재정은 교육활동의 지원을 목적으로 하고 있기 때문에 강제성을 띤다.
> ② 교육재정이 수입과 지출의 균형을 유지해야 한다.
> ③ 교육재정이 존속기간의 영속성을 지닌다.

5 교육행정의 원리로서 '민주성의 원리'를 가장 잘 표현한 것은?

① 교육행정은 일반행정으로부터 분리·독립되고 정치와 종교로부터 중립성을 유지해야 한다.

② 다양한 구성원들의 의사를 반영하기 위해 위원회, 협의회 등을 둔다.

③ 가계가 곤란한 학생이 능력이 있을 경우 장학금을 지급하여 교육기회를 제공한다.

④ 교육행정 활동에서는 최소한의 인적·물적 자원과 시간을 들여서 최대의 성과를 거두도록 해야 한다.

>ADVICE 민주성의 원리는 교육행정의 실천에 있어서 독단과 편견을 배제하고 교육정책 수립에 있어서 참여를 통해 공정한 민의를 반영한다는 원리이다.
① 자주성의 원리
③ 기회균등의 원리
④ 능률성의 원리

6 사물이나 사람의 특성을 측정하기 위해서는 측정단위를 설정하여야 한다. 다음 중 '절대 영점'을 포함하고 있는 척도는?

① 명명척도(nominal scale)
② 서열척도(ordinal scale)
③ 동간척도(interval scale)
④ 비율척도(ratio scale)

>ADVICE 비율척도(ratio scale) … 절대 영점이 원점인 등간척도로 하나의 대상이 다른 것의 몇 배나 되는지 측정 가능한 척도이다. 절대 영점이 있으므로 측정단위의 선택이 오직 한 가지 뿐이다.

7 상대평가와 절대평가의 특성에 대한 설명으로 옳지 않은 것은?

	상대평가	절대평가
①	신뢰도 강조	타당도 강조
②	규준 지향	목표 지향
③	편포 곡선 기대	정상분포 곡선 기대
④	선발적 교육관 강조	발달적 교육관 강조

>ADVICE 상대평가는 학습자의 평가 결과가 그가 속한 집단에 비추어 상대적인 위치를 판단해보는 평가방법으로 검사 점수가 높은 점수나 낮은 점수 쪽에 편포되기보다 정상분포곡선을 따르기를 기대한다. 반면 절대평가는 학습자의 선발이나 개인차에 관심을 두는 것이 아니라 모든 학습자가 설정된 교육목표를 달성해주기를 바라므로 정상분포에서 벗어난 부적 편포곡선을 기대한다.

✎ **ANSWER** 3.③ 4.④ 5.② 6.④ 7.③

8 수행평가에 대한 설명으로 옳지 않은 것은?

① 실기 중심의 평가에 기원을 두고 있는 수행평가는 인지적 영역 중심의 교과에서는 적절하지 않다.

② 수행평가는 아는 것과 수행능력이 일치하지 않을 수 있다는 자각에서 대두되었다.

③ 수행평가는 결과에만 초점을 두는 것이 아니라 수행의 과정과 결과를 다양한 방법에 의해 종합적으로 평가하는 것이다.

④ 수행평가는 학생 개인의 활동뿐만 아니라 여러 사람이 수행한 공동 활동에 대해서도 평가한다.

> **ADVICE** ① 수행평가는 학생의 인지적 영역, 정의적 영역, 운동 기능 영역에 대한 종합적이고 전인적인 평가를 하므로 인지적 영역 중심의 교과에서도 적합하다고 볼 수 있다.

9 평생학습사회에서 학력은 전통적인 학교체제를 통해서 뿐만 아니라 다양한 학습과 경험을 통해서도 얻을 수 있다. 우리나라가 시행하고 있는 평생학습인증 시스템이 아닌 것은?

① 학점은행제

② 평생교육사 자격제

③ 독학학위제

④ 문하생 학점 · 학력 인정제

> **ADVICE** 평생학습인증 시스템은 평생학습을 통해 습득한 성취결과를 객관적이고 공식적인 절차에 따라 평가 · 인정하는 시스템이다. 반면 평생교육사 자격제는 평생교육 담당 전문인력의 양성과 승급에 관한 것이다.
>
> ※ 우리나라의 평생학습인증제도
>
> ㉠ 독학학위제 : 학습자가 자기 주도적으로 학습한 정도가 학사학위 취득의 수준에 도달하였는지를 시험으로 평가하여 국가가 학위를 수여하는 제도
>
> ㉡ 학습휴가제 : 직장인들이 인사나 임금 따위에서 차별받지 않고 특정한 교육을 받을 수 있도록 일정 기간 유급이나 무급으로 휴가를 주는 제도
>
> ㉢ 학점은행제 : 학교, 학교 밖에서 이루어지는 다양한 형태의 학습경험 및 자격을 학점으로 인정하고, 학점이 누적되어 일정기준이 충족되면 학위취득을 가능하게 함으로써 열린교육사회, 평생학습사회 실현을 위한 제도
>
> ㉣ 문하생학력인증제 : 무형문화재를 현대 교육제도와 연계하는 노력으로 전통문화를 지속하면서 체계적으로 발전시키려는 의도
>
> ㉤ 학습계좌제 : 개인의 다양한 학습경험을 학습계좌(온라인 학습이력관리시스템)에 기록 · 누적하여 체계적인 학습설계를 지원하고 학습결과를 학력이나 자격인정과 연계하거나 고용정보로 활용할 수 있게 하는 제도
>
> ㉥ 시간제 등록제 : 대학의 입학 자격이 있는 사람이 시간제로 등록하여 수업을 받을 수 있게 하는 제도

10 다음 설명에 해당하는 상담이론으로 가장 적절한 것은?

> 내담자의 사고 과정을 수정 또는 변화시켜 정서적 장애와 행동적 장애를 극복하게 하는 데 상담의 중점을 둔다. 정서적 장애는 주로 비적응적인 사고 과정의 결과로서, 이 잘못된 사고 과정을 재구성하는 것이 상담의 주요 과제라고 본다.

① 인지적 상담   ② 행동 수정 상담

③ 인간 중심 상담   ④ 의사결정적 상담

> ⟩ADVICE ② 내담자는 상담자와 더불어 상담목표의 설정이나 결정과정에 적극적으로 참여하고 상담자의 지시 아래 일상생활에 확대할 수 있는 적극적이고 바람직한 행동반응을 상담장면에서 연습한다.
> ③ 내담자에 대한 수용과 존중을 강조하고, 상담자의 허용적 태도를 중시하며, 공감적 접근을 한다.
> ④ 피상담자가 당면문제에 대해서 피상담자의 내면적인 세계를 무시한 채 상담자의 객관적인 자료와 전문적인 식견만을 가지고 상담자가 해석을 내려준다.
>
> ※ 상담이론의 분류
>
> | 구분 | 종류 |
> |---|---|
> | 인지적 상담이론 | • 윌리암슨(Williamson)의 지시적 상담이론
• 앨리스(Ellis)의 합리적 · 정의적 상담이론 |
> | 정의적 상담이론 | • 로저스(Rogers)의 인간 중심적 상담
• 프로이드(Freud)의 정신분석학
• 실존주의 상담
• 애들러(Adler)의 개인심리상담 |
> | 행동적 상담이론 | • 행동주의적 상담
• Wŏlpe의 상호제지이론 |

11 형성평가와 총괄평가에 대한 설명으로 옳지 않은 것은?

① 형성평가는 학생 성적의 판정 및 진급 자격을 부여하거나 당락을 결정짓기 위해 시행된다.

② 형성평가는 교사의 학습지도 방법 개선에 큰 도움을 준다.

③ 총괄평가는 교수 · 학습이 완료된 시점에서 교육 목표의 달성 여부나 정도를 종합적으로 판정할 때 활용한다.

④ 형성평가는 학생의 학습에 대한 강화 역할을 한다.

> ⟩ADVICE ① 총괄평가에 대한 설명으로 형성평가는 학생의 학습곤란을 교정하고 송환효과를 주며, 교과과정을 개선하고 수업방법을 개선하기 위하여 시행된다.

✎ **ANSWER** 8.① 9.② 10.① 11.①

12 인지학습이론(cognitive learning theories)에 기초한 수업방식으로 적절하지 않은 것은?

① 관련된 모든 내용을 학생들에게 제공하여 더 많은 정보를 얻게 한다.

② 주어진 내용을 분명하게 조직적으로 제시한다.

③ 학생들의 주의를 환기하고 유지하기 위해 다양성, 호기심, 놀라움을 강조한다.

④ 새로운 내용과 이미 알고 있는 내용을 연결할 수 있도록 도와준다.

>**ADVICE** ① 많은 양의 정보를 제공하는 것은 자극-반응이론과 관련된다.
  ② 정보처리 이론의 조직화 전략
  ③ 정보처리 이론의 주의집중 전략
  ④ 정보처리 이론의 정교화 전략
  ※ 인지주의 학습이론 … 동물의 학습과 인간의 학습 간에는 질적인 차이가 있다고 가정하며, 학습의 기본단위는 요소와 요소들 간의 관계이고, 심리학적 탐구대상은 인간의 내적, 정신적 과정이어야 한다고 주장한다.

13 조선시대 성균관에 대한 설명으로 옳은 것은?

① 양반(귀족)의 자제면 누구나 입학할 수 있다.

② 성현의 제사를 지내는 것이 주목적이다.

③ 강독, 제술, 서법 등이 교육내용이다.

④ 생원이나 진사가 되기 위한 준비기관이다.

>**ADVICE** ① 성균관은 생원과 진사 합격생에 한하여 입학할 수 있었으며 정원이 미달될 때 사학의 우수자로 보충하였다.
  ② 인재양성과 신현·선성에 제사, 유교의 보급과 고급관리의 배출 등을 주목적으로 한다.
  ④ 성균관은 문과시험을 준비하는 최고의 교육기관이었다.

14 에릭슨(Erikson)의 심리사회적 발달단계에 따라 취학전 아동의 주도성(initiative)을 격려하기 위한 수업지침으로 가장 적절한 것은?

① 어린이들이 좋아하는 이야기에 어울리는 옷을 스스로 선택하고 등장인물이 되어 실연하면서 학습에 참여하게 한다.

② 짧고 간단한 숙제부터 시작해서 점차 양이 많은 과제를 내어주고, 향상 점검점(check point)을 설정하여 목표를 향해 열심히 학습하도록 격려한다.

③ 유명한 위인들의 생일을 표시한 달력을 만들어 각각의 생일마다 그 사람의 업적에 대해서 토론하고 자신의 미래 직업에 대해 탐색하게 한다.

④ 수학문제를 틀렸을 경우, 다른 어린이들의 모범답안을 보여주어 자신의 문제풀이 과정과 비교할 수 있게 한다.

〉**ADVICE** 주도성(initiative) … 에릭슨(E. Erikson)의 심리사회적 발달단계 중 제3단계(3~6세)에 해당하는 것으로, 자율성이 증가하며 왕성한 지적 호기심을 보이는 단계이다. 이 시기에는 아동의 주도적인 일을 비난하거나 질책하는 경우 아이들이 위축되고 자기주도적 활동에 대해 죄책감을 느끼기 때문에 활동을 억압하는 경우 죄악감이 형성된다.

15 수업모형의 하나인 '협동학습'에 대한 설명으로 옳지 않은 것은?

① 모든 구성원이 함께 참여하여 성취할 수 있는 명확한 공동의 목표가 있어야 효과적이다.

② 효과적인 협동학습이 되기 위해서는 기본적으로 동질집단으로 구성되어야 한다.

③ 자신의 역할을 완수하지 않으면 구성원이 불이익을 받게 된다.

④ 협동학습이 잘 이루어지기 위해서는 신뢰에 바탕을 둔 구성원 간의 상호의존관계가 필요하다.

〉**ADVICE** 협동학습과 전통적 소집단 학습

협동학습	전통적 소집단 학습
• 긍정적인 상호의존성과 개별책무성	• 상호의존성 및 개별책무성이 없음
• 구성원의 이질성	• 구성원의 동질성
• 서로에 대한 책임 공유	• 자신에 대해서만 책임을 짐
• 과제와 구성원과의 관계지속성 강조	• 과제만을 강조
• 집단과정의 구조화	• 집단과정이 없음

16 평생교육체제의 특징에 대한 설명으로 옳지 않은 것은?

① 인간의 통합적이고 유기적인 발달을 고려하여 여러 교육간의 연계와 결합을 추구한다.
② 때와 상황에 따라 사회 전 영역에서 교육의 기회가 제공될 수 있어야 한다고 본다.
③ 지식, 인격, 이성이 변증법적으로 생성될 수 있다는 관점을 가지고 있다.
④ 교육은 문화 유산의 전달 수단이 되고, 인재선별의 기능을 한다.

>ADVICE ④ 학교교육체제가 지닌 특성이며 평생교육체제는 자기발전과 성장의 수단으로 정의한다.

17 갈등론적 관점에서의 학교교육에 대한 설명으로 옳지 않은 것은?

① 학교교육의 기능을 부정적, 비판적으로 본다.
② 학교교육은 기존의 사회구조를 재생산한다.
③ 학교교육은 사회의 안정과 질서에 기여하는 제도이다.
④ 학교교육은 계급구조와 불평등을 정당화한다.

>ADVICE ③ 기능론적 관점에 해당하며 갈등론은 학교교육을 부정적이고 비판적인 시선으로 보고 있다.
  ※ 기능론과 갈등론
  　○ 기능론적 입장 : 학교에서 다루어지는 내용 및 방법은 사회에 순기능적이고 모든 사회구성원에게 필수적이며 유익한 것이라고 규정한다. 즉, 가정의 사회경제적 지위는 학교교육을 통해 개인의 능력을 인정받음으로서 얼마든지 사회적 지위이동이 가능하며, 사회적 평등 및 사회정의를 실현할 수 있다고 보는 입장이다.
  　○ 갈등론적 입장 : 사회는 문화, 가치, 이념 등을 달리하는 집단으로 구성되어 있으며 각 집단들은 자신들의 이익을 확대하기 위하여 다른 집단과 불가피하게 경쟁하거나 투쟁해야 하는데 그들은 바로 학교라는 사회적 기관을 통해 자신들의 이익 확대하려 한다고 주장한다. 학교에서 가르치고자 하는 것은 사회구성원 모두에게 유익한 내용이 아니며 특정한 사회집단에게만 유리하게 작용되므로 가르치는 것과 배우는 것의 괴리로 인해 학교는 오히려 사회적 불평등을 유지, 강화한다는 주장이다.

18 '교육결과의 평등'을 위한 조치로 옳은 것은?

① 교육을 받을 수 있는 신분적, 법적 제약을 철폐한다.
② 교육을 위한 경제적, 지리적, 사회적 장애를 제거한다.
③ 모든 학생들이 평등한 조건에서 학습을 받을 수 있도록 교육조건을 정비한다.
④ 저소득층 아동들의 기초학습 능력을 길러주기 위해 보상교육을 제공한다.

> **ADVICE** 교육받은 결과가 같아야 진정한 교육의 평등이 실현된다는 입장이므로 교육의 결과를 평등하기 위해 열등한 학생들에게 보상교육을 제공하는 것이 이에 가장 부합한다.
> ① 교육기회의 허용적 평등
> ② 교육기회의 보상적 평등
> ③ 교육조건의 평등

19 듀이(Dewey) 교육관의 특징에 해당하지 않는 것은?

① 사회적 가치보다는 아동의 흥미를 더 중시하는 아동 중심적 교육관이다.
② 이론 중심의 전통적 교육관에 대해 비판적이다.
③ 학습자 경험의 재구성과 성장을 중시하는 교육관이다.
④ 전통주의와 진보주의 교육 사이에서 극단적인 입장을 취하기보다는 절충적인 입장을 취한다.

> **ADVICE** ① 아동의 흥미와 사회적 가치를 모두 중시한 교육관이다.

20 현행 교육 관련법에서 교원에 대하여 규정하고 있는 내용으로 옳지 않은 것은?

① 교원은 교육자로서 갖추어야 할 품성과 자질을 향상시키기 위하여 노력하여야 한다.
② 교권은 존중되어야 하며, 교원은 그 전문적 지위나 신분에 영향을 미치는 부당한 간섭을 받지 아니한다.
③ 교원은 특정한 정당이나 정파를 지지하거나 반대하기 위하여 학생을 지도하거나 선동하여서는 아니된다.
④ 교원은 어떠한 경우에도 소속 학교의 장의 동의 없이 학원 안에서 체포되지 아니한다.

> **ADVICE** ④ 교원은 현행범인인 경우를 제외하고는 소속 학교의 장의 동의 없이 학원 안에서 체포되지 아니한다〈교육공무원법 제48조〉.

✎ ANSWER 16.④ 17.③ 18.④ 19.① 20.④

1 시험의 교육적 기능에 대비한 사회적 기능이 아닌 것은?

① 지식의 공식화와 위계화
② 교육과정 결정
③ 문화의 형성과 변화
④ 사회적 선발

>ADVICE 시험의 교육적 기능과 사회적 기능

교육적 기능	사회적 기능
• 자격부여	• 사회적 선발
• 경쟁촉진	• 지식의 공식화와 위계화
• 선발	• 사회 통제
• 목표와 유인	• 사회질서의 정당화와 재생산
• 교육과정 결정	• 문화의 형성과 변화
• 학습성취의 확인과 미래학습의 예언	

2 서책형 교과서와 비교하여 디지털 교과서의 장점으로 보기 어려운 것은?

① 사용에 있어 시공간의 제약이 적다.
② 학습자의 능력 및 수준에 따른 맞춤형 학습이 용이하다.
③ 다양한 멀티미디어 콘텐츠의 활용을 통해 학습동기를 높일 수 있다.
④ 특정한 장비와 프로그램이 없어도 접근이 가능하여 시간과 비용을 절약할 수 있다.

>ADVICE ④ 서책형 교과서의 장점이다. 디지털 교과서는 컴퓨터나 스마트폰 등의 장비와 프로그램이 필요하며 비용이 많이 든다.

3 학교조직에서 관료제의 특징과 설명의 연결이 옳지 않은 것은?

① 몰인정지향성 - 개인적인 감정에 좌우되지 않고 원리원칙에 의해 조직을 운영한다.

② 경력지향성 - 조직 구성원의 직무경력을 중요하게 여겨 한 조직에 오랫동안 남게 하는 유인이 된다.

③ 분업과 전문화 - 과업을 효율적으로 수행하기 위하여 직위 간에 직무를 적정하게 배분하고 전문화를 도모한다.

④ 규칙과 규정 - 모든 직위가 공식적 명령계통을 중심으로 계층구조를 가지고 있어 부서 및 개인 활동의 조정이 용이하다.

>**ADVICE** 학교조직의 관료제적 특징
  ㉠ 몰인정성
   • 순기능 : 합리적 의사결정을 가능하게 한다.
   • 역기능 : 사기와 능률성을 저하시킨다.
  ㉡ 경력지향성
   • 순기능 : 구성원의 충성심과 동기 유발의 요인이 된다.
   • 역기능 : 업적과 연공제 간의 갈등을 유발한다.
  ㉢ 분업과 전문화
   • 순기능 : 전문가를 양성하고 전문성을 향상한다.
   • 역기능 : 업무 반복으로 인한 권태감, 직무에 대한 흥미 상실, 분파주의를 일으켜 생산성을 저하시킨다.
  ㉣ 규칙과 규정
   • 순기능 : 업무의 계속성, 조정성, 안정성, 통일성을 보장한다.
   • 역기능 : 조직의 경직성과 목적과 수단의 전도현상을 초래한다.
  ㉤ 권위와 위계
   • 순기능 : 구성원 간의 원만한 조정을 증진한다.
   • 역기능 : 상하 간의 원활한 의사소통을 차단하거나 왜곡시킬 수 있다.

ANSWER 1.② 2.④ 3.④

4 교육행정의 특성으로 옳은 것은?

① 교육행정은 조직, 인사, 내용, 운영 등에서의 자율성과 민주성을 중요시한다.
② 교육행정은 교육과 행정을 구분하기 때문에 정치적 측면에 강조점을 두지 않는다.
③ 교육이 전문적 활동이기 때문에 이를 지원하는 교육행정은 특별한 훈련 없이도 수월하게 이루어질 수 있다.
④ 교육행정은 교수-학습 활동의 감독을 중요한 출발점으로 한다.

> **ADVICE** ② 교육행정은 교육지원을 위한 장·단기 계획을 수립하고 실천하기 위해서는 행정적 수완과 함께 정치적 예견과 지성을 필요로 다.
③ 교육이 전문적 활동이기 때문에 이를 지원하는 교육행정 역시 특별히 훈련된 전문성을 가져야 한다.
④ 교수-학습 활동한은 교사의 전문적 분야로 교육행정은 이를 감독하기보다는 지원해야 한다.

5 현대 교육철학 사조 중 본질주의에 대한 설명으로 옳은 것은?

① 인류의 전통과 문화유산을 소중히 여기며 교육을 통해 문화의 주요 요소들을 다음 세대에 전달할 것을 강조한다.
② 진리를 인간의 경험에서 나오는 실험적 혹은 가설적인 것으로 간주한다.
③ 교육에서 전통과 고전의 원리를 강조하고 불변의 진리를 인정한다.
④ 교육이 문화의 기본적인 가치를 실현시키는 새로운 사회질서를 창조하는 일에 전념할 것을 강조한다.

> **ADVICE** ② 진보주의 교육철학에 대한 설명이다.
③ 항존주의 교육철학에 대한 설명이다.
④ 재건주의 교육철학에 대한 설명이다.

6 렌줄리(J. S. Renzulli)가 제안한 영재성 개념의 구성요인이 아닌 것은?

① 평균 이상의 일반능력　　　　　　　　② 평균 이상의 지도성
③ 높은 수준의 창의성　　　　　　　　　④ 높은 수준의 과제집착력

> **ADVICE** J. S. 렌줄리는 실제로 사회에서 뛰어난 공헌을 한 사람들은 극단적으로 높을 필요는 없는 '평균 이상의 능력', '높은 창의성', '높은 과제 집착력'을 갖추고 있다며 영재성 개념의 구성요인으로 주장하였다.

7 평가도구의 양호도에 대한 설명으로 옳지 않은 것은?

① 규준지향평가의 신뢰도에서는 원점수 자체의 의미가 중요하다.

② 평가도구의 문항 수는 신뢰도에 영향을 미친다.

③ 최근에는 타당도를 평가 결과의 해석이 얼마나 타당한가에 대한 근거를 수집하는 과정으로 본다.

④ 입학시험과 입학 이후의 학업성적과의 상관이 높다면 입학시험의 예측타당도가 높다고 할 수 있다.

》ADVICE ① 규준지향평가는 상대평가로 원점수 자체의 의미는 중요하지 않다.

8 지능이론에 대한 설명으로 옳지 않은 것은?

① 유동지능은 탈문화적이고 비언어적인 능력과 관련되며 두뇌 발달에 영향을 받는다.

② 삼원지능이론에서는 일상적인 문제와 사회적 상황을 효과적으로 처리하고 반응하는 것이 지능의 주요 요소 중 하나이다.

③ g요인설을 통해 언어 능력과 추론 능력이 동시에 우수한 사람에 대한 설명이 가능하다.

④ 결정지능은 태어날 때 이미 결정되어 있기 때문에 새로운 지식이나 경험이 영향을 미치지 않는다.

》ADVICE ④ 카텔(Cattell)의 지능의 구조 중 결정적 지능은 환경적·문화적·경험적 영향에 의해 발달하는 지능으로 연령 증가에 따라 점차 발달하는 지능이다.

9 조선시대 과거제도에 대한 설명으로 옳지 않은 것은?

① 문과 대과에 급제한 자에게는 홍패(紅牌)가 지급되었다.

② 생진과의 복시(覆試)에 합격한 자에게는 성균관에 입학할 수 있는 자격이 주어졌다.

③ 생원시에서는 유교경전을, 진사시에서는 부(賦), 시(詩) 등의 문학을 시험보았다.

④ 과거시험은 정규시험인 정시(庭試)와 특별시험인 별시(別試)로 구분된다.

》ADVICE ④ 조선시대 과거제도의 정규시험은 3년에 한 번씩 시행되는 식년시(式年試)이다. 정시(庭試)는 특별시에 속한다.

✎ **ANSWER** 4.① 5.① 6.② 7.① 8.④ 9.④

10 우리나라 교육재정에 대한 설명으로 옳지 않은 것은?

① 공교육비는 공부담 교육비와 사부담 교육비로 나뉘는데, 학생 납입금은 사부담 교육비에 해당된다.
② 지방교육재정의 가장 큰 재원은 지방교육재정교부금 및 보조금이다.
③ 국가의 재정이 국민의 납세의무에 의해 재원을 확보하듯이 교육예산도 공권력에 의한 강제성을 전제로 한다.
④ 교육재정의 지출 가운데 시설비가 차지하는 비중이 인건비에 비해서 상대적으로 크다.

>ADVICE ④ 교육재정의 지출 가운데 인건비가 차지하는 비중이 시설비에 비해서 상대적으로 크다.

11 평생교육 제도에 대한 설명으로 옳은 것은?

① 학점은행제는 다양한 학습 경험을 학점으로 인정하나 학위취득은 불가능한 제도이다.
② 학습계좌제는 학습자에게 교육비를 무상으로 지원해주기 위한 제도이다.
③ 시간제 등록제는 대학의 입학 자격이 있는 사람이 시간제로 등록하여 수업을 받을 수 있게 하는 제도이다.
④ 산업대학은 원격교육을 통해 정식 학위를 수여하는 제도이다.

>ADVICE ① 학점은행제는 다양한 학습 경험을 학점으로 인정하여 학위 취득이 가능한 제도이다.
② 학습계좌제는 국가가 국민의 평생교육을 촉진하기 위하여 정규 학교교육 이후 모든 국민의 개인별 교육정보를 수록해 개인의 교육정도를 종합적으로 누적 관리하는 제도이다.
④ 산업대학은 일정한 학교교육을 마쳤거나 중단한 근로 청소년·직장인 등에게 재교육 및 평생교육의 기회를 주어 대학과정을 이수하게 하는 학교이다.

12 다음 글에 해당하는 교육사상가는?

> "모든 것은 조물주의 손에서 나올 때는 순전히 선하나 인간의 손에 넘어오면서 타락한다."고 주장하며, 인위적 교육을 비판하고 자연의 원리에 맞는 교육을 해야 한다고 강조하였다.

① 니일(A. S. Neill)   ② 루소(J. J. Rousseau)
③ 듀이(J. Dewey)   ④ 로크(J. Locke)

>ADVICE 제시문은 루소의 자연주의 교육사상에 대한 설명이다.

13 학교교육에서 생활지도의 기본 원리로 옳지 않은 것은?

① 치료나 교정보다 예방에 중점을 두고 있다.
② 학교 교육과정과 통합될 필요가 있다.
③ 문제유발 가능성이 없는 학생은 대상에 포함되지 않는다.
④ 개인의 권리와 존엄성 및 가치의 인정을 기초로 한다.

〉ADVICE ③ 생활지도는 모든 학생을 대상으로 한다.

　　※ 생활지도의 실천원리

　　　ㄱ 균등의 원리 : 모든 학생을 대상으로 해야 한다.
　　　ㄴ 과학적 기초의 원리 : 정확한 자료와 객관적인 근거를 바탕으로 행해져야 한다.
　　　ㄷ 적극성의 원리 : 치료보다는 예방에 중점을 두어야 한다.
　　　ㄹ 전인적 원리 : 학생의 전인교육 측면에서 행해져야 한다.
　　　ㅁ 계속과정의 원리 : 진학·졸업 이후에도 지속적인 관심을 가져야 한다.
　　　ㅂ 협동성의 원리 : 담임·상담교사뿐 아닌 학교 전체의 직원이 협력해야 한다.
　　　ㅅ 구체적 조직의 원리 : 생활지도를 위한 구체적 조직을 갖추어야 한다.

14 뱅크스(J. A. Banks)가 제시한 다문화교육의 목적이 아닌 것은?

① 특정 인종이나 민족 또는 소외받은 자만을 대상으로 교육하는 것이다.
② 학생들에게 다른 문화의 관점을 통해 자신의 문화를 바라보게 함으로써 자기 이해를 증진시키는 것이다.
③ 학생들에게 문화적, 민족적, 언어적 대안과 선택을 가르치는 것이다.
④ 학생들이 전 지구적이며 테크놀로지화된 세계에서 살아가는 데 필요한 읽기, 쓰기, 수리적 능력을 습득하도록 돕는 것이다.

〉ADVICE J. A. 뱅크스의 다문화교육 … 다문화교육은 개념 혹은 아이디어, 교육개혁운동, 그리고 교육과정이라는 최소한 세 가지 내용을 포함하며, 모든 학생들이 그들의 성별이나 계급, 인종, 종족, 문화적 특징과 무관하게 학습에 있어 평등한 기회를 갖도록 하는 이념을 실천하는 교육을 말한다.
① 다문화교육은 특정 인종이나 민족 또는 소외받은 자만을 대상으로 교육하는 것은 아니다.

15 다음에 해당하는 의사결정모형은?

> 학교 조직의 의사결정은 다양한 문제와 해결 방안들 사이의 혼란스러운 상호작용 속에서 비합리적이고 우연적 방식으로 이루어진다.

① 혼합 모형   ② 만족 모형
③ 최적화 모형   ④ 쓰레기통 모형

>**ADVICE** ④ 제시문은 조직화된 무질서에 대한 설명이다. 조직화된 무질서를 나타내는 조직은 선호의 불명확, 불확실한 기술, 유동적 참여 등을 특징으로 한다. 이러한 때에는 쓰레기통 모형의 의사결정모형을 활용할 수 있다.

16 아이즈너(E. W. Eisner)가 제시한 영교육과정(Null Curriculum)에 대한 설명으로 옳은 것은?

① 공식적 교육과 정에서 의도하지 않았으나 학생들이 은연중에 배우게 되는 경험된 교육과정이다.
② 교사가 교실에서 실제로 가르친 교육과정이다.
③ 교육적 가치가 있음에도 불구하고 공식적 교육과정에서 배제된 교육과정이다.
④ 공적 문서 속에 기술되어 있는 교육계획으로서의 교육과정이다.

>**ADVICE** ① 잠재적 교육과정에 대한 설명이다.
> ② 실제적 교육과정에 대한 설명이다.
> ④ 공식적 교육과정에 대한 설명이다.

17 교육과정의 내용조직 원리에 대한 설명으로 옳은 것은?

① 범위성(scope)은 교과목이나 단원의 폭과 영역을 결정하는 것이다.
② 통합성(integration)은 교육내용을 결정할 때 생길 수 있는 여러 결절부를 중복, 비약, 후퇴, 누락 등이 없도록 부드럽게 조절하는 것이다.
③ 계열성(sequence)은 같은 내용이 반복되도록 조직하는 것이다.
④ 연속성(continuity)은 교육내용이 위계적·논리적 순서에 따라 심화 및 확대되도록 조직하는 것이다.

>**ADVICE** ② 수직적 연계에 대한 설명이다.
> ③ 계속성에 대한 설명이다.
> ④ 계열성에 대한 설명이다.

18 학업성취격차에 관한 설명으로 옳지 않은 것은?

① 번스타인(B. Bernstein)은 가정에서 사용하는 언어의 특성이 학업성취에 영향을 미치지 않는다고 설명하였다.
② 부르되(P. Bourdieu)의 문화자본이론은 특정 문화에 익숙한 계층이 학업성취에 유리하다고 설명하였다.
③ 사회자본이론은 가정환경이 지역사회 및 학교와의 사회적 관계를 통하여 학업성취에 영향을 미친다고 설명한다.
④ 학업성취에 대한 결과로서의 평등 측면에서 보상교육 프로그램이 실시되었다.

》ADVICE ① 번스타인(Bernstein)은 노동계층이 가지는 구어형식(대중어)과 중상류계층이 가지는 구어형식(공식어)이 다른데, 학교교육이 중류계층의 가치관을 지향하여 중류계층의 구어인 공식어를 사용하기 때문에 노동계층의 아동은 수업의 언어에서 인지적 의미와 논리적 구조를 파악할 수 없어 학업성취에 영향을 미친다고 주장한다.

19 행동주의에 기반한 교수설계 원리로 옳지 않은 것은?

① 학습목표는 수업이 끝났을 때 학습자가 성취해야 하는 결과를 관찰 가능한 행동목표로 진술해야 한다.
② 학습이 이루어질 수 있도록 내재적 동기를 유발할 수 있는 교수전략을 수립해야 한다.
③ 수업의 내용은 쉬운 것에서부터 어려운 것으로 점진적으로 제시해야 한다.
④ 바람직한 수행을 유도하기 위하여 지속적인 평가와 피드백을 제공해야 한다.

》ADVICE ② 행동주의는 외적 동기 유발을 전제로 한다.

20 「학교폭력예방 및 대책에 관한 법률」상 내용으로 옳은 것은?

① 학교폭력 가해 중학생의 경우 퇴학처분이 가능하다.
② 학교의 장은 학교폭력과 관련한 개인정보 등을 경찰청장, 시·도경찰청장, 관할 경찰서장 및 관계 기관의 장에게 요청할 수 없다.
③ 교육감은 학교폭력의 실태를 파악하고 학교폭력에 대한 효율적인 예방대책을 수립하기 위하여 학교폭력 실태조사를 연 2회 이상 실시하여야 한다.
④ 교육감은 학교폭력대책심의위원회가 처리한 학교의 학교폭력빈도를 학교의 장에 대한 업무수행 평가에 부정적 자료로 사용할 수 있다.

》ADVICE ③ 제11조(교육감의 임무) 제8항
① 중학생은 의무교육 학생으로 퇴학처분이 불가능하다.
② 교육부장관, 교육감, 지역 교육장, 학교의 장은 학교폭력과 관련한 개인정보 등을 경찰청장, 시·도경찰청장, 관할 경찰서장 및 관계 기관의 장에게 요청할 수 있다.〈제11조의3(관계 기관과의 협조 등) 제1항〉
④ 교육감은 제12조(학교폭력대책심의위원회의 설치·기능)에 따른 심의위원회가 처리한 학교의 학교폭력빈도를 학교의 장에 대한 업무수행 평가에 부정적 자료로 사용하여서는 아니 된다.〈제11조(교육감의 임무) 제5항〉

✎ ANSWER 15.④ 16.③ 17.① 18.① 19.② 20.③

1 다음 설명에 해당하는 동기이론은?

> • 학생은 자기 자신의 행동과 운명을 자율적으로 선택할 수 있다.
> • 학습에 대한 선택권을 제공함으로써 학생의 자율성을 신장시킬 수 있다.
> • 학생이 스스로 과제를 선택할 때, 보다 오랫동안 과제에 참여하고 즐거운 학습경험을 하게 된다.

① 귀인 이론　　　　　　　　　　　　② 기대－가치 이론
③ 자기결정성 이론　　　　　　　　　④ 자기효능감 이론

》ADVICE 자기결정성 이론 … 자기결정이란 자율적으로 자신의 행동을 결정하고 스스로 통제·조절하는 것으로, 자기결정성 이론
에서는 이러한 자기결정이 내재적 동기를 증가시킨다고 본다.

2 다음 설명에 해당하는 교육과정 조직의 원리는?

> • 교육과정 내용이 제시되는 시간적 순서를 의미
> • 단순한 내용에서 복잡한 내용 순으로 제시
> • 친숙한 내용에서 낯선 내용 순으로 제시
> • 구체적인 개념에서 추상적인 개념 순으로 제시

① 범위　　　　　　　　　　　　　　② 계속성
③ 계열성　　　　　　　　　　　　　④ 균형성

》ADVICE 교육내용 조직의 원리
　　㉠ 계속성의 원리 : 일정기간 동안 교육내용 및 학습경험이 반복되도록 조직한다.
　　㉡ 계열성의 원리 : 교육내용과 경험 수준이 점차적으로 깊이와 넓이를 더해 나선형이 되도록 조직한다.
　　㉢ 통합성의 원리 : 여러 영역에서 학습하는 내용들이 학습과정에서 서로 연결되고 통합되어 의미 있는 학습이 되도록
　　　　조직한다.

ⓔ 균형성의 원리 : 교육내용 조직에 있어 일반교양교육과 전문·특수·직업교육 등이 각 급 학교의 기능과 목적에 따라 균형을 이루어야 한다.

ⓜ 다양성의 원리 : 학생의 특수한 요구·흥미·능력이 충분히 반영될 수 있도록 다양하고 융통성 있는 경험을 할 수 있도록 조직한다.

3 다음과 같이 주장한 사람은?

> • 학습이 학교에 의해서만 이루어지는 것은 아니고, 학교가 반드시 학습의 증진을 가져다주는 것도 아니다.
> • '조작적 제도'에 대치되는 것으로 '상호친화적 제도'를 만들어야 한다.
> • 기존의 학교제도를 대신해 '학습을 위한 네트워크'를 만들어야 한다.

① 일리치(I. Illich)
② 라이머(E. Reimer)
③ 프레이리(P. Freire)
④ 슈타이너(R. Steiner)

〉ADVICE 주어진 내용은 일리치가 그의 저서 「Deschooling Society」에서 주장한 것으로, 진정한 교육을 위해서 기존의 학교제도를 대신할 '학습을 위한 네트워크'의 필요성을 언급했다.

4 「교육공무원법」상 교원의 전보에 해당하는 것은?

① 교사가 장학사로 임용된 경우
② 도교육청 장학관이 교장으로 임용된 경우
③ 중학교 교사가 초등학교 교사로 임용된 경우
④ 교육지원청 장학사가 도교육청 장학사로 임용된 경우

〉ADVICE 「교육공무원법」상 전보란 교육공무원을 같은 직위 및 자격에서 근무기관이나 부서를 달리하여 임용하는 것을 말한다.

ANSWER 1.③ 2.③ 3.① 4.④

5 일제 강점기의 제2차 조선교육령에 대한 설명으로 옳지 않은 것은?

① 조선어를 필수과목으로 정했다.

② 고등보통학교의 수업 연한을 3년으로 정했다.

③ 대학 설립에 관한 조항을 두었다.

④ 3 · 1 운동으로 표출된 반일감정을 무마하기 위한 회유책이었다.

> **ADVICE** ② 일제 강점기의 제2차 조선교육령은 보통학교의 수업 연한을 4년에서 6년으로, 고등보통학교는 4년에서 5년으로 정했다.

6 다음은 「평생교육법」 조항의 일부이다. 괄호 안에 공통으로 들어가는 말은?

제2조(정의) 이 법에서 사용하는 용어의 정의는 다음과 같다.

1. "평생교육"이란 학교의 정규교육과정을 제외한 학력보완교육, 성인 (   )교육, 직업능력 향상교육, 성인 진로개발역량 향상교육, 인문교양교육, 문화예술교육, 시민참여교육 등을 포함하는 모든 형태의 조직적인 교육활동을 말한다.

제39조 … ① 국가 및 지방자치단체는 성인의 사회생활에 필요한 (   )능력 등 기초능력을 높이기 위하여 노력하여야 한다.

---

① 취업

② 문자해득

③ 의사소통

④ 정보통신

> **ADVICE** • "평생교육"이란 학교의 정규교육과정을 제외한 학력보완교육, 성인 <u>문자해득</u>교육, 직업능력 향상교육, 성인 진로개발역량 향상교육, 인문교양교육, 문화예술교육, 시민참여교육 등을 포함하는 모든 형태의 조직적인 교육활동을 말한다.〈평생교육법 제2조 제1호〉
> • 국가 및 지방자치단체는 성인의 사회생활에 필요한 <u>문자해득</u>능력 등 기초능력을 높이기 위하여 노력하여야 한다.〈평생교육법 제39조 제1항〉

7 학생이 문제해결능력이 없는 경우, 교사가 어떤 역할을 해야 하는지에 대한 비고츠키(L. Vygotsky)의 관점으로 보기 어려운 것은?

① 구조화를 형성할 수 있는 단서를 제공한다.

② 세부사항과 단계를 기억할 수 있도록 조력하고 격려한다.

③ 표준화 지능검사 문항을 풀게 하여 학생의 지적 발달 수준을 측정한다.

④ 학생이 혼자서 풀 수 있는 문제와 도움을 받아야 하는 문제를 모두 평가하여 지적 발달 수준을 측정한다.

> ADVICE ③ 비고츠키의 관점에 따르면 정답을 찾는 것만을 요구하는 표준화 지능검사 문항으로는 학생의 지적 발달 수준을 제대로 측정할 수 없다.

8 브론펜브레너(U. Bronfenbrenner)에 의해 제안된 인간발달의 생태이론에서 중간체계(mesosystem)에 대한 설명으로 가장 적절한 것은?

① 아동이 속해 있는 사회의 이념, 가치, 관습, 제도 등을 의미한다.

② 아동과 아주 가까운 주변에서 일어나는 활동과 상호작용을 나타낸다.

③ 가정, 학교, 또래집단과 같은 미시체계들 간의 연결이나 상호관계를 나타낸다.

④ 아동이 직접적으로 접촉하고 있지는 않지만 아동에게 영향을 주는 환경(부모의 직장, 보건소 등)을 나타낸다.

> ADVICE 브론펜브레너의 생태학적 환경의 유형
> ㉠ 미시체계 : 아동이 속한 가장 직접적인 환경으로 가정, 학교 등을 말한다.
> ㉡ 중간체계 : 아동의 가정과 학교, 학교와 또래집단 같이 두 가지 이상의 미시체계들 간의 연결이나 상호관계이다.
> ㉢ 외체계 : 아동이 직접적으로 접촉하고 있지는 않지만, 아동의 미시체계에 영향을 주는 환경이다.
> ㉣ 거시체계 : 미시체계, 중간체계, 외체계에 포함되어 있는 것뿐 아니라 문화적 환경까지 포함한다. 아동의 삶에 직접적으로 개입하지는 않지만 강한 영향력을 발휘한다. 사회의 가치, 법률, 관습 등이다.
> ㉤ 시간체계(연대체계) : 개인의 전 생애에 걸친 변화와 사회 역사적인 환경의 변화로 아동의 발달이 시간적 차원 안에서 일어남을 강조하는 체계이다.

9 우리나라의 지방교육자치제에 대한 설명으로 옳지 않은 것은?

① 교육지원청에 교육장을 두되 장학관으로 보한다.

② 교육감은 시 · 도의 교육 · 학예에 관한 사무의 집행기관이다.

③ 교육감의 임기는 4년으로 하며, 교육감의 계속 재임은 2기에 한한다.

④ 부교육감은 당해 시 · 도의 교육감이 추천한 자를 교육부장관의 제청으로 국무총리를 거쳐 대통령이 임명한다

> ADVICE ③ 교육감의 임기는 4년이며, 계속 재임은 3기에 한한다.

✎ **ANSWER** 5.② 6.② 7.③ 8.③ 9.③

10 우리나라의 지방교육재정에 대한 설명으로 옳은 것은?

① 교육세는 지방교육재정교부금의 재원에 포함되지 않는다.
② 광역시는 담배소비세의 100분의 45에 해당하는 금액을 교육비특별회계로 전출하여야 한다.
③ 교육부장관은 특별교부금의 사용에 관하여 조건을 붙이거나 용도를 제한할 수 없다.
④ 시·군·자치구는 고등학교 이하 각급학교의 교육에 소요되는 경비를 보조할 수 없다.

⟩ADVICE ① 지방교육재정교부금은 해당 연도의 내국세(목적세 및 종합부동산세, 담배에 부과하는 개별소비세 총액의 100분의 45 및 다른 법률에 따라 특별회계의 재원으로 사용되는 세목의 해당 금액은 제외) 총액의 1만분의 2,079에 해당하는 금액과 해당 연도의 「교육세법」에 의한 교육세 세입액 중 「유아교육지원특별회계법」에서 정하는 금액 및 「고등·평생교육지원 특별회계법」에서 정하는 금액을 제외한 금액을 합산한 금액으로 한다. 〈지방교육재정교부금법 제3조 제2항〉
③ 교육부장관은 특별교부금의 사용에 관하여 조건을 붙이거나 용도를 제한할 수 있다. 〈지방교육재정교부금법 제5조의2 제3항〉
④ 시·도 및 시·군·자치구는 대통령령으로 정하는 바에 따라 관할구역에 있는 고등학교 이하 각급학교의 교육에 드는 경비를 보조할 수 있다. 〈지방교육재정교부금법 제11조 제8항〉

11 다음에 나타난 관료제의 역기능은?

> 김 교장은 교사들이 수업을 충실하게 진행하도록 유도하기 위해 모든 수업에 대한 지도안을 사전에 작성하여 제출하도록 하였다. 그 후로 교사들이 수업지도안을 작성해서 제출하느라 수업 시간에 늦는 사례가 빈발했다.

① 권태
② 인간 경시
③ 실적과 연공의 갈등
④ 목표와 수단의 전도

⟩ADVICE ④ 충실한 수업이라는 목표를 위한 수단이었던 지도안 작성이 목표에 우선하게 되어 가치가 전도된 상태이다.

12 다음과 같은 학교조직의 특성을 나타내는 말은?

> • 교원의 직무수행에 대한 엄격하고 분명한 감독이나 평가방법이 없다.
> • 교사들의 가치관과 신념, 전문적 지식, 문화·사회적 배경에 따라 교육내용에 대한 해석이나 교수방법이 다르다.
> • 체제나 조직 내의 참여자에게 보다 많은 자유재량권과 자기결정권을 제공한다.

① 관료체제   ② 계선조직
③ 비공식조직   ④ 이완결합체제

>**ADVICE** 이완결합체제 … 학교조직은 그 체제와 하위체제들이 수행할 활동들이 상호 관련되어 있다고 할지라도 그것들이 각자의 자주성과 개별성을 유지하는 느슨한 결합체제이다.

13 정신분석이론에 기초한 상담기법이 아닌 것은?

① 자유연상   ② 꿈의 분석
③ 전이의 분석   ④ 무조건적인 긍정적 수용

>**ADVICE** 정신분석이론에 기초한 상담기법으로는 자유연상, 꿈의 분석, 전이의 분석, 저항의 분석, 최면요법, 정화 등이 있다.
>④ 무조건적인 긍정적 수용은 비지시적 상담이론에 기초한 상담기법이다.

14 다음 설명에 해당하는 교육평가 유형은?

> • 학습보조의 개별화를 위한 자료를 제공한다.
> • 학습진전의 효율화를 확인하기 위한 자료를 제공한다.
> • 교수−학습 방법의 개선을 위한 자료를 제공한다.

① 형성평가   ② 진단평가
③ 절대평가   ④ 총괄평가

>**ADVICE** 형성평가 … 교수·학습이 진행되는 과정에서 아동의 학습상태를 점검하고 필요한 경우 교과 과정이나 수업 방법을 개선시키기 위해 실시하는 평가이다.

 ANSWER 10.② 11.④ 12.④ 13.④ 14.①

15 행동변화를 위한 행동주의 수업기법에 해당하지 않는 것은?

① 모델링   ② 행동조성

③ 체계적 둔감화   ④ 선행조직자 제시

>ADVICE ④ 선행조직자 제시는 인지주의 수업기법에 해당한다.

16 교육공학의 기본영역별 하위영역에 대한 설명으로 옳지 않은 것은?

① 평가영역에는 문제분석, 준거지향 측정, 형성평가, 총괄평가가 있다.

② 활용영역에는 프로젝트 관리, 자원관리, 전달체제 관리, 정보관리가 있다.

③ 설계영역에는 교수체제 설계, 메시지 디자인, 교수전략, 학습자 특성이 있다.

④ 개발영역에는 인쇄 테크놀로지, 시청각 테크놀로지, 컴퓨터 기반 테크놀로지, 통합 테크놀로지가 있다.

>ADVICE ② 활용영역에는 매체활용, 혁신의 보급, 실행과 제도화, 정책과 규제가 있다. 프로젝트 관리, 자원관리, 전달체계 관리, 정보관리는 관리영역의 하위범주이다.

17 문제중심학습(Problem-Based Learning)의 특징이라고 보기 어려운 것은?

① 실제성   ② 협동학습

③ 자기주도학습   ④ 구조적인 문제

>ADVICE 문제중심학습 … 실제적인 문제를 해결하는 과정에서 학습이 이루어지는 학습자 중심의 학습환경이자 모형이다. 문제중심학습의 목적은 유연한 지식, 효과적인 문제해결능력, 자기주도학습, 효과적인 협동능력, 내재적 동기 계발에 있다.

18 우리나라의 독학자 학위취득시험 단계에서 [　　] 에 들어갈 것은?

| 교양과정 인정시험 | → | 전공기초과정 인정시험 | → | 전공심화과정 인정시험 | → | [　　　] |

① 심층면접   ② 학위취득 종합시험

③ 실무능력 인정시험   ④ 독학능력 인정시험

⟩ADVICE 독학에 의한 학위취득을 위해서는 교양과정 인정시험, 전공기초과정 인정시험, 전공심화과정 인정시험, 학위취득 종합시험의 4단계 시험을 치러야 한다.

19 우리나라 학교운영위원회의 구성 및 운영에 대한 설명으로 옳은 것은?

① 국 · 공립학교의 교감은 운영위원회의 당연직 교원위원이 된다.
② 국 · 공립학교에 두는 운영위원회의 회의는 학교장이 소집한다.
③ 국 · 공립학교에 두는 운영위원회는 학교교육과정의 운영방법에 대해서 심의한다.
④ 사립학교에 두는 운영위원회는 학교발전기금의 조성 · 운용 및 사용에 관한 사항을 심의할 수 없다.

⟩ADVICE ① 학교운영위원회의 당연직 교원위원이 되는 것은 교장이다.
② 학교운영위원회는 운영위원장이 소집한다.
④ 사립학교에 두는 운영위원회는 자문기구이지만, 학교발전기금에 대해서는 심의할 수 있다.

20 「초 · 중등교육법」 및 동법 시행령상 학교에 대한 설명으로 옳지 않은 것은?

① 자율고등학교는 자율형 사립고와 자율형 공립고, 자율학교로 구분된다.
② 교육감이 특성화중학교를 지정 · 고시하고자 하는 경우에는 미리 교육부장관의 동의를 받아야 한다.
③ 교육감이 특성화중학교의 지정을 취소하는 경우에는 미리 교육부장관의 동의를 받아야 한다.
④ 교육감이 외국어 계열의 특수목적고등학교를 지정 · 고시하고자 하는 경우에는 미리 교육부장관의 동의를 받아야 한다.

⟩ADVICE ① 자율고등학교는 자율형 사립고등학교와 자율형 공립고등학교로 구분된다.

ANSWER 15.④ 16.② 17.④ 18.② 19.③ 20.①

1 교육의 목적을 내재적·외재적 목적으로 구분할 때, 〈보기〉에서 외재적 목적에 해당하는 것으로만 묶은 것은?

〈보기〉
㉠ 국가 경쟁력 강화 ㉡ 지식의 형식 추구
㉢ 인적 자원의 개발 ㉣ 합리적 마음의 계발

① ㉠, ㉡ ② ㉠, ㉢
③ ㉡, ㉣ ④ ㉢, ㉣

>ADVICE 교육목적의 내재설과 외재설
  ㉠ 내재설 : 교육의 목적은 교육과정 자체 속에 존재하며, 교육은 다른 어떤 것을 위한 수단이 될 수 없다는 입장으로 인격의 완성이나 자아실현을 교육의 목적으로 본다.
  ㉡ 외재설 : 교육은 하나의 도구와 같아서 인간의 필요에 의해 목적을 달성하기 위한 수단으로 이용될 수 있다는 입장으로 정치·경제·사회의 발전 등이 교육의 목적이 된다.

2 18세기 유럽의 계몽주의 교육사조에 대한 설명으로 틀린 것은?

① 인간의 이성적 능력을 신뢰하였다.
② 전통적인 관습과 권위에 도전하였다.
③ 인문·예술 교과를 통한 감성 교육을 강조하였다.
④ 교육을 통한 무지의 타파와 사회 개혁을 추구하였다.

>ADVICE ③ 문예부흥기의 인문주의 교육에 대한 설명이다.

3 다음 내용에 해당하는 우리나라 교육제도는?

> • 유(儒)·불(佛)·선(禪) 삼교의 융합
> • 청소년들의 심신을 수련하는 교육 집단
> • 원광(圓光)의 세속오계를 통한 교육이념의 체계화

① 고구려의 경당   ② 신라의 화랑도

③ 고려의 국자감   ④ 조선의 성균관

>ADVICE ① 고구려의 경당은 우리나라 최초의 사학으로 서민의 자제와 지방호족의 미혼 자제를 대상으로 통경과 습사를 실시하는 문무일치교육을 시행하였다.
③ 고려의 국자감은 성종 11년 개경에 설치한 최고 학부의 국립고등교육기관으로 국자학, 태학, 사문학, 서학, 율학, 산학의 6학을 가르쳤다.
④ 조선의 성균관은 태조 7년에 건립된 최고의 고등교육기관으로 인재양성과 신현·선성에 제자, 통치이념인 유교의 보급과 고급관리의 배출 등을 목적으로 하였다.

4 고대 그리스의 소크라테스 교육사상에 대한 설명으로 틀린 것은?

① 덕(德)과 지식은 동일하다고 주장하였다.
② 도덕성 함양을 위해 습관 형성을 강조하였다.
③ 교육방법으로 대화법과 산파술을 사용하였다.
④ 절대적이고 객관적인 진리의 존재를 역설하였다.

>ADVICE ② 아리스토텔레스의 교육사상이다.

5 다음 ㉠과 ㉡에 해당하는 용어로 올바른 것은?

> • 타일러(R. Tyler)는 교육과정 개발 단계를 (㉠), 학습경험 선정, 학습경험 조직, 교육평가로 제시하였다.
> • 워커(D. Walker)가 제안한 교육과정 개발 단계는 강령(platform), (㉡), 설계(design)로 구성된다.

	㉠	㉡
①	교육목표 설정	숙의(deliberation)
②	교육내용 결정	숙의(deliberation)
③	교육목표 설정	처방(prescription)
④	교육내용 결정	처방(prescription)

ADVICE • 타일러의 합리적 모형은 교육목표의 설정, 학습경험의 선정, 학습경험의 조직, 평가 등을 구성요소로 들고 있다.
• 워커가 제안한 실제적 교육과정 개발 단계는 강령, 숙의, 설계로 구성된다.

6 경험중심 교육과정에 대한 설명으로 가장 옳은 것은?

① 사전에 계획된 조직적이고 계통적인 수업을 선호한다.
② 학문의 핵심적인 아이디어 또는 기본 원리 및 개념을 중시한다.
③ 문화유산 가운데 영구적이고 객관적인 사실, 개념, 법칙을 강조한다.
④ 학생의 실생활 내용을 주로 다루며, 학생 흥미 위주의 수업을 지향한다.

ADVICE ①③ 교과중심 교육과정에 대한 설명이다.
② 학문중심 교육과정에 대한 설명이다.

7 다음에서 설명하는 교수 · 학습 방법은?

> • 브루너(J. Bruner)에 의해 제시되었다.
> • 수업의 과정은 '문제 인식, 가설 설정, 가설 검증, 적용'의 순으로 진행된다.
> • 교사는 지시를 최소한으로 줄이고, 학생 스스로 자발적인 학습을 통해서 학습목표를 달성하도록 지도한다.

① 설명학습   ② 협동학습
③ 발견학습   ④ 개별학습

발견학습 … 교사의 지시를 최소화하고 학생의 자발적 학습을 통해서 학습목표를 달성하게 하는 방법이다. 학습자를 지식의 발전과정에 따라 학습시켜 이를 재발견하게 하는 학습지도의 방법이다.

8 체계적 교수설계(ADDIE) 모형에서 '개발(development)' 단계에 해당하는 활동은?

① 교수자료 및 매체를 제작한다.
② 학습자의 선수지식 정도를 확인한다.
③ 수업목표에 따라 단원의 계열을 결정한다.
④ 학습과제의 특성과 하위 요소 간의 관계를 파악한다.

⟩ADVICE ADDIE 모형

분석(Analysis)		설계(Design)		개발 (Development)		실행 (Imple menta tion)		평가 (Evaluation)

• 요구 분석
• 학습자 분석
• 환경 분석
• 직무 및 과제
  분석
	↔	• 수행 목표
		  명세화
		• 평가도구 설계
		• 구조화
		• 교수전략 및
		  매체 선정
			↔	• 교수자료개발
				• 파일럿테스트
				  및 수정
				• 제작
					↔	• 사용 및 설치
						• 유지 및 관리
							↔	• 교육 훈련
								  성과 평가

9 인지 양식을 장독립적 양식과 장의존적 양식으로 구분할 때, 장독립적 양식을 지닌 학습자의 일반적인 특성으로 옳은 것은?

① 정보를 분석적으로 처리한다.
② 개별학습보다는 협동합습을 선호한다.
③ 비구조화된 과제의 수행에 어려움을 겪는다.
④ 교사 또는 동료 학생과의 대인 관계를 중시한다.

⟩ADVICE ① 장독립적인 인지양식을 가진 학습자는 자기지향적이며 분석적이고 사고나 판단에 있어서 주위의 영향을 최소화하는 독립적인 특성을 가지고 있으며, 장의존적인 인지양식을 지닌 학습자는 자기기준보다는 외부의 기준이나 미리 설정된 준거에 따른 판단을 하게 된다.

10 다음 내용에 가장 부합하는 동기 이론은?

> 학생들의 학습 동기는 두 가지로 구분할 수 있다. 첫째, 숙달(mastery)에 초점을 맞추는 학생은 공부의 목적을 학습 자체에 두고 지식이나 기능을 습득하며, 적극적으로 학습활동에 참여하고, 도전적인 과제를 선택하는 경향이 있다. 둘째, 수행(performance)에 초점을 맞추는 학생은 다른 사람에게 자신의 능력을 과시하거나 인정을 받기 위해 공부하며, 어려운 과제보다 쉬운 과제를 선택하는 경향이 있다.

① 강화이론(reinforcement theory)
② 충동감소이론(drive reduction theory)
③ 목표지향성이론(goal orientation theory)
④ 인지부조화이론(cognitive dissonance theory)

> 〉ADVICE 목표지향성이란 성취 환경에서 개인의 능력을 개발 또는 입증하고자 하는 개인적 기질을 의미한다. 개인들은 두 유형의 목표를 추구하는데, 학습목표지향성은 새로운 기술을 개발하고 새로운 상황에 숙달하며 경험을 통해 배움으로써 개인의 역량을 증진시키고자 하는 욕구이고, 성과목표지향성은 개인의 역량을 타인에게 증명하고 타인으로부터 긍정적 평가를 받고자 하는 욕구이다.

11 다음 내용과 가장 관련이 깊은 상담이론가는?

> • 비지시적 상담 혹은 내담자 중심 상담을 제안하였다.
> • 인간의 잠재력과 성장 가능성을 신뢰하며, 상담자와 내담자 사이의 인간관계를 중시하였다.
> • 상담자의 자세로 진실성(congruence), 무조건적인 긍정적 존중, 공감적 이해를 강조하였다.
> • 충분히 기능하는 인간(fully functioning person)이 되는 것을 상담의 목표로 하였다.

① 올포트(G. Allport)
② 로저스(C. Rogers)
③ 프랭클(V. Frankle)
④ 매슬로우(A. Maslow)

> 〉ADVICE 제시된 내용은 로저스의 비지시적 상담에 관련된 내용이다.

12 규준참조(norm-referenced) 평가와 비교할 때, 준거참조(criterion-referenced) 평가의 특징으로 가장 옳은 것은?

① 정규분포곡선과 표준점수를 기초로 한다.

② 선발적 교육관보다는 발달적 교육관에 근거한다.

③ 검사도구의 타당도보다는 신뢰도와 문항곤란도를 중시한다.

④ 학생들 사이의 개인차를 강조함으로써 경쟁심을 조장할 수 있다.

> **ADVICE** 규준참조 평가는 통상적으로 상대평가에 해당하며 준거참조 평가는 절대평가에 해당한다.
> ①③④ 규준참조 평가의 특징이다.

13 다음 내용과 다른 입장을 가진 교육사회학자는?

- 사회를 유기체에 비유한다.
- 사회의 각 부분은 상호의존적이다.
- 학교의 사회적 기능은 사회와, 선발 및 배치에 있다.
- 사회의 각 부분은 사회 전체의 유지와 조화에 기여한다.

① 파슨스(T. Parsons) ② 드리븐(R. Dreeben)

③ 뒤르켐(E. Durkheim) ④ 번스타인(B. Bernstein)

> **ADVICE** 제시된 내용은 기능주의 이론에 대한 것으로 파슨스, 드리븐, 뒤르켐은 기능주의 이론의 주요 학자이다.
> ④ 번스타인은 갈등주의 이론의 대표적인 학자이다.

14 현행 「국가공무원법」에 근거할 때, 교육공무원의 의무가 아닌 것은?

① 종교에 따른 차별 없이 직무를 수행하여야 한다.

② 직무를 수행할 때 소속 상관의 직무상 명령에 복종하여야 한다.

③ 국민 전체의 봉사자로서 친절하고 공정하게 직무를 수행하여야 한다.

④ 직무의 전문성을 높이기 위해서 자기 개발과 부단한 연구를 하여야 한다.

> **ADVICE** ① 국가공무원법 제59조의2 제1항 종교중립의 의무
> ② 국가공무원법 제57조 복종의 의무
> ③ 국가공무원법 제59조 친절·공정의 의무

✎ **ANSWER** 10.③ 11.② 12.② 13.④ 14.④

15 다음 내용에 가장 부합하는 '교육의 평등'은?

> • 학업성취도가 낮은 학생들에게 보충교육을 실시한다.
> • 농촌과 도서 벽지의 학생들에게 추가적인 교육 자료를 제공한다.
> • 구체적 정책으로는 농어촌지역학생 대학입학특별전형제, 기회균등할당제 등이 있다.

① 교육 조건의 평등
② 교육 투입의 평등
③ 교육 과정의 평등
④ 교육 결과의 평등

>ADVICE 교육의 평등
> ㉠ 기회 허용적 평등 : 계층, 신분에 관계없이 모든 사람에게 교육받을 기회를 허용
> ㉡ 기회 보장적 평등 : 경제, 지리, 사회적 장애를 제거하여 취학의 기회를 보장
> ㉢ 교육 조건의 평등 : 학교 시설, 교육의 질 등 누구나 평등한 조건에서 교육을 받을 권리
> ㉣ 교육 결과의 평등 : 보상교육 등 학업성취 결과의 평등을 위한 적극적 조치

16 평생교육에 이론적 기초를 제공한 학자와 그가 주장한 핵심개념이 올바르게 연결된 것은?

① 일리치(I. Illich)-인간자본론
② 랑그랑(P. Lengrand)-순환교육
③ 허친스(R. Hutchins)-문화재생산이론
④ 놀스(K. Knowles)-안드라고지(andragogy)

>ADVICE ④ 안드라고지는 성인들의 학습을 돕기 위하여 성인교육의 이론, 과정, 기법을 연구하는 학문으로 놀스가 주장한 내용이다.
> ① 인간자본론은 슐츠가 주장하였다.
> ② 랑그랑은 1965년 프랑스에서 개최된 성인교육추진국제위원회에서 「평생교육에 관하여」라는 보고서를 제출함으로써 평생교육(lifelong education)이라는 용어를 등장시켰다. 순환교육은 1973년 경제개발협력기구가 '교육기-노동기-은퇴기'라는 일방적인 순서로 고착되었던 교육의 방향을 순환하여 학교교육을 마친 후에도 일생 동안 교육을 계속할 수 있어야 한다며 주장한 개념이다.
> ③ 허친스는 미국의 실용주의적 직업교육을 비판하며 자유인 양성을 목표로 한 고전 중심의 새로운 교육이론과 방법을 제창하였다. 문화재생산이론과 관련된 학자로는 부르되, 번스타인 등이 있다.

17 다음은 학교장이 교직원들에게 당부한 내용이다. 이 내용과 가장 부합하는 교육행정의 원리는?

> 학교의 주요 결정에 교육 주체의 참여를 보장하고, 공익에 초점을 두면서 행정의 과정을 공개하며, 학교 내 다른 부서들과 이해와 협조를 바탕으로 사무를 집행해주기를 바랍니다.

① 민주성의 원리
② 자주성의 원리
③ 합법성의 원리
④ 효율성의 원리

> **》ADVICE** ① 민주성의 원리 : 교육행정의 실천에 있어서 독단과 편견을 배제하고 교육정책 수립에 있어서 참여를 통해 공정한 민의를 반영한다.
> ② 자주성의 원리 : 교육의 본질을 추구하기 위하여 일반행정으로부터 독립되고 정치와 정교로부터 중립성을 유지해야 한다.
> ③ 합법성의 원리 : 모든 행정은 법에 의거하고 법이 정하는 범위 내에서 이루어지는 것을 원칙으로 한다.
> ④ 효율성의 원리 : 최소한의 노력과 경비로 최대한의 효과를 올려야 한다.

18 토마스(K. Thomas)의 갈등관리이론에 근거할 때, 다음 모든 상황에서 가장 효과적인 갈등관리의 방식은?

> • 조화와 안정이 특히 중요할 때
> • 자신이 잘못한 것을 알았을 때
> • 다른 사람에게 더 중요한 사항일 때
> • 패배가 불가피하여 손실을 극소화할 필요가 있을 때

① 경쟁
② 회피
③ 수용
④ 타협

> **》ADVICE** K. 토마스는 갈등관리에 대하여 '내가 상대방의 요구에 얼마나 협조적인가' 그리고 '내가 나의 목적을 얼마나 주장하는가에 따라 경쟁, 제휴, 타협, 회피, 수용 등 5가지 대처 유형을 제안한다.

✎ **ANSWER** 15.④ 16.④ 17.① 18.③

19 목표관리기법(MBO)의 절차를 다음과 같이 4단계로 구분할 때, (   )에 들어갈 활동으로 가장 적합한 것은?

> 1단계 : 전체 교육목적을 명확하게 개발한다.
> 2단계 : 직위별로 성취해야 할 목표를 정한다.
> 3단계 : 서로 다른 목표들을 전체 목적에 따라 조정하고 통합한다.
> 4단계 : (   )

① 의사결정의 목록을 작성한다.
② 세부 사업 계획 및 소요 예산을 산출한다.
③ 활동에 걸리는 기대 소요 시간을 산정한다.
④ 성과 및 결과를 측정할 수 있는 방법을 개발한다.

> ﹥ADVICE 목표관리기법은 조직의 상하 구성원들이 참여의 과정을 통해 조직 단위와 구성원의 목표를 명확하게 설정하고, 그에 따라 생산활동을 수행하도록 한 뒤, 업적을 측정·평가함으로써 관리의 효율화를 기하려는 포괄적 조직관리 체제를 말한다. 목표설정과 조정·통합이 끝난 후엔 그 성과를 측정하고 평가할 수 있는 방법을 개발하여야 한다.

20 다음의 특징과 가장 일치하는 학교예산편성제도는?

> • 전년도 예산 편성과 상관없이 신년도 사업을 평가하여 예산을 결정한다.
> • 창의적이고 자발적인 사업의 구상과 실행을 유도할 수 있다.
> • 사업이 기각되거나 평가 절하 되면 비협조적 풍토가 야기될 수 있다.

① 기획예산제도   ② 품목별예산제도
③ 영기준예산제도   ④ 성과주의예산제도

> ﹥ADVICE 영기준예산제도 … 매 회계연도마다 사업을 처음 시작한다고 생각하고, 설정하고자 하는 사업을 새로이 평가·조정하여 예산을 편성하는 기법이다.

1 다음에 해당하는 교육과정 관점은?

- 교사가 아니라 학생 중심의 수업을 강조한다.
- 교육내용을 학생과 환경 간의 상호작용이라는 측면에서 이해한다.
- 교육과정은 사전에 계획되는 것이 아니라 교육의 과정에서 생성되는 것으로 본다.

---

① 경험중심 교육과정
② 교과중심 교육과정
③ 학문중심 교육과정
④ 행동주의 교육과정

>**ADVICE** 경험중심 교육과정의 특징

　㉠ 생활중심 교육과정 : 인간관계, 시민으로서의 책임, 경제적 능률, 자아의 실현과 같은 생활인의 육성을 목표로 한다.

　㉡ 문제해결중심 교육과정 : 현재의 생활을 사는 지혜와 태도를 터득하게 하기 위해 문제해결능력의 함양을 강조한다.

　㉢ 적응중심 교육과정 : 사회의 급격한 변화에 적응하는 인간을 육성하고자 한다.

　㉣ 활동중심 교육과정 : 교실 외 생활경험이 실제 생활문제를 해결해 줄 수 있는 능력과 안목을 준다고 보아 교과활동 못지않게 과외활동을 중시한다.

　㉤ 아동중심 교육과정 : 아동의 자발적 행동이 경험의 전제가 되며, 아동의 필요·흥미·능력에 바탕을 두는 아동중심 교육을 강조한다.

　㉥ 전인교육중심 교육과정 : 지·덕·체의 조화로운 발달을 이룬 사람만이 생활을 올바르게 영위할 수 있기 때문에 전인교육을 중시한다.

ANSWER 19.④ 20.③ / 1.①

2 다음에 해당하는 현대 교육철학 사조는?

> • 교육이 처해 있는 사회 구조나 제도에 대해 의문을 제기한다.
> • 의사소통적 합리성이라는 개념을 통해 교육에서 조작이나 기만, 부당한 권력 남용 등을 극복할 수 있는 발판을 마련하였다.
> • 교육을 교육의 논리가 아니라 정치·경제·사회의 논리에 의해 해석하는 경향이 있다.

① 실존주의 교육철학   ② 분석적 교육철학
③ 비판적 교육철학   ④ 포스트모더니즘 교육철학

》ADVICE 제시된 내용은 비판적 교육철학에 대한 설명이다.
　① 실존주의 교육철학은 인문, 과학, 예술 등을 강조하며 교육을 통해 인간 실존의 문제를 탐구해야 한다는 관점이다.
　② 분석적 교육철학은 교육 현상에 대한 참된 이해를 목적으로 개념·의미·명제의 명석화를 추구하였다. 교육이론을 객관적으로 통일시키는 데 공헌한 바 있다.
　④ 포스트모더니즘 교육철학은 교육에 대한 고정적이고 획일적인 사고의 틀에서 벗어나라는 점을 시사한다.

3 다음에 해당하는 장학의 유형은?

> • 학생들의 수업평가 결과 활용
> • 자신의 수업을 녹화하여 분석·평가
> • 대학원에 진학하여 전공 교과 또는 교육학 영역의 전문성 신장

① 약식 장학   ② 자기 장학
③ 컨설팅 장학   ④ 동료 장학

》ADVICE ② 자기 장학 : 외부의 지도에 의해서보다는 교사 자신이 전문적 성정을 위하여 스스로 계획을 세우고 실천해 나가는 장학이다.
　① 약식 장학 : 단위학교의 교장이나 교감이 간헐적으로 짧은 시간 동안 비공식적으로 학급 순시나 수업 참관을 통하여 교사들의 수업 및 학급 경영 활동을 관찰하고 이에 대한 지도 및 조언을 제공하는 과정이다.
　③ 컨설팅 장학 : 학교의 요청에 따라 학교 교육의 개선을 위해 학교 경영문제와 교육현안을 진단하고, 대안 마련, 문제 해결과정을 지원하는 교육청의 장학활동이다.
　④ 동료 장학 : 교사들이 자신의 성장과 교육활동의 개선을 위해 서로 협동하고 노력하는 과정이다.

4 발달학자들이 제시하는 발달의 일반적 원리로 볼 수 없는 것은?

① 발달은 일정한 순서와 단계를 따른다.
② 발달은 성숙과 학습의 상호작용의 결과이다.
③ 발달 속도는 개인 간 및 개인 내 차이가 있다.
④ 특수한 반응에서 전체적인 반응으로 이행하며 발달해 나간다.

〉ADVICE ④ 전체적인 반응에서 특수한 반응으로 이행하며 발달해 나간다.

5 2015 개정 교육과정에 대한 설명으로 옳지 않은 것은?[기출변형]

① 초등학교에 '안전한 생활'을 신설하였다.
② 고등학교 공통과목으로 통합사회와 통합과학을 신설하였다.
③ 초·중등학교의 창의적 체험활동은 자율 활동, 동아리 활동, 봉사 활동, 진로 활동으로 한다.
④ 2015 개정교육과정의 비전은 '주도적 인재' 양성이다.

〉ADVICE ④ 2015 개정 교육과정의 비전은 '미래사회가 요구하는 창의융합형 인재 양성'과, '학습 경험의 질 개선을 통한 행복한 학습의 구현'이다.

6 학교교육의 사회적 기능에 대한 기능주의적 관점으로 볼 수 없는 것은?

① 사회구성원을 선발·분류하여 적재적소에 배치한다.
② 체제 적응 기능을 수행해 전체 사회의 유지에 기여한다.
③ 지배집단의 신념과 가치를 보편적 가치로 내면화시킨다.
④ 새로운 세대에게 기존 사회의 생활양식, 가치와 규범을 전수한다.

〉ADVICE ③ 학교교육을 지배집단의 신념과 가치를 보편적 가치로 내면화시킨다고 보는 것은 갈등론의 관점이다.

✎ **ANSWER** 2.③ 3.② 4.④ 5.④ 6.③

7 조선시대 성균관에 대한 설명으로 옳지 않은 것은?

① 문묘와 학당이 공존하는 묘학(廟學)의 형태를 띠고 있었다.
② 고려의 국자감과 달리 순수한 유학(儒學) 교육기관으로 운영되었다.
③ 유생들이 생활하며 공부할 때 지켜야 할 수칙으로 학령(學令)이 존재하였다.
④ 재학 유생이 정원에 미달하면 지방 향교(鄕校)의 교생을 우선적으로 승보시켰다.

>**ADVICE** ④ 성균관의 입학자격은 생원과 진사를 원칙으로 하며, 정원이 미달될 때 사학의 우수자로 보충하였다.

8 다음에 해당하는 학습이론은?

> • 강화 없이 관찰하는 것만으로 학습이 일어날 수 있다.
> • 강화는 수행을 위해 필요한 조건이지 학습을 위해 반드시 필요한 조건은 아니다.
> • 인간의 행동은 보상이나 처벌보다는 자기 조절에 의해 이루어진다.

① 형태주의 학습이론   ② 사회인지 이론
③ 행동주의 학습이론   ④ 병렬분산처리 이론

>**ADVICE** 반두라의 사회인지 이론(사회학습이론)은 학습이 타인의 행동이나 어떤 주어진 상황을 관찰·모방함으로써 이루어진다고 주장한다. 이는 보상이나 처벌의 조작결과로 인간의 행동이 결정된다고 보는 기존의 학설과 두드러진 차별점이다.

9 변별도에 대한 설명으로 옳은 것만을 모두 고른 것은?

> ㉠ 난이도가 어려울수록 변별도는 높아진다.
> ㉡ 정답률이 50%인 문항의 변별도는 1이다.
> ㉢ 모든 학생이 맞힌 문항의 변별도는 0이다.

① ㉡   ② ㉢
③ ㉠, ㉡   ④ ㉠, ㉢

>**ADVICE** ㉠ 난이도가 너무 높거나 너무 낮으면 변별도가 낮아진다.
> ㉡ 문항의 변별도는 문항이 피험자의 능력수준을 변별할 수 있는 정도이다. 일반적으로 −1~1까지의 값을 가지며, 1에 가까울수록 변별력이 크다고 해석한다.

✎ **ANSWER**

10 지능에 대한 학자의 설명으로 옳은 것은?

① 길포드(J. P. Guilford)는 지능이 내용, 형식, 조작, 산출이라는 4개의 차원으로 구성된다고 가정하였다.

② 스턴버그(R. J. Sternberg)는 지능이 맥락적 요소, 정신적 요소, 시간적 요소로 구성된다는 삼위일체이론을 주장하였다.

③ 가드너(H. Gardner)는 지능이 사회문화적 맥락의 영향을 받지 않는, 서로 독립적이며 다양한 능력으로 구성되어 있다고 보았다.

④ 카텔(R. B. Cattell)은 지능을 유동적 지능과 결정적 지능으로 구분하고, 결정적 지능은 교육이나 훈련의 결과로 형성되는 것으로 보았다.

> **ADVICE** ① 길포드는 지능이 내용, 조작, 산출이라는 3개의 차원으로 구성된다고 가정하였다.
> ② 스턴버그는 상황하위이론, 경험하위이론, 요소하위이론으로 구성된 종합적인 지능이론을 주장하였다.
> ③ 가드너의 다중지능이론이란 각 개인이 특정 분야의 개념과 기능을 어떻게 배우고 활용하며 발전시키는가 하는 특정 분야에서의 문제해결 능력으로서 한 개인이 속한 문화권에서 가치 있다고 인정하는 분야의 재능이다.

11 르네상스 시기의 인문주의 교육에 대한 설명으로 옳지 않은 것은?

① 인간 중심적 사고를 강조하였다.

② 감각적 실학주의를 비판하며 등장하였다.

③ 북유럽의 인문주의 교육은 개인보다는 사회 개혁에 주된 관심을 가졌다.

④ 이탈리아의 인문주의 교육에서는 자기 표현 및 창조적 능력의 실현을 강조하였다.

> **ADVICE** ② 인문주의 교육의 폐단을 비판하면서 등장한 것이 실학주의이다.

12 다음 「교육기본법」 제6조의 내용과 관계가 깊은 교육행정의 원리는?

> 교육은 교육 본래의 목적에 따라 그 기능을 다하도록 운영되어야 하며, 정치적·파당적 또는 개인적 편견을 전파하기 위한 방편으로 이용되어서는 아니 된다.

① 자주성의 원리
② 합법성의 원리
③ 기회균등의 원리
④ 지방분권의 원리

> **ADVICE** 교육행정의 기본원리(법제면)
> ㉠ 합법성의 원리 : 모든 행정은 법에 의거하고 법이 정하는 범위 내에서 이루어지는 것을 원칙으로 한다.
> ㉡ 기회균등의 원리 : 신앙, 사회·경제적 지위 등에 차별 없이 누구나 교육을 받을 수 있다.
> ㉢ 적도집권의 원리(지방분권의 원리) : 중앙집권의 원리와 지방분권의 원리의 적도의 균형점을 발견하려는 원리이다.
> ㉣ 자주성의 원리 : 교육의 본질을 추구하기 위하여 일반 행정으로부터 독립되고 정치와 종교로부터 중립성을 유지해야 한다는 원리이다.

13 개별화 수업의 특징으로 볼 수 없는 것은?

① 교육목표는 학습자 개인의 동기·능력·희망·흥미에 따라 선택되고 결정된다.
② 평가 결과에 따라 교정이 이루어지거나 보충·심화 과제가 주어진다.
③ 효율적인 수업을 위해 교수자가 주도권을 가진다.
④ 학생의 수준과 속도에 따라 학습내용의 분량과 진도 등이 결정된다.

> **ADVICE** 개별화 수업 … 수업의 초점을 각각의 학습자에게 두고, 모든 학습자가 교수목표를 성취하도록 각 개인의 특성, 능력, 요구 등 개인차를 고려하여 적절하고 타당한 학습목표, 교수방법 및 절차, 자료 선택, 평가 등을 변별적으로 실천하는 수업체제이다.

14 「초·중등교육법」에 따른 각급학교의 장이 「평생교육법」에 의거하여 학교의 평생교육을 실시하고자 할 때, 그 방법으로 옳지 않은 것은?

① 평생교육을 직접 실시하거나 영리를 목적으로 하는 법인 및 단체에 위탁하여 실시할 수 있다.

② 학교의 평생교육을 실시하기 위하여 각급학교의 교실·도서관·체육관, 그 밖의 시설을 활용하여야 한다.

③ 평생교육을 실시함에 있어서 평생교육의 이념에 따라 교육과정과 방법을 수요자 관점으로 개발·시행하도록 한다.

④ 학교를 개방할 경우 개방시간 동안의 해당 시설의 관리·운영에 필요한 사항은 해당 지방자치단체의 조례로 정한다.

> **ADVICE** 학교의 평생교육〈평생교육법 제29조〉
> ㉠ 「초·중등교육법」 및 「고등교육법」에 따른 각급학교의 장은 평생교육을 실시하는 경우 평생교육의 이념에 따라 교육과정과 방법을 수요자 관점으로 개발·시행하도록 하며, 학교를 중심으로 공동체 및 지역문화 개발에 노력하여야 한다.
> ㉡ 각급학교의 장은 해당 학교의 교육여건을 고려하여 학생·학부모와 지역 주민의 요구에 부합하는 평생교육을 직접 실시하거나 지방자치단체 또는 민간에 위탁하여 실시할 수 있다. 다만, 영리를 목적으로 하는 법인 및 단체는 제외한다.
> ㉢ ㉡에 따른 학교의 평생교육을 실시하기 위하여 각급학교의 교실·도서관·체육관, 그 밖의 시설을 활용하여야 한다.
> ㉣ ㉡ 및 ㉢에 따라 학교의 장이 학교를 개방할 경우 개방시간 동안의 해당 시설의 관리·운영에 필요한 사항은 해당 지방자치단체의 조례로 정한다.

15 학교예산 편성 기법 중 영기준 예산제도(Zero Based Budgeting System)의 장점으로 볼 수 없는 것은?

① 우선순위가 높은 사업에 대한 집중 지원이 가능하다.

② 학교경영에 구성원의 폭넓은 참여를 유도할 수 있다.

③ 점증주의적 예산 편성 방식을 통해 시간과 노력의 부담을 경감할 수 있다.

④ 학교경영 계획과 예산이 일치함으로써 교장의 합리적이고 과학적인 학교경영을 지원할 수 있다.

> **ADVICE** 영기준 예산제도 … 전년도의 사업, 목표, 방법, 배정금액에 구애되지 않으면서 모든 업무 계획을 새롭게 수립하고 채택된 사업과 활동에 한해서 예산을 편성하는 방법으로, 학교의 모든 사업을 총체적으로 분석하여 우선순위를 결정한 뒤 예산을 편성한다.

✎ **ANSWER** 12.① 13.③ 14.① 15.③

16 「공교육 정상화 촉진 및 선행교육 규제에 관한 특별법」에서 금지하는 행위에 포함되지 않는 것은?

① 지필평가, 수행평가 등 학교 시험에서 학생이 배운 학교교육과정의 범위와 수준을 벗어난 내용을 출제하여 평가하는 행위

② 각종 교내 대회에서 학생이 배운 학교교육과정의 범위와 수준을 벗어난 내용을 출제하여 평가하는 행위

③ 「영재교육 진흥법」에 따른 영재교육기관에서 학교교육과정의 범위와 수준을 벗어난 내용으로 영재교육을 실시하는 행위

④ 대학의 입학전형에서 고등학교 교육과정의 범위와 수준을 벗어난 내용을 출제 또는 평가하는 대학별고사를 실시하는 행위

>**ADVICE** 선행교육 및 선행학습 유발행위 금지 등〈공교육 정상화 촉진 및 선행교육 규제에 관한 특별법 제8조 제3항〉

　　㉠ 지필평가, 수행평가 등 학교 시험에서 학생이 배운 학교교육과정의 범위와 수준을 벗어난 내용을 출제하여 평가하는 행위

　　㉡ 각종 교내 대회에서 학생이 배운 학교교육과정의 범위와 수준을 벗어난 내용을 출제하여 평가하는 행위

　　㉢ 입학이 예정된 학생을 대상으로 입학 전에 해당 학교의 교육과정을 사실상 운영하는 행위

　　㉣ 입학이 예정된 학생을 대상으로 해당 학교 입학 단계 이전 교육과정의 범위와 수준을 벗어난 내용을 출제하여 평가하는 행위

17 브루너(J. Bruner)의 교수이론에 근거한 수업으로 보기 어려운 것은?

① 내재적 보상보다 외재적 보상을 강조한다.

② 각각의 교과목이 가지고 있는 나름의 지식의 구조를 학생에게 탐색하도록 한다.

③ 기본적 원리나 개념의 이해를 통해 전이의 가능성을 최대로 한다.

④ 아동의 사고방식과 지적 수준을 고려하여 교과의 내용을 가르친다.

>**ADVICE** 브루너는 학습자는 누구나 알려는 욕구와 탐구하려는 자세를 지니고 있다고 전제하며 교수–학습 과정에서 학습자의 학습의욕을 자극해야 한다고 설명한다.

　　① 외재적 보상보다 내재적 보상을 강조한다.

18 수학성취도 평가를 실시한 결과, 전체 학생의 수학 원점수는 평균이 70, 표준편차가 10인 정규분포를 따랐다. 원점수 80을 받은 학생이 포함된 백분위 구간은?

① 60 이상 70 미만

② 70 이상 80 미만

③ 80 이상 90 미만

④ 90 이상 100 미만

>**ADVICE** Z점수를 구하면 $\frac{원점수-평균}{표준편차} = \frac{80-70}{10} = 1$이다. 정규분포 그래프에 따라 Z점수가 1이면 백분위는 80 이상 90 미만이 된다.

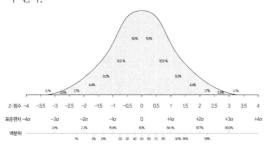

19 정보처리 이론의 부호화 과정에 해당하지 않는 것은?

① 필요한 정보를 도표, 개념지도, 개요 등으로 조직화한다.

② 새로운 정보를 장기기억에 저장되어 있는 선행지식과 연결시키는 작업을 한다.

③ 새로운 정보를 유사하고 유관한 정보 조각과 연합하여 유의미하게 한다.

④ 새로운 자극에 주의를 기울일 수 있도록 화려한 멀티미디어를 사용한다.

>**ADVICE** 정보처리 이론에서는 인간의 정보처리 과정을 환경적 자극의 부호화(입력) → 저장(보관) → 인출(회상)의 3단계로 설명한다.
④ 부호화는 정보를 추후에 필요할 때 잘 기억해 낼 수 있는 형태로 기록하는 과정으로 화려한 멀티미디어 사용은 이에 해당하지 않는다.

✎ **ANSWER** 16.③ 17.① 18.③ 19.④

20 다음은 유네스코의 21세기 국제교육위원회에서 제시한 21세기를 준비하는 4가지 학습이다. 이 내용을 담고 있는 보고서는?

- 알기 위한 학습(learning to know)
- 행하기 위한 학습(learning to do)
- 존재하기 위한 학습(learning to be)
- 함께 살기 위한 학습(learning to live together)

---

① 만인을 위한 평생학습(Lifelong Learning for All)
② 학습 : 감추어진 보물(Learning : The Treasure Within)
③ 지구 지식경제에서의 평생학습(Lifelong Learning in the Global Knowledge Economy)
④ 순환교육 : 평생학습을 위한 전략(Recurrent Education : A Strategy for Lifelong Learning)

ADVICE 유네스코의 평생교육에 대한 논의는 유네스코 21세기 세계교육위원회가 제2의 평생교육 선언으로 제안한 Delors 보고서 「Learning : the treasure within(1996)」을 토대로 하고 있다. 이 보고서는 존재를 위한 학습이라는 큰 이념적 틀을 준거로 알기 위한 학습, 행동하기 위한 학습, 존재하기 위한 학습, 함께 살기 위한 학습을 4가지 이념으로 설정하였다. 이는 평생학습에 대하여 지나치게 시장주의적인 학습경제의 관점에서 접근하는 것을 걱정하여 평생학습의 본질적 의미를 포괄적으로 재규정하고자 하는 데 주안점을 둔 것이다.

1 다음과 같이 주장하는 교육철학은?

교육철학은 철학 이론들로부터 교육실천의 함의를 이끌어 내는 데 주력하지 말고, 교육의 목적이나 교육의 실제 그 자체에 대해 철학적으로 사고하는 일에 집중해야 한다. 또한 기존 교육 사상들이 가정하고 있는 개념적 구조를 명료화하고 개념의 일관성과 타당성을 검토함으로써 언어의 혼란으로 인해 빚어진 교육 문제를 제거하는 일에 관심을 두어야 한다.

① 분석적 교육철학
② 비판적 교육철학
③ 실존주의 교육철학
④ 프래그머티즘 교육철학

> **ADVICE** 분석적 교육철학의 특징
> ㉠ 교육 현상에 대한 참된 이해를 추구하였다.
> ㉡ 개념, 의미, 명제의 명료화를 추구하였다.
> ㉢ 교육이론을 객관적으로 통일시키는 데 공헌하였다.

2 아리스토텔레스의 교육 사상에 대한 설명으로 옳지 않은 것은?

① 교육은 시민들의 행복한 삶을 다룬다는 점에서 정치와 동일하다.
② 도덕적 탁월성이란 개인이 가진 내적 소질을 최대한 발현시키는 것이다.
③ 인간을 포함하여 존재하는 모든 것은 장차 실현될 모습을 스스로 지니고 있다.
④ 반어법(反語法)과 산파술(産婆術)은 학습자의 무지를 일깨우기 위한 교수법이다.

> **ADVICE** 소크라테스의 반어법과 산파술
> ㉠ 반어법 : 반어적 파괴의 단계로서 질문과 심문을 통해 학습자로 하여금 지식의 그릇됨, 즉 스스로의 무지를 깨우쳐 학습자를 무의식적 무지에서 의식화된 무지로 끌어올리는 단계이다.
> ㉡ 산파술 : 개인의 마음속에 있는 막연한 생각을 문답에 의해 끌어내어 이를 명확히 인식시키는 단계이다.

 ANSWER 20.② / 1.① 2.④

3 포스트모던 교육철학을 반영한 교육적 실천으로 볼 수 없는 것은?

① 학교 내 소수자를 보호하는 방안을 모색한다.

② 발표 수업에서 학생들의 다양한 관점을 수용한다.

③ 대화와 타협의 과정에 충실한 토론식 수업을 권장한다.

④ 학습 과정에서 지식의 실재성과 가치의 중립성을 강조한다.

> **ADVICE** 포스트모더니즘은 공교육의 재개념화를 요청한다. 과학적 지식에 의해 소외되었던 일상생활 속에서 터득한 지식을 학교교육에 충실하게 반영하며, 타자성 전략을 통해 기존의 획일적 교육지배를 위한 체제와 제도를 정비해야 한다. 포스트모던한 교육은 풍부한 상상력을 학습시키는 방법이 동원되어야 하며 미성숙자로서 학생의 목소리에 주의를 기울여야 한다.
> ※ 포스트모더니즘의 교육방법
> ㉠ 열린교육방법 : 열린 지식의 습득 및 열린 자아의 다원적 전개
> ㉡ 해석적 읽기 중심의 방법에서 해체적 쓰기 중심의 방법으로 전환
> ㉢ 교사와 학생, 학생과 학생의 적극적인 대화 프로그램 추진

4 다음에서 조선의 성리학자들이 공통적으로 말하고 있는 것은?

> • 도리(道理)를 우리들이 마땅히 알아야 할 것으로 삼고 덕행(德行)을 우리들이 마땅히 실천해야 할 것으로 삼아 먼 곳보다 가까운 데서 겉보다 속부터 공부를 시작해서 마음으로 터득하여 몸소 실천해야 한다.
> – 퇴계 이황, 「퇴계집」의 「언행록」 –
>
> • 처음 배우는 이는 먼저 뜻을 세우되, 반드시 성인(聖人)이 될 것을 스스로 기약해야 하며 조금이라도 자신을 별 볼 일 없게 여겨 물러나려는 생각을 가져서는 안 된다.
> – 율곡 이이, 「격몽요결」의 「입지」 –

① 위기지학(爲己之學)　　　　　　　　② 격물치지(格物致知)

③ 실사구시(實事求是)　　　　　　　　④ 권학절목(勸學節目)

> **ADVICE** 위기지학(爲己之學)은 '자기 자신의 본질을 밝히고 인격을 수양하기 위한 학문'이라는 의미로 공자가 한 말이다.
> ② 격물치지 : 사물의 이치를 구명하여 자기의 지식을 확고하게 함
> ③ 실사구시 : 사실에 토대하여 진리를 탐구하는 일
> ④ 권학절목 : 조선 시대 유생들에 관한 장학 규정을 이르던 말

5 다음 (개), (내)의 내용에 부합하는 교육과정 유형을 바르게 짝지은 것은?

> (개) 인류가 축적한 문화유산을 체계화한 지식을 중심으로 교육과정을 설계한다. 교육의 주된 목적을 지식의 전수에 두고 있으며, 교사 중심의 강의식 수업을 중시한다.
>
> (내) 이론적 체계가 갖추어진 지식의 구조를 중심으로 교육과정을 설계한다. 학생의 탐구활동을 통한 발견학습과 지식의 전이를 강조한다.

	<u>(개)</u>	<u>(내)</u>
①	인간중심 교육과정	학문중심 교육과정
②	인간중심 교육과정	경험중심 교육과정
③	교과중심 교육과정	학문중심 교육과정
④	교과중심 교육과정	경험중심 교육과정

>ADVICE 교육과정의 유형

　㉠ 교과중심 교육과정 : 가장 전통적이고 보편적인 교육과정으로서 동양의 4서 3경이나 로마시대의 7자유학파에서 유래한다. 지식의 체계를 존중하며 문화유산 전달이 주된 교육 내용이다.

　㉡ 경험중심 교육과정 : 1920년대의 전통적인 교과중심 교육과정을 비판하며 대두되었다. 교육과정이란 학교의 지도하에 학생들이 가지게 되는 모든 경험과 활동이라고 정의하며 생활중심, 문제해결중심, 아동중심 등의 교육과정을 표방한다.

　㉢ 학문중심 교육과정 : 구조화된 일련의 의도된 학습결과로서 각 학문에 내재해 있는 지식의 탐구과정의 조직을 의미한다. 학문중심 교육과정의 핵심과제는 지식과 기술의 폭발적인 증가에 대처하기 위하여 전이가 높은 지식을 선정하여 가르쳐야 한다는 요구이다.

　㉣ 인간중심 교육과정 : 교육의 근본적인 목적은 자아실현으로 교육의 수단적 기능에 반대하고 교육의 본질을 인간 삶의 충실과 자기 충족감이 넘치는 인간의 육성에 두었다.

6 영 교육과정(null curriculum)에 대한 설명으로 옳은 것은 〈보기〉에서 고른 것은?

〈보기〉

㉠ 아이즈너(E. Eisner)가 제시한 개념이다.
㉡ 교과 지식을 아동의 흥미와 요구에 맞추어 재구성한 것이다.
㉢ 학생이 학교생활을 통해 은연중에 가지게 되는 경험의 총화이다.
㉣ 교육적 가치가 있음에도 불구하고 학교에서 학생들이 학습할 기회를 갖지 못하는 내용이다.

① ㉠, ㉢   ② ㉠, ㉣
③ ㉡, ㉢   ④ ㉡, ㉣

〉ADVICE ㉡ 경험중심 교육과정에 대한 설명이다.
㉢ 잠재적 교육과정에 대한 설명이다.

7 다음 사례에 가장 잘 부합하는 협동학습 모형은?

박 교사는 한국사 수업을 다음과 같이 진행하였다.
(1) 고려 시대의 학습내용을 사회, 경제, 정치, 문화의 4개 주제로 구분하였다.
(2) 학급 인원수를 고려하여 모둠을 구성하고, 모둠에서 각 주제를 담당할 학생을 지정하였다.
(3) 주제별 담당 학생을 따로 모아 전문가 집단에서 학습하도록 하였다.
(4) 전문가 집단에서 학습한 학생들을 원래의 모둠으로 돌려보내 각자 학습한 내용을 서로 가르쳐 주도록 하였다.
(5) 모둠학습이 끝난 후, 쪽지 시험을 실시하여 우수학생에게 개별보상을 하고 수업을 종료하였다.

① 팀경쟁학습(TGT) 모형   ② 팀보조개별학습(TAI) 모형
③ 과제분담학습Ⅰ(JigsawⅠ) 모형   ④ 학습자팀성취분담(STAD) 모형

〉ADVICE ③ 과제분담학습Ⅰ(JigsawⅠ) 모형 : 전체 학습과제를 모둠 내 구성원의 수에 맞게 나누어 각 구성원에게 과제를 부여한다. 그 후 전문가 그룹으로 모여 협동학습을 한 뒤 원 소속 집단으로 돌아가 협동학습을 한다.
① 팀경쟁학습(TGT) 모형 : 기본적인 기능의 습득과 이해 · 적응력의 신장에 중점을 둔다. TGT에 앞서 교사의 설명을 듣고 팀의 구성원 간에 서로 가르쳐 주는 협동학습을 수행하게 된다.
② 팀보조개별학습(TAI) 모형 : 협동학습과 개별학습이 결합된 학습 모형으로 소집단 내에서 이루어지는 개별학습으로 시작하여 퀴즈 → 교환 채점 → 상호 가르침 및 교정 → 퀴즈 → 개별시험 → pass or fail 순의 학습과정을 제시한다.
④ 학습자팀성취분담(STAD) 모형 : 점수에 따라 이질적으로 학생을 구성한 후, 협동학습과 테스트 실시를 통해 학습이 진행되고 개별점수와 향상점수를 모두 고려한 보상이 학습자에게 주어지는 학습 모형이다.

8　딕과 캐리(W. Dick & L. Carey)의 교수설계모형에 대한 설명으로 옳지 않은 것은?

① 교수설계자의 입장에 초점을 두어 개발된 체제적 교수설계모형이다.

② 교수분석 단계에서는 수업목표의 유형을 구분하고 세부과제를 도출한다.

③ 수행목표 진술 단계에서는 학습자에게 기대되는 성과를 구체적으로 진술한다.

④ 각 단계명의 영어 첫째 글자를 조합하여 ASSURE 모형으로 명명하기도 한다.

》ADVICE 딕과 캐리의 교수설계모형

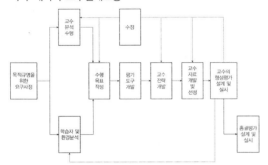

※ ASSURE 모형 … 교육프로그램을 효과적으로 설계하기 위한 모형으로 주로 교사들이 교실수업에서 활용하기 위한 목적으로 개발되었다. ASSURE 모형은 각 단계별로 앞 글자를 발췌하여 명명한 모형으로 학습자분석(Analyze learners), 목표진술(State Objectives), 교육방법, 미디어, 교수자료 선택(Select method, media & materilas), 미디어와 교수자료 활용(Utilize media & materials), 학습자 참여요구(Require learners participation), 평가와 수정(Evaluate & revise)을 의미한다.

9 생활지도의 활동 중 정치(定置)활동으로 옳은 것을 〈보기〉에서 고른 것은?

〈보기〉
㉠ 학생의 희망 및 능력에 맞추어 동아리를 선택하도록 도와주고 배정하는 활동
㉡ 학생을 이해하고 지도하는 데 필요한 가정환경, 교우관계, 심리적 특성 등에 관한 기초 자료를 수집하는 활동
㉢ 학생이 진로를 현명하게 선택할 수 있도록 학생의 적성과 흥미 등을 고려하여 도와주거나 안내하는 활동
㉣ 생활지도를 일차 완료 후 학생의 적응 상태와 변화 정도를 점검하고, 필요하면 추가로 도움을 제공하는 활동

① ㉠, ㉢   ② ㉠, ㉣
③ ㉡, ㉢   ④ ㉡, ㉣

〉ADVICE 정치활동은 학생의 교육활동이나 진로 · 직업에 필요한 조력활동으로 적재적소 배치를 지향한다.
㉡ 조사활동 ㉣ 추수활동

10 엘리스(A. Ellis)의 합리적 · 정서적 상담에 대한 설명으로 옳은 것은?

① 내담자의 이상적 자아와 현실적 자아의 일치를 정신건강의 지표로 간주한다.
② 주요 상담기법으로 자유연상, 꿈의 분석, 전이의 분석, 저항의 해석이 있다.
③ 상담자는 내담자로 하여금 자신의 문제가 왜곡된 지각과 신념에 기인한 것임을 깨닫도록 논박한다.
④ 내담자는 부모, 어른, 아이의 세 가지 자아를 필요에 따라 적절하게 사용할 수 있는 능력을 갖추는 것이 중요하다.

〉ADVICE 엘리스의 합리적 · 정서적 상담이론은 인간의 사고과정, 특히 신념이 인간활동을 움직이는 가장 큰 원동력이 된다는 이론이다.
① 로저스의 비지시적 상담에 대한 설명이다.
② 프로이드의 정신분석학적 상담에 대한 설명이다.
④ 교류분석이론에 대한 설명이다.

11 고전검사이론에서의 문항변별도에 대한 설명으로 옳은 것을 〈보기〉에서 고른 것은?

〈보기〉

㉠ 문항변별도 지수는 0~100 사이의 값을 갖는다.

㉡ 각 문항이 학생들의 능력 수준을 구분해 주는 정도를 나타낸다.

㉢ 능력 수준이 다른 두 집단을 대상으로 각각 계산하더라도 문항변별도는 동일하다.

㉣ 검사 총점이 높은 학생이 낮은 학생에 비해 문항변별도가 높은 문항에서 정답을 맞힐 가능성이 높다.

① ㉠, ㉢　　　　　　　　　　　　　　　② ㉠, ㉣

③ ㉡, ㉢　　　　　　　　　　　　　　　④ ㉡, ㉣

> **ADVICE** ㉠ 고전검사이론에 의한 문항변별도는 문항의 정답여부와 검사총점간의 양분상관계수에 의하여 추정된다. 이론적 범위는 −1에서 +1의 범위를 지니며 값이 클수록 문항의 변별력은 높다 할 수 있다.
>
> ㉢ 고전검사이론은 문항곤란도나 문항변별도와 같은 문항통계치가 어떤 피험자 집단에서 산출되었는가에 따라 그 값이 달라지며, 피험자의 능력비교도 어떤 집단을 사용하는가에 따라 영향을 받게 된다는 한계를 지닌다.

12 콜버그(L. Kohlberg)의 도덕성 발달이론에 대한 설명으로 옳은 것은 〈보기〉에서 고른 것은?

〈보기〉

㉠ 피아제(J. Piaget)가 구분한 아동의 도덕성 발달단계를 더 세분화하여 성인기까지 확장하였다.

㉡ 도덕적 사고력을 길러 주기 위해서는 성인에 의한 사회적 전수가 중요한 교육방법이라고 하였다.

㉢ 다섯 번째 단계인 '사회계약 정신 지향' 단계에서는 '착한 소년·소녀'처럼 타인으로부터 도덕적이라고 인정받는 것이 중요하다.

㉣ 길리건(G. Gilligan)은 콜버그의 도덕성 발달이론에 대해 남성 중심의 이론이며 여성의 도덕성 판단 기준은 남성과 다르다고 비판하였다.

① ㉠, ㉢　　　　　　　　　　　　　　　② ㉠, ㉣

③ ㉡, ㉢　　　　　　　　　　　　　　　④ ㉡, ㉣

> **ADVICE** ㉡ 콜버그의 도덕성 발달이론은 도덕적 사고에 대해 보다 고차원적이고 복잡한 사고방식을 접하면서 타인과의 관계 속에서 자신의 사고를 점검·평가할 수 있다고 보았다.
>
> ㉢ 타인으로부터 도덕적이라고 인정받는 것을 중시하는 시기는 3단계로 착한 아이 지향적인 특성을 갖는 시기이다. 5단계는 사회계약 및 법률복종으로서의 도덕성을 강조한다.

✎ **ANSWER** 9.① 10.③ 11.④ 12.②

13 학교교육에 대한 기능론적 관점으로 옳은 것만을 〈보기〉에서 모두 고른 것은?

〈보기〉

㉠ 기존의 계층 간 사회 불평등을 유지·심화한다.

㉡ 자본주의 이데올로기에 순응하는 노동력을 양산한다.

㉢ 개인을 능력에 따라 합리적으로 분류·선발·배치한다.

㉣ 사회구성원에게 보편적 가치를 내면화하여 구성원의 동질성을 확보한다.

---

① ㉠, ㉡   ② ㉢, ㉣

③ ㉠, ㉡, ㉢   ④ ㉡, ㉢, ㉣

> **ADVICE** ㉠㉡은 학교교육에 대한 갈등론적 관점이다.

---

14 학생의 학업성취에 관한 학자의 주장을 바르게 진술한 것은?

① 젠슨(A. Jensen)은 유전적 요인이 아닌 환경적 요인 때문에 소수 인종의 학업성취가 낮다고 주장하였다.

② 콜만(J. Coleman)은 학교 시설·자원이 가정 배경보다 학업성취에 더 큰 영향을 미친다고 주장하였다.

③ 로젠탈(R. Rosenthal)과 제이콥슨(L. Jacobson)은 학업성취가 올라가리라는 교사의 기대가 학생의 학업성취를 높인다고 주장하였다.

④ 번스타인(B. Bernstein)은 노동자 계층 자녀의 학업성취가 낮은 이유는 가정에서 제한된 언어 코드가 아닌 정교한 언어 코드를 사용하기 때문이라고 주장하였다.

> **ADVICE** ① 젠슨은 환경적 요인이 아닌 유전적 요인 때문에 소수 인종의 학업성취가 낮다고 주장한다.
> ② 콜만은 학습자의 가정 배경이 학교 시설·자원보다 학업성취에 더 큰 영향을 미친다고 주장하였다.
> ④ 번스타인은 노동자 계층 자녀의 학업성취가 낮은 이유는 가정에서 정교한 언어 코드가 아닌 제한된 언어 코드를 사용하기 때문이라고 주장한다.

15 「평생교육법」에 근거할 때, 평생관이 아닌 것은?

① 교육감에게 등록된 학교교과교습학원
② 관할청에 보고된 대학 부설 평생교육원
③ 교육감에게 신고된 시민사회단체의 평생교육시설
④ 교육부장관의 인가를 받은 사업장 부설 사내대학

> **ADVICE** 평생교육기관〈평생교육법 제2조 제2호〉
> ㉠ 이 법에 따라 인가·등록·신고된 시설·법인 또는 단체
> ㉡ 「학원의 설립·운영 및 과외교습에 관한 법률」에 따른 학원 중 학교교과교습학원을 제외한 평생직업교육을 실시하는 학원
> ㉢ 그 밖에 다른 법령에 따라 평생교육을 주된 목적으로 하는 시설·법인 또는 단체

16 다음 (가), (나)의 내용에 해당하는 평생교육제도를 바르게 짝지은 것은?

> (가) 개인의 다양한 학습경험을 공식적인 이력부에 종합적으로 누적·관리하고 그 결과를 학력이나 자격인정과 연계하거나 고용 정보로 활용하는 제도이다.
> (나) 학교에서뿐만 아니라 학교 밖에서 이루어지는 다양한 형태의 학습경험 및 자격을 학점으로 인정하고, 학점이 누적되어 일정 기준을 충족하면 학위취득을 가능하게 하는 제도이다.

	(가)	(나)
①	평생학습계좌제	학점은행제
②	문하생학력인정제	학점은행제
③	평생학습계좌제	독학학위제
④	문하생학력인정제	독학학위제

> **ADVICE** • 문하생학력인정제 : 중요무형문화재인 전통예술과 전통기능의 예능과 기능보유자들의 전승자 양성을 위한 정책으로 예능과 기능보유자의 문하생들에게 학력과 학위를 인정하는 제도이다.
> • 독학학위제 : 「독학에 의한 학위취득에 관한 법률」에 의거하여 국가에서 실시하는 학위취득시험에 합격한 독학자에게 학사학위를 수여함으로써 평생교육의 이념을 구현하고 개인의 자아실현과 국가사회의 발전에 이바지하는 것을 목적으로 하는 제도이다.

✎ **ANSWER** 13.② 14.③ 15.① 16.①

17 과학적 관리론을 학교 상황에 적용한 것으로 가장 적절한 것은?

① 학교장은 구성원들의 동기를 파악하여, 내재적 동기를 적극적으로 유발한다.
② 학교장은 학교조직을 개발체제로 파악하고, 학교 문제해결을 위해 학부모들의 요구를 적극 반영한다.
③ 교사들 간의 적절한 갈등은 학교의 발전에 도움이 된다고 보고, 학교장은 적절한 갈등 자극 전략을 사용한다.
④ 교사는 교수자로서 학생을 가르치는 데 전념하고, 학교장은 관리자로서 학교행정을 책임지는 일에 집중한다.

> **ADVICE** F. W. Taylor 등에 의해 대표되는 과학적 관리학파는 '절약과 능률'을 행정의 가장 중요한 가치기준으로 삼고, 정치-행정 분리론을 토대로 하여 행정 고유영역의 활동을 규율하는 과학적 원리와 합리적인 관리기법을 본격적으로 탐구하였다.
> ④ 교사와 학교장이 고유영역에서 자신의 책임을 다하는 것은 과학적 관리론을 학교 상황에 적용한 것이라고 볼 수 있다.

18 학교장의 변혁적 지도성 행동으로 볼 수 없는 것은?

① 학교구성원이 혁신적이고 창의적으로 사고하고 행동하도록 유도한다.
② 높은 기준의 도덕적 행위를 보여 줌으로써 학교구성원의 신뢰를 얻는다.
③ 학교구성원이 원하는 보상을 제공하고 그 대가로 주어진 과업을 달성하도록 한다.
④ 학교구성원과 더불어 학교의 비전을 설정하고 공유하여 학교의 변화를 도모한다.

> **ADVICE** ③ 교환적 지도성이 지도자가 부하에게 순종을 요구하고 그 대가로 보상을 제공하는 반면, 변혁적 지도성은 지도자가 부하의 잠재 능력을 계발하도록 도움을 주고 내재적 만족감을 갖게 한다.

19 교육공무원의 징계 효력에 대한 설명으로 옳은 것은?

① 정직된 자는 직무에는 종사하지만 3개월간 보수를 받지 못한다.
② 견책된 자는 직무에는 종사하지만 6개월간 승진과 승급이 제한된다.
③ 해임된 자는 공무원 신분은 보유하나 3개월간 직무에 종사할 수 없다.
④ 파면된 자는 공무원 관계로부터 배제되고 1년간 공무원으로 임용될 수 없다.

> **ADVICE** ① 정직 처분을 받은 자는 그 기간 중 공무원의 신분은 보유하나 직무에 종사하지 못하며 보수는 전액을 감한다.
> ③ 해임된 자는 공무원 관계로부터 배제되고 3년간 공무원 임용이 금지된다.
> ④ 파면된 자는 공무원 관계로부터 배제되고 5년간 공무원 임용이 금지된다.

20 「초·중등교육법」에 근거할 때, 학교회계에 대한 설명으로 옳은 것은?

① 단위 학교 행정실장이 학교회계 세입세출예산안을 편성한다.

② 학교회계 세입세출예산안은 학교운영위원회의 심의를 거쳐야 한다.

③ 학교회계의 회계연도는 매년 1월 1일에 시작하여 12월 말일에 종료된다.

④ 학교발전기금으로부터 받은 전입금은 학교회계의 세입으로 할 수 없다.

〉**ADVICE** ① 학교의 장은 회계연도마다 학교회계 세입세출예산안을 편성하여 회계연도가 시작되기 30일 전까지 학교운영위원회에 제출하여야 한다〈초·등교육법 제30조의3 제2항〉.

③ 학교회계의 회계연도는 매년 3월 1일에 시작하여 다음 해 2월 말일에 끝난다〈초·등교육법 제30조의3 제1항〉.

④ 학교발전기금으로부터 받은 전입금은 학교회계의 세입으로 할 수 있다.

✎ **ANSWER** 17.④ 18.③ 19.② 20.②

1 구성주의 학습이론에 기반한 교사의 교수기술로 적절하지 않은 것은?

① 지식을 효과적으로 전달하기 위해 구조화된 문제와 반복학습을 강조한다.

② 학생 스스로 사고과정을 통해 문제를 해결하도록 촉진한다.

③ 협동학습을 통해 학생이 생각을 능동적으로 발전시키도록 돕는다.

④ 실제 환경에서 직면하게 되는 문제를 학습과제로 제시하여 학습한 내용과 실제 세계를 연결하도록 한다.

> **ADVICE** 구성주의 학습이론은 지식에 관한 새로운 관점 즉, 지식은 개인과 독립적으로 존재하는 것이 아니고 환경과의 상호작용을 통해 개인에 의해 구성된다는 점을 강조하는 이론이다.
> ① 행동주의 학습이론에 대한 설명이다.
> ※ 구성주의 학습이론의 특징
> ㉠ 구성주의는 지식의 절대성이 아닌 지식의 상대성을 강조한다.
> ㉡ 구성주의에서 지식은 유기체의 적극적인 구성에 의한 것이다.
> ㉢ 구성주의에서는 경험의 실재의 구성으로서의 지식을 의미한다.
> ㉣ 구성주의에서 교사는 지식의 전달자가 아니라 학습의 안내자 · 촉진자 · 환경 조성자이다.
> ㉤ 구성주의에서 지식은 경험을 개인적으로 해석한 것이므로 결코 다른 사람에게 완전한 형태로 전달될 수 없다.

2 다음에서 설명하는 개념은?

• 학습자에게 교수학습 내용을 전달하는 모든 수단이나 방법을 총칭한다.
• 교수학습을 위해 사용하는 시청각 기자재와 수업자료를 총칭한다.

---

① 교수매체
② 시청각매체
③ 실물매체
④ 디지털매체

※ 교수매체의 분류

㉠ 상징체계에 따른 분류

구분	내용		예
시각 매체	시각적 방법에 의해 제시하는 매체	투사	슬라이드, OHP 등
		비투사	실물, 모형, 사진, 그림 등
청각 매체	청각적 방법에 의해 제시하는 매체		라디오, 녹음기 등
시청각 매체	시각과 청각을 동시에 자극하는 매체		VTR, TV, 영화 등
상호 작용 매체	매체와 사용자의 상호작용을 강조하는 매체(학습자의 반응 감지 → 피드백 제공)		CAI, 상호작용비디오, 쌍방형 TV 등

㉡ 데이터의 속성에 따른 분류

• 아날로그매체 : 자연에서 생성된 파장을 그대로 재현한 것을 속성으로 하는 전달 매체로 TV, 라디오, 슬라이드, 녹음기 등 전통적인 시청각매체

• 데이터매체 : 컴퓨터를 기반으로 하는 모든 매체로 컴퓨터, 디지털 카메라, 디지털 비디오, 디지털 TV, 인터넷 등

3 피아제(J. Piaget)는 인지발달이론에서 "인간은 적응을 위해 새로운 경험과 도식을 서로 조정한다"라고 하였다. 다음의 예와 피아제가 제시한 적응의 유형이 옳게 짝지어진 것은?

㈎ 다른 나라를 방문할 때 그 나라의 문화와 음식, 언어에 빠르게 순응하려고 노력하는 것

㈏ 아빠는 양복을 입은 사람이라는 생각을 가진 유아가 양복을 입은 사람을 모두 '아빠'라고 부르는 것

	㈎	㈏
①	탈중심화	중심화
②	조절	동화
③	중심화	탈중심화
④	동화	조절

㉠ 동화 : 이미 학습된 지식과 능력을 이용하여 상황에 순응하는 과정

㉡ 조절 : 어떤 문제가 기존의 지식을 적용하여 해결이 안 될 때, 기존 지식체계를 변화시키는 과정

ANSWER 1.① 2.① 3.②

4 교육사상가들에 대한 설명으로 옳지 않은 것은?

① 파크허스트(H. Parkhurst)는 달톤플랜(Dalton plan)에서 학생과 교사가 계약을 맺는 계약학습을 제시하였다.

② 아들러(M. J. Adler)는 파이데이아 제안서(Paideia proposal)에서 학생들이 동일한 교육목표를 가지는 교육과정을 주장하였다.

③ 허친스(R. M. Hutchins)는 듀이(J. Dewey)와 함께 진보주의교육협회를 설립하고 진보주의 교육운동을 전개하였다.

④ 킬패트릭(W. H. Kilpatrick)은 학생이 자신의 학습을 계획하고 활동을 수행하는 프로젝트 학습법(project method)을 제시하였다.

〉ADVICE ③ 진보주의 교육협회는 1919년 스탠우드 코브가 주도하여 설립된 진보적 성향의 교육단체이다. 허친스는 미국의 실용주의적 직업교육을 비판하며 자유인 양성을 목표로 한 고전 중심의 새로운 교육이론과 방법을 제창하였다.

5 교실생활의 군집성, 상찬, 권력구조 등이 학생들의 행동과 학습결과에 미치는 영향을 설명하면서, 잠재적 교육과정의 개념을 제시한 인물은?

① 잭슨(P. Jackson)

② 보빗(F. Bobbitt)

③ 프레리(P. Freire)

④ 위긴스(G. Wiggins)

〉ADVICE P. 잭슨은 그의 저서 「교실에서의 생활」에서 잠재적 교육과정에 해당하는 현상을 관찰하고 군집성, 상찬, 권력구조 등의 학교 특성이 학생들의 삶에 미치는 영향력을 제시하였다.

② F. 보빗 : 저서 「교육과정」에서 '교육과정'이라는 단어와 개념을 제시하였다.

③ P. 프레리 : 저서 「피억압자의 교육학」에서 문제제기식, 대화식 민중교육을 통한 피억압자의 의식화와 의식적 실천인 프락시스를 통해 사회 전체의 해방을 주장했다.

④ G. 위긴스 : 수행평가 분야의 핵심적인 개념으로 볼 수 있는 '실제 상황에서의 수행'의 개념을 처음으로 주장하였다.

6 「초 · 중등교육법」상 우리나라 국 · 공립 초등학교 · 중학교 · 고등학교 및 특수학교의 학교회계제도에 대한 설명으로 옳지 않은 것은?

① 학교회계의 회계연도는 매년 3월 1일에 시작하여 다음 해 2월 말일에 끝난다.

② 학교운영위원회 심의를 거쳐 학부모가 부담하는 경비는 학교회계의 세입으로 한다.

③ 학교의 장은 회계연도마다 학교회계 세입세출예산안을 편성하여 학교운영위원회에 제출하여야 한다.

④ 지방자치단체의 교육비특별회계의 전입금은 학교회계의 세입 항목이 아니다.

〉ADVICE ① 학교회계의 회계연도는 매년 3월 1일에 시작하여 다음 해 2월 말일에 끝난다〈초 · 중등교육법 제30조의3(학교회계의 운영) 제1항〉.

②④ 학교회계는 국가의 일반회계나 지방자치단체의 교육비특별회계로부터 받은 전입금, 학교운영위원회 심의를 거쳐 학부모가 부담하는 경비, 학교발전기금으로부터 받은 전입금, 국가나 지방자치단체의 보조금 및 지원금, 사용료 및 수수료, 이월금, 물품매각대금, 그 밖의 수입을 세입으로 한다〈초 · 중등교육법 제30조의2(학교회계의 설치) 제2항〉.

③ 학교의 장은 회계연도마다 학교회계 세입세출예산안을 편성하여 회계연도가 시작되기 30일 전까지 학교운영위원회에 제출하여야 한다〈초 · 중등교육법 제30조의3(학교회계의 운영) 제2항〉.

7 로저스(C. Rogers)의 인간중심 상담이론에 대한 설명으로 적절하지 않은 것은?

① 인간에게는 선천적으로 자아실현의 경향이 있다고 본다.

② 내면의 경험을 자각하고 수용할 수 있도록 하기 위해 지금−여기보다 과거에 더 주목한다.

③ 상담자가 갖추어야 할 중요한 태도로 진솔성, 무조건적 긍정적 존중, 공감적 이해를 제안하였다.

④ 외적으로 부여된 가치의 조건화가 주관적인 경험을 왜곡하고 부정할 때 문제가 발생한다고 본다.

〉ADVICE 인간중심 상담이론은 개인 심리치료에서 일반적으로 받아들여 왔던 지시적이고 분석적 접근에 대한 반동으로 창안된 이론으로, 모든 내담자가 자기 자신의 중요한 일들을 스스로 결정하고 해결할 수 있는 능력을 가지고 있음을 강조한다.

② 인간중심 상담이론은 내담자의 자기 성장을 향한 잠재력이 발현될 수 있는 분위기를 조성하는 데 목적을 두고, 개입방향에 대한 일차적인 책임이 내담자에게 있도록 내담자의 문제에 대해 과거보다는 '지금−여기'를 강조한다.

8 지방교육자치에 관한 법령상 교육감에 대한 설명으로 옳은 것만을 모두 고른 것은?

> ㉠ 교육규칙의 제정에 관한 사항은 교육감의 관장사무에 해당한다.
> ㉡ 주민은 교육감을 소환할 권리를 가진다.
> ㉢ 시·도의회에 제출할 교육·학예에 관한 조례안과 관련하여 심의·의결할 권한을 가진다.
> ㉣ 교육감의 임기는 4년으로 하며, 교육감의 계속 재임은 3기에 한한다.

① ㉠, ㉡
② ㉢, ㉣
③ ㉠, ㉡, ㉣
④ ㉠, ㉡, ㉢, ㉣

> ADVICE ㉢ 교육감은 시·도의 교육·학예에 관한 사무의 집행기관으로 시·도에 둔다.
> ※ 교육감의 관장사무〈지방교육자치에 관한 법률 제20조〉
>   ㉠ 조례안의 작성 및 제출에 관한 사항
>   ㉡ 예산안의 편성 및 제출에 관한 사항
>   ㉢ 결산서의 작성 및 제출에 관한 사항
>   ㉣ 교육규칙의 제정에 관한 사항
>   ㉤ 학교, 그 밖의 교육기관의 설치·이전 및 폐지에 관한 사항
>   ㉥ 교육과정의 운영에 관한 사항
>   ㉦ 과학·기술교육의 진흥에 관한 사항
>   ㉧ 평생교육, 그 밖의 교육·학예진흥에 관한 사항
>   ㉨ 학교체육·보건 및 학교환경정화에 관한 사항
>   ㉩ 학생통학구역에 관한 사항
>   ㉪ 교육·학예의 시설·설비 및 교구(教具)에 관한 사항
>   ㉫ 재산의 취득·처분에 관한 사항
>   ㉬ 특별부과금·사용료·수수료·분담금 및 가입금에 관한 사항
>   ㉭ 기채(起債)·차입금 또는 예산 외의 의무부담에 관한 사항
>   ⓐ 기금의 설치·운용에 관한 사항
>   ⓑ 소속 국가공무원 및 지방공무원의 인사관리에 관한 사항
>   ⓒ 그 밖에 해당 시·도의 교육·학예에 관한 사항과 위임된 사항

9 스키너(B. F. Skinner)의 행동주의 학습과 반두라(A. Bandura)의 사회인지학습의 공통점에 해당하지 않는 것은?

① 강화와 처벌의 개념을 받아들인다.
② 학습의 요인으로 경험의 중요성을 인정한다.
③ 신념과 기대가 행동의 변화를 가져온다고 본다.
④ 행동을 촉진하기 위해서는 피드백이 중요하다고 본다.

> **ADVICE** 행동주의 학습과 사회인지학습의 유사점으로는 강화, 벌, 피드백을 강조한다는 점이 있다.
> ③ 행동주의 학습은 강화와 벌이 행동을 유발한다고 보지만, 사회인지학습은 강화와 벌이 기대를 유발해 이것이 행동의 변화를 가져온다고 본다.

10 우리나라 의무교육제도에 대한 설명으로 옳지 않은 것은?

① 지방자치단체는 국립 또는 사립의 초등학교·중학교 또는 특수학교에 일부 의무교육대상자에 대한 교육을 위탁할 수 있다.
② 지방자치단체로부터 의무교육대상자의 교육을 위탁받은 사립학교의 설립자·경영자는 의무교육을 받는 사람으로부터 수업료와 학교운영지원비를 받을 수 있다.
③ 모든 국민은 그 보호하는 자녀에게 6년의 초등교육과 3년의 중등교육을 받게 할 의무를 진다.
④ 취학아동명부의 작성을 담당하는 읍·면·동의 장은 입학연기신청서를 제출받은 경우 입학연기대상자를 취학아동명부에서 제외하고, 입학연기대상자 명단을 교육장에게 통보하여야 한다.

> **ADVICE** ② 국립·공립 학교의 설립자·경영자와 의무교육대상자의 교육을 위탁받은 사립학교의 설립자·경영자는 의무교육을 받는 사람으로부터 입학금, 수업료와 학교운영지원비, 교과용 도서 구입비를 받을 수 없다〈초·중등교육법 제12조(의무교육) 제4항〉.

✎ **ANSWER** 8.③ 9.③ 10.②

11 다음의 내용을 모두 포함하는 교육과정개발 이론은?

> • 강령을 표방하고, 해당 강령을 지지하는 자료를 검토하는 강령(platform) 단계
> • 다양한 대안을 검토하고 이를 토대로 적절한 대안을 도출하는 숙의(deliberation) 단계
> • 선택한 대안을 구체적 프로그램으로 만드는 설계(design) 단계

① 타일러(R. Tyler)의 이론
② 아이스너(E. Eisner)의 이론
③ 타바(H. Taba)의 이론
④ 워커(D. Walker)의 이론

〉**ADVICE** 워커는 교육과정 개발과정의 관찰을 통하여 타일러의 합리적 교육과정 개발모형 대로 진행되지 않음을 발견하고, 실제로 교육과정 개발과정에서 무엇을 하는지를 구체적으로 제시한 실제적 교육과정 개발모형을 제시하였다. 워커의 실제적 교육과정 개발모형은 강령 → 숙의 → 설계 단계로 진행된다.

12 다음 설명에 해당하는 저서는?

> • 체계적 한자 학습을 위하여 엮은 교육용 교재로서 천자문의 결점을 극복하기 위하여 만들어졌다.
> • 상하 각각 1,000자를 수록하여 2,000자로 구성이 되었다.
> • 상권에는 유형적 개념에 해당하는 한자를 담았고, 하권에는 계절, 기구, 방위 등의 무형적 개념에 해당하는 한자를 담았다.

① 「아학편(兒學編)」   ② 「성학집요(聖學輯要)」
③ 「격몽요결(擊蒙要訣)」   ④ 「학교모범(學校模範)」

〉**ADVICE** 제시된 내용은 조선 후기의 실학자 정약용이 아동의 한자 학습을 위하여 엮은 문자교육용 교재인 「아학편」에 대한 설명이다.
　② **성학집요** : 조선 중기의 학자 이이가 1575년 제왕의 학문 내용을 정리해 바친 책으로 「율곡전서」에 실려 있다.
　③ **격몽요결** : 1577년 이이가 학문을 시작하는 이들을 가르치기 위해 편찬한 책이다.
　④ **학교모범** : 1582년 대제학으로 재임하던 이이가 선조의 명에 의하여 지은 교육 규칙으로, 선비의 몸가짐과 일해 나가는 준칙을 담고 있다.

13 다음에서 설명하는 개념은?

> • 학생의 인지발달을 위해서 교사가 찾아야 하는 것
> • 학습자가 주위의 도움을 받아서 문제를 해결할 수 있는 범위
> • 학습자의 실제적 발달 수준과 잠재적 발달 수준 간의 차이

① 비계(scaffolding)
② 근접발달영역(ZPD)
③ 내면화(internalization)
④ 메타인지(metacognition)

>ADVICE 근접발달영역(ZPD : Zone of Proximal Development) … 비고츠키(L. Vygotsky)가 지능 검사는 아동의 잠재력의 측정과 거리가 멀기 때문에 발달 가능성을 고려하여 평가 · 교육하는 것이 중요하다고 강조하기 위해 사용한 개념으로, 아동이 타인의 도움 없이 스스로 문제를 해결할 수 있는 실제적 발달 수준과 또래나 성인이 도움을 주면 문제를 해결할 수 있는 잠재적 발달 수준 사이의 이론적인 영역을 의미한다.
> ① 비계 : Vygotsky는 아동의 인지발달은 자기 문화 속에서 보다 성숙한 구성원과 상호작용을 통해 일어난다고 믿고, 아동의 인지발달을 위한 지원 단서를 제공하고 격려해 주는 비계 설정을 강조하였다.
> ③ 내면화 : Vygotsky에 따르면, 내면화란 역사와 더불어 창조되고 변형된 사회적 지식이 원래는 개인 밖의 사회에 외재하고 있다가 개인 간 상호작용을 통해 개인의 의식세계에 내재하게 되는 것을 의미한다. 즉, 외적 지식이 개인화되어 재구성되는 과정을 의미한다.
> ④ 메타인지 : 자신의 인지과정에 대해 생각하여 자신이 아는 것과 모르는 것을 자각하는 것과 스스로 문제점을 찾아내고 해결하며 자신의 학습과정을 조절할 줄 아는 인지능력을 말한다.

14 우리나라 평생교육제도에 대한 설명으로 옳지 않은 것은?

① 국가무형문화재의 보유자로 인정된 사람과 그 전수교육을 받은 사람으로서 대통령령으로 정하는 사람은 그에 상당하는 학점을 인정받을 수 있다.
② 헌법은 "국가가 평생교육을 진흥하여야 한다"라고 규정하고 있다.
③ 평생교육사는 평생교육의 기획 · 진행 · 분석 · 평가 및 교수업무를 수행한다.
④ 대표적인 평생교육제도인 독학학위제, 학점은행제, 평생학습계좌제, 내일배움카드제는 국가평생교육진흥원에서 운영하고 있다.

>ADVICE ④ 국가평생교육진흥원에서는 독학위제, 학점은행제, 평생학습계좌제를 운영하고 있다. 내일배움카드제는 고용노동부에서 운영한다.

✏ **ANSWER** 11.④ 12.① 13.② 14.④

15 「교육기본법」에 명시된 교원에 관한 규정이 아닌 것은?

① 교원은 법률로 정하는 바에 따라 다른 공직에 취임할 수 있다.

② 교원은 특정한 정당이나 정파를 지지하거나 반대하기 위하여 학생을 지도하거나 선동하여서는 아니 된다.

③ 교사는 전문성을 바탕으로 학생을 교육한다.

④ 교원은 교원의 경제적·사회적 지위를 향상시키기 위하여 각 지방자치단체와 중앙에 교원단체를 조직할 수 있다.

> **ADVICE** 교원〈교육기본법 제14조〉
> ㉠ 학교교육에서 교원의 전문성은 존중되며, 교원의 경제적·사회적 지위는 우대되고 그 신분은 보장된다.
> ㉡ 교원은 교육자로서 갖추어야 할 품성과 자질을 향상시키기 위하여 노력하여야 한다.
> ㉢ 교원은 교육자로서 지녀야 할 윤리의식을 확립하고, 이를 바탕으로 학생에게 학습윤리를 지도하고 지식을 습득하게 하며, 학생 개개인의 적성을 계발할 수 있도록 노력하여야 한다.
> ㉣ 교원은 특정한 정당이나 정파를 지지하거나 반대하기 위하여 학생을 지도하거나 선동하여서는 아니 된다.
> ㉤ 교원은 법률로 정하는 바에 따라 다른 공직에 취임할 수 있다.
> ㉥ 교원의 임용·복무·보수 및 연금 등에 관하여 필요한 사항은 따로 법률로 정한다.
> ※ 교원단체〈교육기본법 제15조 제1항〉 … 교원은 상호 협동하여 교육의 진흥과 문화의 창달에 노력하며, 교원의 경제적·사회적 지위를 향상시키기 위하여 각 지방자치단체와 중앙에 교원단체를 조직할 수 있다.

16 교육 평등에 관한 관점 중 교육결과의 평등을 위한 정책에 해당하는 것은?

① 취학을 가로막는 경제적, 지리적, 사회적 제반 장애를 제거해 주는 취학 보장 대책

② 저소득층의 취학 전 어린이들을 위한 보상교육(compensatory education)

③ 한국의 고교평준화 정책

④ 초·중등교육의 의무무상화

> **ADVICE** 교육 평등
> ㉠ 기회 허용의 평등 : 모든 사람이 교육받을 기회 허용
> ㉡ 기회 보장의 평등 : 취학을 위해 경제, 지리, 사회적 장애 제거
> ㉢ 교육 조건의 평등 : 누구나 같은 조건에서 교육받을 권리
> ㉣ 교육 결과의 평등 : 학업성취의 평등을 위한 보상교육 등 적극적인 조치

17 학교교육에 대한 다음 주장과 가장 거리가 먼 것은?

- 학교는 지배집단의 '문화자본'을 재창조하고 정당화하는 역할을 수행한다.
- 학습결과인 성적도 학생이 속해 있는 계급의 영향에서 벗어나지 못한다.
- 경제구조가 학교교육을 일방적으로 결정한다고 비판한다.

---

① 부르디외(P. Bourdieu)
② 구조기능주의
③ 재생산이론
④ 보울스(S. Bowls)와 진티스(H. Gintis)

〉ADVICE 제시된 내용은 갈등론적 교육이론과 관련된 주장이다.

② 구조기능주의는 기능론적 교육이론이다.

※ 갈등주의 교육이론

ⓐ 경제적 재생산이론(보울스와 진티스) : 학교는 학교 내의 사회관계와 경제구조의 사회관계와의 일치를 통해 경제적 생산관계를 재생산하며 불평등한 사회 분업구조를 재생산한다.

ⓑ 문화적 헤게모니이론(애플) : 학교의 교육과정에는 지배집단의 의미와 가치의 체계 즉, 헤게모니가 깊숙이 잠재되어 있으므로, 학교는 문화적 이념적 헤게모니의 매개자로서 보이지 않는 가운데 사회를 통제한다.

ⓒ 문화재생산이론(브르디외) : 학교 교육이란 것은 결국 불평등한 문화자본을 가진 사회계급을 재생산하고, 이를 정당화하기 위한 계급 '아비투스'를 내재화시키는 상징적 폭력을 행사한다.

ⓓ 교육자율이론(번쉬타인) : 교육은 지나치게 경제적 생산관계와 밀착될수록 그 자율성은 잃게 되고, 교육과 생산의 관계가 구분될 때 교육의 자율성은 누리게 되어 교육이 형성되고 정당화된다.

ⓔ 저항이론(윌리스) : 노동계급 학생들이 집단적으로 형성한 저항문화는 교육과 직업지위의 획득에 심층적 영향을 미치며, 바로 그러한 경로를 통해 지배적 사회질서인 자본주의 제도가 재생산된다.

18 서양교육사에서 나타난 사실로 옳은 것은?

① 고대 그리스의 스파르타에서는 신체와 영혼의 균형을 교육의 목적으로 추구하여 교육과정에서 읽기, 쓰기, 문학, 철학의 비중이 컸다.

② 고대 로마시대에는 초기부터 공립학교 중심의 공교육체제가 확립되어 유행하였다.

③ 17세기 감각적 실학주의는 감각을 통한 지각, 관찰학습, 실물학습을 중시하였다.

④ 산업혁명기 벨(A. Bell)과 랭커스터(J. Lancaster)의 조교법(monitorial system)은 소규모 토론식 수업방법이었다.

> **ADVICE** ① 스파르타에서는 군사교육과 군대훈련의 비중이 컸다. 신체와 영혼의 균형을 교육의 목적으로 추구한 것은 아테네이다.
> ② 로마시대 초기에는 주로 가정교육을 했고 부모가 원한다면 사학에서 가르쳤다. 그러나 제정시대 말기에 들어서서 국가가 중등, 고등 교육기관을 후원하기 시작하였다.
> ④ 조교법은 학생들끼리 서로 가르치는 집단교육법이다.

19 표준화 검사 도구를 활용할 때 유의할 점으로 적절하지 않은 것은?

① 검사 실시 목적에 적합한 내용의 검사를 선택한다.

② 검사의 타당도, 신뢰도, 객관도, 실용도를 고려하여 검사를 선택한다.

③ 상황에 맞춰 검사의 실시 · 채점 · 결과의 해석을 융통성 있게 변경한다.

④ 검사를 사용하는 사람이 검사에 대한 객관적인 식견이 있어야 한다.

> **ADVICE** 표준화 검사 도구는 검사의 실시와 채점 그리고 결과의 해석이 동일하도록 모든 절차와 방법을 일정하게 만들어 놓은 검사이다.
> ③ 표준화 검사는 표본집단의 점수를 기초로 규준이 만들어진 검사이므로 개인의 점수를 규준에 맞추어 해석, 비교하는 것이 가능하다. 즉, 상황에 맞춰 융통성 있게 변경해서는 안 된다.

20 2015 개정 국가교육과정에 대한 설명으로 옳지 않은 것은?

① 추구하는 인간상을 구현하기 위한 핵심역량으로 자기관리, 지식정보처리, 창의적 사고, 심미적 감성, 의사소통, 공동체 역량을 제시하였다.
② 고등학교 공통과목으로 통합사회와 통합과학을 신설하였다.
③ 초등학교에 '안전한 생활'을 신설하였다.
④ 초등학교 1~2학년의 학습부담을 줄이기 위하여 총수업시간 수를 감축하였다.

》ADVICE ④ 2015 개정 교육과정에서는 초등학교 1~2학년의 수업 시수를 주당 1시간 늘려 창의적 체험활동 시간으로 확보하고, 늘어난 시간을 활용하여 '안전한 생활'을 운영한다.

✎ **ANSWER** 18.③ 19.③ 20.④

1 다음 내용에 가장 부합하는 것은?

> • 교육은 학습자와 교육내용을 모두 고려해야 한다.
> • 교육내용의 내재적 가치는 선험적으로 정당화된다.
> • 교육은 합리적인 사고와 지적 안목을 도덕적인 방식으로 전달하는 과정이다.
> • 교육은 인류의 문화유산이라는 공적(公的) 전통으로 학생을 안내하는 과정이다.

① 주입(注入)으로서의 교육
② 주형(鑄型)으로서의 교육
③ 성년식(成年式)으로서의 교육
④ 행동수정(行動修正)으로서의 교육

>ADVICE 피터스는 '교육이란 헌신할 가치가 있는 활동 또는 사고와 행동 양식으로 사람들을 입문시키는 성년식이다'고 하였다. 피터스의 논의에 근거하여 교육의 정의를 보면 교육은 내재적으로 가치 있는 내용을 도덕적으로 온당한 방법으로 전달하는 과정 또는 전달받은 상태를 가리킨다. 특히 인간의 인지적 변화를 중시한다.

2 조선시대 교육기관인 서원(書院)에 대한 설명으로 옳지 않은 것은?

① 관학(官學)인 향교(鄕校)와 대비되는 사학(私學)이다.
② 퇴계 이황은 서원의 교육목적을 위인지학(爲人之學)에 두었다.
③ 원규(院規) 혹은 학규(學規)라고 불리는 자체의 규약을 갖추고 있었다.
④ 교육의 기능뿐만 아니라 선현(先賢)을 숭상하고 그의 학덕을 기리는 제사의 기능도 겸하였다.

>ADVICE ② 위인지학은 율곡 이이의 주장이다. 퇴계 이황은 위기지학을 주장하였다.
> ※ 위기지학(爲己之學)과 위인지학(爲人之學)
> ㉠ 위기지학 : 자신의 인격 수양, 즉 참된 나를 밝히는 수신(修身) 목적의 학문
> ㉡ 위인지학 : 세상 사람들을 위해 사용하기 위한 목적의 학문

3 다음 내용과 관련이 있는 교육철학은?

> - 프랑크푸르트 학파의 이론적 성과를 수용하였다.
> - 교육 현상에 대해 규범적, 평가적, 실천적으로 접근하였다.
> - 자본주의 사회의 불평등 문제와 교육의 관련성에 주목하였다.
> - 인간의 의식과 지식이 사회, 정치, 경제에 의해 결정되는 것으로 보았다.

① 비판적 교육철학
② 분석적 교육철학
③ 홀리스틱 교육철학
④ 프래그머티즘 교육철학

》ADVICE 제시된 내용은 비판이론의 영향하에서 형성된 비판적 교육철학에 대한 설명이다.

※ 프랑크푸르트 학파는 자본주의 사회의 문화와 이데올로기를 연구하여 현대사회의 문제를 비판의 대상으로 삼아 이를 변화시키는 일에 관심을 갖는다. 비판이론은 현대사회 문제의 책임을 개인이 아닌 사회체제에 두고 이를 해결하기 위한 실천적 과제를 제시하였다. 비판이론은 사회현상을 역사적 산물로 보고 정치, 경제, 문화 등 전체적인 관계의 맥락에서 파악하는 방법을 추구한다.

4 16세기 서양의 인문주의 교육사상에 대한 설명으로 옳은 것은?

① 고대 그리스 · 로마의 자유교육의 이상을 계승하였다.
② 자연이나 실재하는 사물을 매개로 하는 실물교육을 도입하였다.
③ 민족적으로 각성된 관점에서 공동체 의식을 기르는 데 주력하였다.
④ 고등교육이 아닌 초등교육 수준에서 구체적인 교육방안을 제안하였다.

》ADVICE ① 문예부흥기의 인문주의 교육사상은 풍부한 인문적 교양의 습득을 통한 자아실현과 사회 및 인류의 발전과 복지향상에 목적을 두었다. 중세적 정신으로부터 해방을 중시하고 고대 그리스 · 로마의 자유교육의 이상을 계승하였다.

② 17세기 실학주의 교육사상에 대한 설명이다.

ANSWER 1.③ 2.② 3.① 4.①

5 다음 내용과 관련이 있는 교육사상가는?

> 교사는 학생에게 정답을 미리 알려주지 않고 학생이 알고 있는 것이 참인지 거짓인지를 판단하면서 학생 스스로 진리의 세계로 들어갈 수 있도록 돕는 역할을 한다. 이를 위해 교사는 반어적인 질문을 학생에게 던짐으로써 학생 자신이 무지를 깨닫게 한다. 지적(知的)인 혼란에 빠진 학생은 교사와의 끊임없는 대화를 통해 진리를 성찰하게 되면서 점차 참된 지식에 이를 수 있게 된다.

① 아퀴나스(T. Aquinas) ② 소크라테스(Socrates)
③ 프로타고라스(Protagoras) ④ 아리스토텔레스(Aristoteles)

> **ADVICE** 제시된 내용은 소크라테스의 반어법에 대한 설명이다. 반어법은 반어적 파괴의 단계로서 질문과 심문을 통해 학습자로 하여금 지식의 그릇됨, 즉 스스로의 무지를 깨우쳐 학습자를 무의식적 무지에서 의식화된 무지로 끌어올리는 단계이다.

6 〈보기〉는 타일러(R. Tyler)의 교육목표 설정 절차에 대한 것이다. 그 순서가 올바른 것은?

> 〈보기〉
> ㉠ 잠정적인 교육목표를 진술한다.
> ㉡ 교육철학과 학습심리학이라는 체에 거른다.
> ㉢ 학습자, 사회, 교과의 세 자원을 조사·연구한다.
> ㉣ 행동의 변화를 명시한 최종 교육목표를 진술한다.

① ㉠ → ㉡ → ㉢ → ㉣ ② ㉠ → ㉢ → ㉡ → ㉣
③ ㉢ → ㉠ → ㉡ → ㉣ ④ ㉢ → ㉡ → ㉠ → ㉣

> **ADVICE** 타일러는 교육목표 설정의 기본적인 자원으로 학습자, 사회, 교과, 철학, 심리학을 들고 있다. 교과전문가의 제언으로부터 잠정적인 목표를 구성한 다음 이것이 학습심리학교 교육철학의 체을 통해 걸러지면서 명세적 교육목표가 수립되는 것이다. 이처럼 교육목표를 설정하기 위해서는 그 사회의 전통, 문화뿐만 아니라 사회의 요구에 대한 분석과 학습자의 발달단계에 따른 심리적 특성과 관심 교과에서의 기본적인 내용과 교과의 최근 동향에 대한 분석이 이루어져야 한다.

7 (가)~(다)에 해당하는 교육과정의 개념을 바르게 짝지은 것은?

> (가) 교육적 가치가 있는 내용임에도 불구하고 학교교육과정에서 배제하여 가르치지 않았다.
> (나) 국가 교육과정과 시·도 교육청 교육과정 편성·운영 지침에 의거해 학교교육과정을 편성하였다.
> (다) 학교교육과정에서 계획하거나 의도하지 않았지만, 교육과정이 전개되는 동안 학생들은 바람직하지 못한 가치와 태도도 은연중에 배우게 되었다.

	(가)	(나)	(다)
①	잠재적 교육과정	공식적 교육과정	영 교육과정
②	잠재적 교육과정	영 교육과정	공식적 교육과정
③	영 교육과정	잠재적 교육과정	공식적 교육과정
④	영 교육과정	공식적 교육과정	잠재적 교육과정

> ✓ADVICE (가) 영 교육과정 : '영(null)'은 '법적인 구속력이 없는'이라는 의미를 가지며 영교육과정은 법적 구속력이 있는 공적인 문서에 들어 있지 않아서 학교에서 가르치지 않는 교육내용이다. 학교에서 소홀히 하거나 공식적으로 가르치지 않는 교과나 지식, 가치, 태도, 사고양식을 말하며 동의어로 배재적 교육과정이 있다. 특정 사회의 역사·문화·정치적 배경으로 인하여 학교나 교사가 고의적으로 가르치지 않는 금기시하는 교육내용도 포함한다.
> (나) 공식적 교육과정 : 교육적인 목적과 목표에 따라 분명하게 의도되고 계획된 교육과정이다. 표면적 교육과정이라고도 하고 바람직한 가치를 지향하고 있다. 국가 수준의 교육과정 기준을 담은 문서, 시도교육청의 교육과정 지침, 지역 교육청의 장학 자료, 교과서 등이 이에 해당된다.
> (다) 잠재적 교육과정 : 공식적 교육과정에서 의도하거나 계획하지 않았음에도 수업 또는 학교의 관행으로 학생들이 은연중에 배우게 되는 가치, 태도, 행동양식으로 경험된 교육과정이다. 비공식적 교육과정이라고 부르며, 학생들의 정의적인 영역과 관련이 많다. 의도와는 다르게 학생들에게 영향을 주기 때문에 바람직한 것과 바람직하지 못한 것도 포함한다.

8 다음 내용에 가장 부합하는 교수·학습 방법은?

- 거꾸로 학습이나 거꾸로 교실로 알려져 있다.
- 학습할 내용을 수업 이전에 온라인으로 미리 공부한다.
- 일종의 블렌디드 러닝(blended learning)으로서 학습의 효과를 높이기 위한 전략이다.
- 학교 수업에서 학습자는 질문, 토론, 모둠활동과 같은 형태로 수업에 적극적으로 참여한다.

---

① 플립드 러닝(flipped learning)
② 문제중심학습(problem-based learning)
③ 자원기반학습(resource-based learning)
④ 교사주도학습(teacher-directed learning)

> **ADVICE** 플립드 러닝(flipped learning) ··· 온라인을 통한 선행학습 뒤 오프라인 강의를 통해 교수와 토론식 강의를 진행하는 역진행 수업 방식

9 아동의 혼잣말(private speech)에 대한 비고츠키(L. Vygotsky)의 견해로 옳지 않은 것은?

① 자기중심적 언어로서 미성숙한 사고를 보여준다.
② 자신의 사고과정과 행동을 스스로 조절하고 주도한다.
③ 연령이 증가함에 따라 점차 줄어들면서 내적 언어로 바뀐다.
④ 쉬운 과제보다 어려운 과제를 해결할 때 더 많이 사용한다.

> **ADVICE** ① 피아제의 견해이다. 비고츠키는 아동의 혼잣말이 사회적 능력에도 도움이 될뿐더러 자기조절을 향하는 중간 단계로 보았다.

10 다음 내용에 해당하는 가네(R. Gagné)의 학습 성과(learning outcomes) 영역은?

> • 방법적 지식 혹은 절차적 지식에 해당한다.
> • 여러 가지 기호나 상징을 규칙에 따라 활용하는 것을 말한다.
> • 변별학습, 구체적 개념학습, 정의된 개념학습, 원리학습, 고차원리학습으로 세분되며, 이들은 위계적 관계에 있다.

① 언어정보　　　　　　　　　　　② 운동기능
③ 인지전략　　　　　　　　　　　④ 지적기능

>**ADVICE** 가네의 수업이론은 목표에 따라 학습조건이 다름을 주장하여 가네의 이론을 목표별 수업이론 또는 학습조건적 수업이론이라고 부른다. 목표별 수업이론모형에서 학습의 성과는 학습의 결과 얻어지는 대상 또는 목표로 지적기능, 인지전략, 언어정보, 운동기능, 태도가 있다.

구분		내용
인지적 영역	언어정보	사물의 명칭이나 사실들을 아는 능력
	지적기능	어떤 과제를 수행하는 데 필요한 다양한 과정을 수행하는 능력
	인지전략	학습방법, 사고방법을 독자적으로 개발하는 사고전략
정의적 영역	태도	정신적 상태
심동적 영역	운동기능	인간의 심리운동기능

11 프로이트(S. Freud)의 정신분석학적 상담이론에 대한 설명으로 옳지 않은 것은?

① 내담자는 합리적으로 불안을 조절할 수 없을 때 자아방어기제에 의존한다.
② 상담자는 내담자의 불안을 초래한 행동자극을 분석하고 체계적 둔감법을 활용한다.
③ 상담자는 내담자의 저항과 전이 감정을 분석하여 무의식적 갈등을 해결하도록 돕는다.
④ 내담자의 행동은 무의식 속에 억압된 과거의 경험과 심리성적인 에너지에 의해서 결정된다.

>**ADVICE** ② 체계적 둔감법은 Wolpe가 상호제지 원리에 따라 공포나 불안을 제거하기 위하여 제시한 행동치료법이다. 공포와 불안을 일으키는 자극에서 이완상태를 끌어 낸 다음 작성된 불안위계에 따라 불안이나 공포상태를 경험하게 하여 혐오자극에 의해 유발된 불안 혹은 공포자극의 영향을 감소 및 둔감시키는 방법을 말한다.

✎ **ANSWER**　8.①　9.①　10.④　11.②

12 다음 내용에 가장 부합하는 교육평가 유형은?

- 교과내용 및 평가 전문가각 제작한 검사를 주로 사용한다.
- 서열화, 자격증 부여, 프로그램 시행 여부 결정의 목적을 위해 시행한다.
- 교수 · 학습이 완료된 시점에서 교육목표의 달성 정도를 종합적으로 판정한다.

---

① 총괄평가(summative evaluation)
② 형성평가(formative evaluation)
③ 능력참조평가(ability-referenced evaluation)
④ 성장참조평가(growth-referenced evaluation)

>ADVICE ① 총괄평가 : 일정한 양의 학습과제나 교과가 끝난 다음에 실시하는 평가로, 학생의 학업성취의 수준을 총합적으로 판정하고 평점을 주기 위해 실시한다.
② 형성평가 : 학습 및 교수가 진행되는 유동적인 상태에 있는 도중에 학생에게 학습곤란을 교정하고 송환 효과를 주며, 교과과정을 개선하고, 수업방법을 개선하기 위하여 실시하는 평가이다.
③ 능력참조평가 : 학생들이 자신의 능력 수준에서 얼마나 최선을 다하였는가에 초점을 두는 평가방법이다.
④ 성장참조평가 : 일련의 교수-학습 과정을 통한 성장과 변화에 관심을 두며, 초기 능력 수준에 비해 얼마만큼 능력의 향상을 보였느냐를 강조하는 평가방법이다.

13 검사도구의 타당도에 대한 옳은 설명을 〈보기〉에서 고른 것은?

〈보기〉
㉠ 검사점수가 사용 목적에 얼마나 부합하는가를 의미한다.
㉡ 검사대상을 얼마나 정확하게 무선오차(random error) 없이 측정하는지를 의미한다.
㉢ 동일한 검사에 대한 채점자들 간 채점 결과의 일치 정도를 의미한다.
㉣ 측정하고자 하는 특성을 검사점수가 얼마나 잘 나타내 주는지를 의미한다.

---

① ㉠, ㉡   ② ㉠, ㉣
③ ㉡, ㉢   ④ ㉡, ㉣

>ADVICE ㉡ 무선오차는 측정의 과정에서 통제되지 않은 요인들에 의하여 우연하게 발생되는 오차로, 무선오차가 크면 신뢰도가 떨어진다.
㉢ 채점자 신뢰도에 대한 설명이다.

14 다음은 정보처리이론에서 부호화(encoding)를 촉진하기 위한 전략을 설명한 것이다. ㈎~㈐에 해당하는 전략을 바르게 짝지은 것은?

㈎ 개별적 정보를 범주나 유형으로 묶는다. 도표나 그래프, 위계도를 작성하는 것이 그 예이다.

㈏ 정보를 시각적인 형태인 그림으로 저장한다. 자동차를 언어적 서술 대신에 그림으로 기억하는 것이 그 예이다.

㈐ 새로운 정보를 기존의 지식과 관련짓는다. 학습한 정보를 자신의 말로 바꾸어 보거나 또래에게 설명해 보는 것이 그 예이다.

	㈎	㈏	㈐
①	정교화	심상	조직화
②	정교화	조직화	심상
③	조직화	정교화	심상
④	조직화	심상	정교화

> **ADVICE** 부호화 전략이란 정보를 보다 쉽게 회상할 수 있도록 학습자의 인지구조의 틀에 정보를 연관시키는 것을 의미하는데, 이러한 과정은 일련의 단서를 제공함으로써 회상이 쉽게 일어나게 한다. 부호화를 촉진하기 위한 전략으로 새로운 정보를 기존의 지식과 관련짓는 정교화와 수집된 정보의 군집화, 개별적 정보를 범주나 유형으로 묶는 조직화, 정보를 시각적인 형태인 그림으로 저장하는 심상 등이 있다.
> ※ 정보처리이론 … 인간의 지각현상, 학습현상, 기억현상 등을 컴퓨터의 정보처리모형에 비추어 이해하고 설명하는 이론으로 인간의 정보처리 과정을 환경적 자극의 부호화(기억에 입력) → 저장(기억에 보관) → 인출(기억으로부터 회상)의 3단계로 설명한다.

---

15 보상적(補償的) 교육평등관에 해당하는 내용을 〈보기〉에서 고른 것은?

> 〈보기〉
> ㉠ 성별이나 인종의 차별 없이 교육에 접근할 수있는 기회를 부여한다.
> ㉡ 교육복지우선지원사업으로 사회적 취약 계층의 교육결과를 제고한다.
> ㉢ 대학 입시에서 농어촌지역 학생들을 배려하기 위한 특별전형을 실시한다.
> ㉣ 학교의 시설 및 여건, 교사의 전문성, 교육과정에서 학교 간 차이를 줄인다.

① ㉠, ㉢

② ㉠, ㉣

③ ㉡, ㉢

④ ㉡, ㉣

> ADVICE 보상적 교육평등관은 교육받은 결과가 같아야 진정한 교육의 평등이 실현된다는 입장으로, 학업성취의 평등을 위한 보상교육 등 적극적인 조치를 주장한다.
> ㉠ 교육 기회의 평등
> ㉣ 교육 조건의 평등

16 학교교육의 측면에서, 콜만(J. Coleman)의 사회 자본에 대한 설명으로 가장 적절한 것은?

① 학교에서 배운 지식과 기술에 따라 개인의 노동력에 차이가 발생한다.

② 학교교육과 경제생산체제 간의 상응관계를 통해 학교가 자본주의 경제구조를 재생산한다.

③ 교사, 학생, 학부모 간의 친밀한 관계 형성은 학생의 학업성취도에 긍정적인 영향을 미친다.

④ 학교가 특정 계층의 문화를 보편적 가치로 가르치기 때문에 학업에서 상위 계층의 자녀가 유리하다.

> ADVICE J. 콜만에 의하면 사회자본은 가정, 학교, 지역사회 내 구성원들 간 관계 구조 속에 존재하며, 특정 행위를 촉진하는 연결망을 의미한다. 콜만은 자본을 물적 자본, 인간자본, 사회자본으로 구분하고, 사회자본의 대표적인 형태로 구성원 간 의무와 기대, 사회조직 내에 존재하는 신뢰, 유용한 정보교환, 지역사회 내의 규범과 제재, 권위관계, 의도적 사회조직 등을 들었다.

17 다음 내용과 관련이 있는 학자는?

> • 문해교육에서는 성인 각자의 삶이 반영된 일상 용어를 활용해야 효과적이다.
> • 진정한 교육은 학습자가 탐구(inquiry)와 의식적 실천(praxis) 활동을 하는 것이다.
> • 교육은 주어진 지식을 전달하는 은행저금식이 아니라 문제제기식으로 이루어져야 한다.

① 일리치(I. Illich)   ② 프레이리(P. Freire)

③ 노울즈(M. Knowles)   ④ 메지로우(J. Mezirow)

> **ADVICE** 파울로 프레이리의 그의 저서 「Literacy : Reading the Word and the World」에서 문해교육의 이론과 실천을 강조하며 '
> 문해' 이론과 실천을 어떻게 정의할 수 있는가, 실천 현장에서 어떻게 응용할 수 있는가에 대해 언급하였다.
> ① 일리치는 그의 저서 「Deschooling Society」에서 진정한 교육을 위해서 기존의 학교제도를 대신할 '학습을 위한 네
> 트워크'의 필요성을 언급했다.
> ③ 노울즈는 자기주도학습을 강조했다.
> ④ 메지로우는 전환학습을 주장하였다.

18 현행 교육공무원법에 규정된 용어의 정의로 옳지 않은 것은?

① 직위란 1명의 교육공무원에게 부여할 수 있는 직무와 책임을 말한다.

② 전직이란 교육공무원의 종류와 자격을 달리하여 임용하는 것을 말한다.

③ 강임이란 교육공무원의 직렬을 달리하여 하위 직위에 임용하는 것을 말한다.

④ 전보란 교육공무원을 같은 직위 및 자격에서 근무기관이나 부서를 달리하여 임용하는 것을 말한다.

> **ADVICE** ③ 강임이란 같은 종류의 직무에서 하위 직위에 임용하는 것을 말한다.

19 다음 내용에 해당하는 교육행정의 원리는?

> • 이 원리를 지나치게 강조하면 교육행정의 전문성이 경시될 수 있다.
> • 이 원리로 공무원의 부당한 직무수행과 행정 재량권의 남용을 방지할 수 있다.
> • 이 원리에 따라 교육공무원으로서의 신분을 보장받아서 업무를 소신 있게 수행할 수 있다.

① 수월성　　　　　　　　　　　　② 능률성
③ 효과성　　　　　　　　　　　　④ 합법성

>⦿ADVICE 합법성의 원리는 모든 행정은 법에 의거하고 법이 정하는 범위 내에서 이루어지는 것을 원칙으로 한다는 것이다.

20 국 · 공립학교의 학교운영위원회에 대한 옳은 설명만을 〈보기〉에서 있는 대로 고른 것은?

> 〈보기〉
> ㉠ 학칙의 제정 또는 개정 사항을 심의한다.
> ㉡ 학교운동부의 구성 · 운영 사항을 심의한다.
> ㉢ 학부모위원은 교직원전체회의에서 선출한다.
> ㉣ 학교의 장은 운영위원회의 당연직 교원위원이다.

① ㉠, ㉢　　　　　　　　　　　　② ㉠, ㉡, ㉣
③ ㉡, ㉢, ㉣　　　　　　　　　　④ ㉠, ㉡, ㉢, ㉣

>⦿ADVICE ㉢ 학부모위원은 민주적 대의절차에 따라 학부모 전체회의를 통하여 학부모 중에서 투표로 선출한다. 이 경우 학부모 전체회의에 직접 참석할 수 없는 학부모는 학부모 전체회의 개최 전까지 가정통신문에 대한 회신, 우편투표, 전자적 방법에 의한 투표 등 위원회규정으로 정하는 방법 및 절차에 따라 후보자에게 투표할 수 있다〈초 · 중등교육법 시행령 제59조(위원의 선출 등) 제2항〉.

1 다음은 뒤르껭(E. Durkheim) 저술의 일부이다. ㉠ ~ ㉢에 해당하지 않는 것은?

> "교육은 아직 사회생활에 준비를 갖추지 못한 어린 세대들에 대한 성인 세대들의 영향력 행사이다. 그 목적은 전체 사회로서의 정치 사회와 그가 종사해야 할 특수 환경의 양편에서 요구하는 (㉠), (㉡), (㉢) 제 특성을 아동에게 육성 계발하게 하는 데 있다."

① 지적   ② 예술적

③ 도덕적   ④ 신체적

>ADVICE 제시된 내용은 뒤르껭의 교육관인 보편적 사회화와 특수 사회화에 관련된 설명이다. 뒤르껭은 교육의 본질을 사회의 구성원을 그 사회에 적합한 존재로 만드는 사회화 기능에서 찾았으며, 정치 사회(보편적 사회화)와 특수 환경(특수 사회화) 양편에서 요구하는 지적, 도덕적, 신체적 특성을 육성 · 계발하는 데 있다고 보았다.

2 정신분석 상담과 행동주의 상담의 공통점에 해당하는 것은?

① 상담과정에서 과거 경험보다 미래 경험을 중시한다.

② 상담기법보다는 상담자의 인간적 자질과 진솔한 태도를 중시한다.

③ 인간의 행동을 인과적 관계로 해석하는 결정론적 관점을 가진다.

④ 비합리적 신념을 인식하고 수정하는 논박 과정을 중시한다.

>ADVICE ③ 정신분석 상담은 아동기의 경험과 무의식이, 행동주의 상담은 아동이 처한 환경이 인간의 행동에 전적으로 영향을 준다고 보는 결정론적 관점을 가진다.
① 정신분석 상담은 과거 경험을 중시하며 행동주의 상담은 현재 행동의 변화를 중시한다.
② 인간중심 상담에 대한 설명이다. 정신분석 상담과 행동주의 상담은 상담자의 인간적 자질과 진솔한 태도보다 상담 기법을 중시한다.
④ 합리정서행동치료(REBT)에 대한 설명이다.

 ANSWER 19.④ 20.② / 1.② 2.③

3 특수 학습자 유형을 바르게 설명한 것은?

① 학습부진(under achiever) - 정서적 혼란과 같은 의미로 사용되며 개인적 불만, 사회적 갈등, 학교성적 부진이 지속적으로 나타난다.

② 학습장애(learning disabilities) - 지능 수준이 낮지 않으면서도 말하기, 쓰기, 읽기, 셈하기 등 특정 학습에서 장애를 보인다.

③ 행동장애(behavior disorders) - 지적 수준이 심각할 정도로 낮고, 동시에 적응적 행동의 결함을 보인다.

④ 정신지체(mental retardation) - 선수학습 결손으로 인해 자신의 지적능력에 비해서 최저 수준에 미달하는 학업 성취를 보인다.

> **ADVICE** ① 정서 및 행동장애에 대한 설명이다.
> ③ 지적장애(정신지체)에 대한 설명이다.
> ④ 학습부진에 대한 설명이다.

4 다음은 지능 원점수 4개를 서로 다른 척도로 나타낸 것이다. 지능 원점수가 가장 낮은 것은? (단, 지능 원점수는 정규분포를 따른다)

① Z점수 1.5   ② 백분위 90
③ T점수 60   ④ 스테나인 2등급

> **ADVICE** 모두 Z점수로 환산하여 비교하거나 정규분포상의 위치로 비교할 수 있다.
> ② 백분위 90은 Z점수 +1.0에서 +2.0 사이로 약 +1.2점이다.
> ③ T점수 60을 Z점수로 환산하면 60 = 50 + 10Z이므로 +1점이다.
> ④ 스테나인 2등급의 경우 8점이므로 Z점수로 환산하면 8 = 5 + 2Z이므로 +1.5점이다.
> ※ 정규분포상 규준점수별 위치

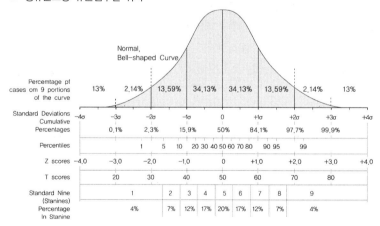

5 렝그랑(P. Lengrand)의 평생교육에 대한 견해와 가장 거리가 먼 것은?

① 학교교육과 학교 외 교육의 시간적 · 공간적 분리를 강조한다.

② 개인에게 사회의 발전에 충분히 참여할 수 있게 하는 교육이다.

③ 평생을 통해 개인이 가진 다방면의 소질을 계속적으로 발전시키는 교육이다.

④ 급속한 사회변화와 인구증가, 과학기술의 발달, 생활양식과 인간관계의 균형상실 등이 그 필요성을 증가시킨 배경이다.

》ADVICE ① 렝그랑은 학교교육과 학교 외 교육의 시간적 · 공간적 통합을 강조하며, 평생교육을 개인의 출생에서 무덤에 이르는 생애에 걸친 교육과 사회 전체 교육의 통합이라고 정의한다.

6 에릭슨(E. Erikson)의 심리사회적 발달단계에 대한 설명으로 옳은 것만을 모두 고른 것은?

> ⊙ 인생 주기 단계에서 심리사회적 위기가 우세하게 출현하는 최적의 시기는 개인에 따라 차이가 있지만, 그것이 출현하는 순서는 불변한다고 가정한다.
> ⓛ 현 단계에서는 직전 단계에서 실패한 과업을 해결할 수 없다고 본다.
> ⓒ 청소년기에는 이전 단계에서의 발달적 위기가 반복하여 나타난다고 본다.

① ⊙

② ⓛ

③ ⊙, ⓒ

④ ⊙, ⓛ, ⓒ

》ADVICE ③ 에릭슨은 이전 단계에서 실패하거나 완전히 달성하지 못한 과업이 있다면 전 여생을 통하여 되풀이 되어 나타난다고 보았다. 따라서 현 단계에서 직전 단계에서 실패한 과업을 해결할 수 있다고 본다.

ANSWER 3.② 4.③ 5.① 6.③

7 베버(M. Weber)의 관료제 특성과 순기능 및 역기능을 연결한 것으로 옳지 않은 것은?

관료제 특성	순기능	역기능
① 분업과 전문화	전문성	권태
② 몰인정성	합리성	사기저하
③ 규정과 규칙	계속성과 통일성	경직성, 본말전도
④ 경력지향성	유인체제	의사소통 저해

》ADVICE ④ 의사소통 저해는 관료제의 특성 중 권위적 계층성에서 오는 역기능이다. 경력지향성에서 오는 역기능은 업적과 연 공제 간의 갈등이다.

8 학교운영위원회에 대한 설명으로 옳지 않은 것은?

① 위원 수는 5명 이상 20명 이하의 범위에서 학교의 규모 등을 고려하여 교육부령으로 정한다.
② 국립 · 공립 학교의 경우 학교의 예산안과 결산, 학교교육과정의 운영방법, 학교급식 등을 심의한다.
③ 국립 · 공립 학교의 경우 「교육공무원법」 제29조의3 제8항에 따른 공모 교장의 공모 방법, 임용, 평가 등을 심의한다.
④ 학교운영의 자율성을 높이고 지역의 실정과 특성에 맞는 다양하고도 창의적인 교육을 할 수 있도록 하는 데 그 목적이 있다.

》ADVICE ① 학교운영위원회의 위원 수는 5명 이상 15명 이하의 범위에서 학교의 규모 등을 고려하여 대통령령으로 정한다 〈초 · 중등교육법 제31조(학교운영위원회의 설치) 제3항〉.

9 자유학기제에 대한 설명으로 옳은 것은?

① 자유학기제 기간에는 중간고사, 기말고사, 수행평가 등의 평가를 실시할 수 없다.
② 2013년도에 연구학교에서 시작되었고, 2015년도부터 모든 중학교에서 시행되었다.
③ 자유학기 활동으로는 진로탐색 활동, 주제선택 활동, 예술 · 체육 활동, 동아리 활동이 있다.
④ 중학교의 장은 해당 학교 교원 및 학부모의 의견을 수렴하여 자유학기제의 실시 여부를 결정할 수 있다.

》ADVICE ① 자유학기제 기간에는 중간고사, 기말고사 등의 지필식 총괄평가를 실시하지 않는 대신 수행평가 등 과정 중심의 평가를 실시한다.
② 2013년도에 연구학교에서 시작되었고, 2016년도부터 모든 중학교에서 시행되었다.
④ 중학교의 장은 학기 중 한 학기 또는 두 학기를 자유학기로 지정하여야 한다. 이 경우 지정 대상 학기의 범위 등 자유학기의 지정에 관한 세부 사항은 교육부장관이 정한다〈초 · 중등교육법 시행령 제44조(학기) 제3항〉.

10 지방교육재정교부금제도에 대한 설명으로 옳지 않은 것은?

① 기준재정수입액은 교육·학예에 관한 지방자치단체 교육비특별회계의 수입예상액으로 한다.

② 기준재정수입액을 산정하기 위한 각 측정단위의 단위당 금액을 단위비용이라 한다.

③ 교육부장관은 기준재정수입액이 기준재정수요액에 미치지 못하는 지방자치단체에 대해서는 그 부족한 금액을 기준으로 하여 보통교부금을 총액으로 교부한다.

④ 특별교부금은 지방교육행정 및 지방교육재정의 운용실적이 우수한 지방자치단체에 재정지원이 필요할 때 교부한다.

>ADVICE ② 단위비용이란 기준재정수요액을 산정하기 위한 각 측정단위의 단위당 금액을 말한다〈지방교육재정교부금법 제2조 (정의) 제4호〉.

11 17세기 서양의 실학주의 철학 사조에서 강조하는 교육의 특징으로 옳지 않은 것은?

① 인문적 실학주의 – 고전연구를 통해 현실생활에 잘 적응하는 유능한 인간 양성을 강조하였다.

② 사회적 실학주의 – 여행과 같은 경험중심 교육을 통하여 사회적 조화와 신사 양성을 교육목적으로 강조하였다.

③ 감각적 실학주의 – 감각적 경험을 통하여 생활의 지식을 습득하며, 이해와 판단을 중시하는 교육방법을 강조하였다.

④ 인문적 실학주의 – 고전중심의 교과를 토의와 설명에 의해 개별적으로 교육하는 것을 강조하였다.

>ADVICE ③ 감각적 실학주의는 감각적 지각을 기초로 한 교육을 강조하면서 자연과학적 지식과 연구방법을 교육에 도입하고자 하였다. 따라서 스콜라주의·인문주의 교육의 비현실적 개념이나 관념 대신에 자국어·자연과학·사회과학의 실제적인 국면을 중시했으며, 직관교수법, 합자연의 원리에 따라 교육하였다. 이해와 판단을 중시하는 교육방법을 강조한 것은 인문학적 실학주의의 특징이다.

✎ ANSWER 7.④ 8.① 9.③ 10.② 11.③

12 다음은 자녀의 학업성취 향상에 도움을 줄 수 있는 부모활동이다. 이 활동에 해당하는 자본의 명칭은?

> • 부모가 이웃에 사는 친구 부모들과 자녀교육, 학습 보조 방법, 학습 분위기 조성에 관하여 대화하였다.
> • 부모가 자신의 자녀가 다니는 학교의 학부모회에 참석하고 학생지도에 협력하였다.

① 재정자본(financial capital)
② 인간자본(human capital)
③ 문화자본(cultural capital)
④ 사회자본(social capital)

> **ADVICE** 콜만은 학생의 가정배경이 학업성취에 미치는 가장 중요한 요인이며, 그 중에서도 사회자본을 강조하였다. 사회자본은 사회적 관계형성과 관련된 것으로 부모의 자녀교육에 대한 관심과 노력, 부모와 자녀 간의 상호작용 등이 대표적이다.
> ① 재정자본 : 자녀의 학업성취를 지원할 수 있는 부모의 경제적 능력으로 재산, 소득 등이 해당된다.
> ② 인간자본 : 자녀의 학업성취를 도울 수 있는 부모의 인적 특성으로 부모의 지적 수준 또는 교육 수준 등이 해당한다.

13 (개와 (내)에 해당하는 교육과정 유형을 바르게 짝지은 것은?

> (개) 교사가 계획하거나 의식하지 않았음에도 불구하고 학생들의 지식·태도·행동에 영향을 미치는 '교육실천 과 환경' 및 '그 결과'를 의미한다.
> (내) 가르칠 만한 가치가 있음에도 불구하고, 공식적 교육과정이나 수업에서 빠져 있는 교육내용이다.

	(개)	(내)
①	실제적 교육과정	영 교육과정
②	잠재적 교육과정	영 교육과정
③	영 교육과정	실제적 교육과정
④	영 교육과정	잠재적 교육과정

> **ADVICE** (개) 잠재적 교육과정은 학교에서 교육시킬 의도(계획) 없이 학교의 물리적 조건, 제도 및 행정조직, 사회·심리적 상황 을 통하여 학생들이 은연중에 가지게 되는 경험의 총체이다.
> (내) 영 교육과정은 가르칠 만한 가치가 있음에도 불구하고, 공식적 교육과정이나 수업에서 빠져 있는 교육내용으로 교 육과정이 갖는 선택과 배제, 포함과 제외라는 특성에서 비롯된 필연적 산물이다.

14 다음은 켈러(J. Keller)의 ARCS 이론에 기초하여 동기 유발 · 유지를 위해 수립한 교수학습 전략들이다. (개) ~ (래)에 해당하는 ARCS 요소를 바르게 짝지은 것은?

> (개) 비일상적인 내용이나 사건을 제시함으로써 학습자의 흥미를 유발한다.
>
> (내) 쉬운 것에서부터 어려운 것 순으로 과제를 제시해 준다.
>
> (대) 친밀한 예문이나 배경지식, 실용성에 중점을 둔 목표를 제시한다.
>
> (래) 적절한 강화계획을 세워, 의미 있는 강화나 보상을 제공한다.

	(개)	(내)	(대)	(래)
①	주의집중	관련성	만족감	자신감
②	자신감	주의집중	관련성	만족감
③	만족감	관련성	주의집중	자신감
④	주의집중	자신감	관련성	만족감

> **ADVICE** 켈러의 ARCS 이론은 교수-학습 상황에서 학습동기를 유발하고 유지시키기 위한 교수학습 전략을 제시하였다.
>
> (개) 학습자의 주의환기(지각적 강성)에 대한 설명으로 주의집중(Attention) 전략의 하나이다.
>
> (내) 성공기회 제시에 대한 설명으로 자신감(Confidence) 전략의 하나이다.
>
> (대) 친밀성과 목적지향성에 대한 설명으로 관련성(Relevance) 전략의 하나이다.
>
> (래) 긍정적 결과 강조에 대한 설명으로 만족감(Satisfaction) 전략의 하나이다.
>
> ※ 켈러의 ARCS 이론

동기요소	전략
주의집중(Attention)	지각적 각성(주의환기), 탐구적 각성, 다양성
관련성 (Relevance)	목적지향성, 필요나 동기와 부합, 친밀성
자신감(Confidence)	성공기대 제시, 성공기회(성공체험), 자기조절감
만족감(Satisfaction)	내 · 외재적 보상, 공정성

15 다음 설명에 해당하는 가네(R. Gagné)의 학습 결과 유형은?

> • 학습자가 그의 주위 환경을 개념화하여 반응하는 능력을 말한다.
> • 지식이나 정보의 내용(what)을 아는 것이 아니라, 그 방법(how)을 아는 것으로 정의한다.
> • 복잡성 수준에 따라 가장 단순한 것에서부터 변별, 개념, 규칙, 문제해결 등의 형태로 이루어져 있다.

① 지적기능   ② 인지전략

③ 언어정보   ④ 운동기능

》ADVICE 학습의 성과는 학습의 결과로 얻어지는 대상 또는 목표로 지적기능, 인지전략, 언어정보, 운동기능, 태도의 다섯 가지가 있다.

구분		내용
인지적 영역	지적기능	어떤 과제를 수행하는 데 필요한 다양한 과정을 수행하는 능력
	인지전략	학습방법, 사고방법을 독자적으로 개발하는 사고 전략
	언어정보	사물의 명칭이나 사실들을 아는 능력
정의적 영역	태도	정신적 태도
심동적 영역	운동기능	인간의 심리운동기능

16 새로운 교육의 방향을 제시하기 위해 고종이 갑오개혁 시기에 반포한 「교육입국조서」의 내용으로 옳은 것만을 모두 고른 것은?

> ㉠ 초등단계의 의무교육을 시행할 것임을 선언하였다.
> ㉡ 유교식 교육기관인 성균관을 근대식 대학으로 전환할 것을 천명하였다.
> ㉢ 교육의 3대 강령으로 덕양(德養), 체양(體養), 지양(智養)을 제시하였다.
> ㉣ 과거의 허명(虛名)교육을 버리고 실용(實用)교육을 중시할 것임을 밝혔다.

① ㉠, ㉡   ② ㉠, ㉣

③ ㉡, ㉢   ④ ㉢, ㉣

》ADVICE 고종이 갑오개혁 시기에 반포한 「교육입국조서」는 근대 개혁적 시대흐름에 부합하는 교육의 필요성을 강조하였다. 주요 내용으로는 교육입국사상, 지덕체 삼육론, 실용교육이 있다.

17 장학의 유형에 대한 설명으로 옳지 않은 것은?

① 임상장학 – 학급 내에서 수업의 질을 개선하기 위한 것으로, 교사와 학생 사이에서 이루어지는 상호작용에 초점을 둔다.

② 약식장학 – 평상시에 교장 및 교감의 계획과 주도하에 이루어지는 것으로, 다른 장학형태의 보완적인 성격을 지닌다.

③ 동료장학 – 수업전략을 개발하기 위한 것으로, 교사 간에 상호협력하는 장학형태이다.

④ 요청장학 – 교내 자율장학으로, 사전 예방차원에서 전문적이고 집중적인 지원이 필요한 경우 이루어지는 장학형태이다.

>**ADVICE** ④ 요청장학이나 컨설팅장학은 교원 및 학교의 의뢰에 따라 그들이 직무상 필요로 하는 문제와 능력에 관해 진단하고 해결과 계발을 위한 대안을 마련하며 그것을 실행하는 과정을 지원하는 유형으로 외부로부터 이루어지는 장학형태이다.

18 문항들 간의 동질성을 평가하기 위한 지수로 부적합한 것은?

① Cronbach's α 계수

② Kuder–Richardson 20

③ Kuder–Richardson 21

④ Kappa 계수

>**ADVICE** ④ Kappa 계수는 두 관찰자 간의 측정 범주 값에 대한 일치도를 나타내는 지표이다.

19 독학학위제에 대한 설명으로 옳은 것만을 모두 고른 것은?

> ㉠ 교양과정, 전공기초과정, 전공심화과정 등의 3개 인정시험을 통과하면, 학사학위를 수여하는 제도이다.
> ㉡ 학점은행제로 취득한 학점은 일정 조건을 갖추게 되면, 독학학위제의 시험 응시자격에 활용될 수 있다.
> ㉢ 특성화고등학교를 졸업한 사람은 독학학위제에 응시할 수 없다.
> ㉣ 교육부장관은 독학학위제의 시험 실시 권한을 평생교육진흥원장에게 위탁하고 있다.

① ㉠, ㉢   ② ㉠, ㉣
③ ㉡, ㉢   ④ ㉡, ㉣

>ADVICE ㉠ 독학학위과정은 교양과정, 전공기초과정, 전공심화과정, 종합시험 등의 4개 인정 시험을 통과하면, 학사학위를 수여하는 제도이다.
> ㉢ 고등학교 졸업 이상의 학력을 가진 사람이면 누구나 1~3과정(교양과정, 전공기초과정 및 전공심화과정) 시험에 자유롭게 응시가 가능하다. 단, 학사학위 취득을 위한 마지막 과정인 학위취득 종합시험에 응시하기 위해서는 1~3과정 시험에 모두 합격(면제)하거나, 학위취득 종합시험 응시 자격에 충족해야 한다.

20 피터스(R. Peters)는 교육의 개념을 3가지 준거로 구분하였다. 그 중 규범적 준거(normative criterion)에 근거한 교육의 개념으로 옳은 것만을 모두 고른 것은?

> ㉠ '무엇인가 가치 있는 것'을 추구하는 활동이다.
> ㉡ 학습자의 의식과 자발성을 전제하는 것이다.
> ㉢ 지식, 이해, 인지적 안목을 길러주는 것이다.

① ㉠   ② ㉢
③ ㉡, ㉢   ④ ㉠, ㉡, ㉢

>ADVICE 피터스는 교육의 개념을 규범적, 인지적, 과정적의 3가지 준거로 구분하였다.
> ㉡ 과정적 준거 ㉢ 인지적 준거

1 다음 내용과 가장 관련이 깊은 것은?

> • 핵심 주제는 정의, 즉 올바른 삶이다.
> • 올바른 삶을 위해 가장 중요한 것은 이성의 덕인 지혜를 갖추는 것이다.
> • 초기교육은 음악과 체육을 중심으로 하고, 후기 교육은 철학 또는 변증법을 강조한다.

① 플라톤(Platon)의 『국가론』 ② 루소(J. J. Rousseau)의 『에밀』
③ 듀이(J. Dewey)의 『민주주의와 교육』 ④ 피터스(R. S. Peters)의 『윤리학과 교육』

〉ADVICE 제시된 내용은 플라톤의 『국가론』과 관련된 내용이다. 플라톤은 제1계급인 통치자 계급과 제2계급인 군인계급에게만
교육이 필요하다고 주장하였으며, 통치자 계급에게 있어 지혜와 이성의 덕이 가장 중요하다고 하였다. 서민교육을 등
한시했다는 비판을 받는다.

2 다음은 학교장이 학부모 연수에서 강조한 내용이다. 이에 가장 부합하는 교육철학은?

> 우리 학교는 지금까지 지식 교육에 매진해 온 결과, 학업성취도에서는 우수한 성과를 거두었습니다. 하지만
> 학생들은 그다지 행복하지 않은 것 같고, 왜 교과 지식을 배우는지도 모르는 것 같습니다. 그래서 저는 앞으
> 로 교과보다는 학생에 관심을 기울이고, 교사와 학생의 인격적 만남을 중시하며, 교과 지식도 학생 개개인의
> 삶에 의미 있는 것이 되도록 하는 학교를 만들어 가겠습니다.

① 분석적 교육철학 ② 항존주의 교육철학
③ 본질주의 교육철학 ④ 실존주의 교육철학

〉ADVICE 제시된 글에서 학교장은 교과보다 학생에게 관심을 기울이고 있다. 이는 실존주의 교육철학의 교육원리로, 실존주의
교육철학은 개인의 중요성과 전인교육, 인격교육 등을 강조한다.

 ANSWER 19.④ 20.① / 1.① 2.④

3 서양의 감각적 실학주의(Sensual Realism)에 관한 설명으로 가장 적절한 것은?

① 인문주의 교육을 비판한 몽테뉴(Montaigne)가 대표적인 사상가이다.
② 고전을 중시하지만, 고전을 가르치는 목적이 현실 생활을 이해하는 데 있다.
③ 세상은 가장 훌륭한 교과서이며, 세상사에 밝은 인간을 기르는 데 교육의 목적이 있다.
④ 자연과학의 지식과 방법론을 활용하여 교육의 현실적 적합성과 실용성을 추구한다.

> **ADVICE** 감각적 실학주의는 감각적 지각을 기초로 한 교육을 강조하면서 자연과학적 지식과 연구방법을 교육에 도입하고자 하였다. 따라서 스콜라주의 · 인문주의 교육의 비현실적 개념이나 관념 대신에 자국어 · 자연과학 · 사회과학의 실제적인 국면을 중시했으며, 직관교수법, 합자연의 원리에 따라 교육하였다.

4 조선시대 성균관의 학령에 대한 설명으로 옳은 것을 〈보기〉에서 고른 것은?

<보기>
㉠ 사서오경과 역사서뿐만 아니라 노자와 장자, 불교, 제자백가 관련 서적도 함께 공부하도록 하였다.
㉡ 매월 옷을 세탁하도록 주어지는 휴가일에는 활쏘기와 장기, 바둑, 사냥, 낚시 등의 여가 활동을 허용하였다.
㉢ 유생으로서 재물과 뇌물을 상의하는 자, 주색을 즐겨 말하는 자, 권세에 아부하여 벼슬을 꾀하는 자는 벌하도록 하였다.
㉣ 매년 여러 유생이 함께 의논하여 유생들 중 품행이 탁월하고 재주가 출중하며 시무에 통달한 자 한두 명을 천거하도록 하였다.

① ㉠, ㉡   ② ㉠, ㉣
③ ㉡, ㉢   ④ ㉢, ㉣

> **ADVICE** ㉠ 성균관은 유교의 보급과 고급관리의 배출 등을 목적으로 한 교육기관으로 사서오경의 구재지법을 주 과정으로 하며 대학, 논어, 맹자, 중용, 서, 시, 춘추, 예기, 역 등을 편성하여 가르쳤다.
> ㉡ 세종 4년(1422년)부터 한 달에 두 번 공식 휴가(8일, 23일)가 주어졌는데, 부모님을 찾아가거나 빨래를 하며 휴식을 취했다. 그러나 활쏘기와 장기, 바둑, 사냥, 낚시 등의 놀이는 금지됐다.

5 『평생교육법』상 학습휴가제에 대한 설명으로 옳은 것은?

① 도서비 · 교육비 · 연구비 등 학습비를 지원할 수 있다.
② 공공기관 소속 직원의 경우에는 무급으로만 가능하다.
③ 100인 이상의 사업장에서는 의무적으로 실시해야 한다.
④ 지방자치단체 소속 직원의 경우에는 적용 대상에서 제외한다.

> **ADVICE** 국가 · 지방자치단체와 공공기관의 장 또는 각종 사업의 경영자는 소속 직원의 평생학습기회를 확대하기 위하여 유급 또는 무급의 학습휴가를 실시하거나 도서비 · 교육비 · 연구비 등 학습비를 지원할 수 있다〈평생교육법 제8조(학습휴가 및 학습비 지원)〉.

6 다음 내용과 가장 관련이 깊은 학자는?

> • 교육과정이란 교육 속에서 개인들이 갖는 경험의 의미와 성질을 탐구하는 것이다.
> • 교수(teaching)는 학생들이 자신의 경험을 이해하고 해석하는 학습활동에 적극적으로 임할 수 있도록 안내 하고 조력해 가는 과정이다.
> • 인간의 내면세계에 보다 가까이 다가가기 위해 학생 자신의 전기적(biographical) 상황에 주목하는 쿠레레 (currere) 방법을 제시하였다.

① 보빗(F. Bobbit)
② 파이너(W. Pinar)
③ 타일러(R. W. Tyler)
④ 브루너(J. S. Bruner)

> **ADVICE** 파이너는 학교교육의 비인간화와 소외현상을 비판하면서 교육의 목표를 인간의 해방에 두었으며, 교육과정이란 교육 속에서 개인들이 갖는 경험의 의미와 성질을 탐구하는 것이라고 하였다. 파이너가 주장한 쿠레레란, 외부로부터 미리 마련되어 아동들에게 일방적으로 주어지는 내용이 아니라 아동 개개인이 교육활동 속에서 갖는 경험의 본질이다.
> ※ 쿠레레의 4단계
> ㉠ 회귀 : 자신의 실존적 경험을 회상하면서 과거를 현재화하는 단계
> ㉡ 전진 : 자유연상을 통해 미래에 대해 상상하는 단계
> ㉢ 분석 : 자기성찰을 통해 과거 – 현재 – 미래를 연결하고 분석함으로써 자신의 삶을 분석하는 단계
> ㉣ 종합 : 지금 현재 내면의 목소리에 귀를 기울이고, 자신에게 주어진 현재의 의미를 자문하는 단계

ANSWER 3.④ 4.④ 5.① 6.②

7 20개의 문항으로 구성된 검사 도구를 앞의 10개 문항과 뒤의 10개 문항으로 나누어 반분검사신뢰도(split-half reliability)를 추정하려고 할 때, 이 검사 도구가 갖추어야 할 가장 적절한 조건은?

	문항 간 동질성	평가 유형
①	낮음	속도검사
②	낮음	역량검사
③	높음	속도검사
④	높음	역량검사

》ADVICE 반분검사신뢰도란, 하나의 검사를 실시한 후에 두 개의 동형검사를 동시에 실시하였다고 보고, 한 검사를 두 개의 동등한 부분으로 나누어 따로 채점하여 두 개의 반분된 검사 간의 상관관계를 얻은 후, 이를 전체검사에서 기대되는 상관관계로 수정한 신뢰도이다. 따라서 동형검사 신뢰도에서와 마찬가지로 어떻게 한 검사를 두 개의 동등한 부분으로 나눌 것이냐가 문제가 되는데, 이 점에 있어서는 문항분석을 통해 문항 간 동질성이 높도록 나누는 것이 가장 바람직하나 시간상의 문제 등으로 전후반분법 등을 주로 사용한다.

8 2015 개정 교육과정(교육부 고시 제2015-74호)에서 신설된 것을 〈보기〉에서 모두 고른 것은?

〈보기〉	
㉠ 통합사회	㉡ 통합과학
㉢ 안전한 생활	㉣ 창의적 체험활동
㉤ 우리들은 1학년	

① ㉠, ㉡

② ㉠, ㉡, ㉢

③ ㉠, ㉢, ㉣, ㉤

④ ㉡, ㉢, ㉣, ㉤

》ADVICE ㉠ 고등학교 통합사회는 행복, 자연환경, 생활공간, 인권, 시장, 정의, 문화, 세계화, 지속 가능한 삶 등 9개 대주제로 구성되었다. → 2015 개정 교육과정

㉡ 고등학교 통합과학은 물질과 규칙성, 시스템과 상호 작용, 변화와 다양성, 환경과 에너지 등 4개 대주제로 구성되었다. → 2015 개정 교육과정

㉢ 교과 및 창의적 체험활동을 통해 체계적인 안전 교육을 실시하여 안전 의식이 내면화될 수 있도록 하였다. 이를 위해 체육, 기술·가정(실과), 과학, 보건 등 관련 교과목에 안전 단원을 신설하여 이론과 실천 체험을 체계적으로 다루며, 이를 통해 궁극적으로 안전을 생활화하도록 교육과정을 구성하였다. 특히 초등학교 1~2학년(군)의 경우 수업 시수를 주당 1시간(총 64시간) 증배하여 안전 교육을 강화하였다.

㉣ 창의적 체험활동은 지나친 교과 지식 위주의 학교 교육 활동에서 벗어나 창의성과 폭넓은 인성교육을 강화하는 다양한 체험중심 교육을 강화하였다. → 2009 개정 교육과정

㉤ 초등학교 1, 2학년의 통합적 교육과정이 탄생하면서 「우리들은 1학년」이 처음으로 도입되었다. → 제5차 교육과정

9 정의적 영역의 평가를 위한 사회성 측정법에 관한 설명으로 옳지 않은 것은?

① 선택 집단의 범위가 명확해야 한다.
② 측정 결과를 개인 및 집단에 적용할 수 있다.
③ 문항 작성 절차가 복잡하고 검사 시간이 길다.
④ 집단 내 개인의 사회적 위치를 알아 낼 수 있다.

>ADVICE ③ 사회성 측정법은 피험자가 충분히 이해할 수 있는 수준에서 제작되어야 한다. 따라서 문항은 복잡하지 않아야 하며 검사 시간이 너무 긴 것도 바람직하지 않다.

10 다음 내용과 가장 관련이 깊은 학습 이론은?

굶주린 침팬지가 들어 있는 우리의 높은 곳에 바나나를 매달아 놓았다. 침팬지는 처음에는 이 바나나를 먹으려고 손을 위로 뻗거나 뛰어 오르는 등 시행착오 행동을 보였다. 몇 차례의 시도 후에 막대를 갖고 놀던 침팬지는 마치 무엇을 생각한 듯 행동을 멈추고 잠시 서 있다가 재빠르게 그 막대로 바나나를 쳐서 떨어뜨렸다. 퀼러(W. Köhler)는 이것이 통찰에 의해 전체적 관계를 파악함으로써 학습이 이루어지는 좋은 예라고 주장하였다.

---

① 구성주의 ② 인간주의
③ 행동주의 ④ 형태주의

>ADVICE 제시된 내용은 퀼러의 통찰학습과 관련된 설명으로, 형태주의 학습이론과 관련 있다. 형태주의자들은 학습이란 행동주의자들이 주장하는 것과 같이 밖으로 드러나는 행동의 변화로 관찰되는 것이 아니라, 주어진 요소들과 각각의 인지구조가 상호작용하여 일어난다고 보았다.

11 (가), (나)에 해당하는 생활지도 영역을 바르게 짝지은 것은?

(가) 생활지도 업무를 담당하는 김 교사는 학기 초에 생활지도 계획을 수립하기 위해 전교생에게 학교생활 적
응검사를 실시하였다.

(나) 취업지도 업무를 담당하는 송 교사는 기업체에 취업한 졸업생들에게 전화를 걸어 직장생활에 잘 적응하고
있는지를 점검하고 격려하였다.

	(가)	(나)
①	조사(調査)활동	정치(定置)활동
②	정보(情報)활동	정치(定置)활동
③	조사(調査)활동	추수(追隨)활동
④	정보(情報)활동	추수(追隨)활동

>**ADVICE** (가) 조사활동 : 학생의 가정환경, 학업성취, 지적능력, 적성, 신체적·정신적 건강, 재능, 성격, 종교, 친구관계 등 학생
이해에 필요한 각종 자료를 조사한다.

(나) 추수활동 : 이미 지도 받았던 학생들에 대해 계속적으로 성장과 발달을 도와 보다 나은 적응을 하도록 점검하는 과
정이다.

12 조건형성 원리에 기초한 상담기법을 〈보기〉에서 고른 것은?

〈보기〉

㉠ 상담자는 내담자에게 상담 약속을 이행할 때마다 칭찬 스티커를 주고 그것을 다섯 개 모으면 즐거운 게임
을 함께 하였다.

㉡ 상담자는 '두 개의 빈 의자'를 사용하여 대인 갈등 상황에서 내담자가 경험하는 자신의 숨은 욕구와 감정
을 자각하도록 촉진하였다.

㉢ 집단상담자는 '타임아웃(time-out)'을 적용하여 집단원이 집단상담 규칙을 어길 때마다 지정된 공간에서 3
분간 머물게 하여 참여를 제한하였다.

㉣ 집단상담자는 집단원에게 "기적이 일어나서 각자의 소망이 이루어진다면 여러분의 삶은 어떻게 달라질까
요?"라고 질문하여 변화에 대한 욕구를 확인하였다.

---

① ㉠, ㉡   ② ㉠, ㉢

③ ㉡, ㉣   ④ ㉢, ㉣

조건형성 원리에 기초한 상담기법은 행동적 영역의 상담기법과 관련 있다.
  ㉠ 토큰강화에 대한 내용으로 바람직한 행동에 대하여 상표를 주고 일정한 수의 상표가 모이면 그보다 강한 자극으로 바꾸어 주는 강화기법이다.
  ㉢ 배제된 타임아웃에 대한 내용으로 흔히 별도의 타임아웃 공간에 두거나, 생각하는 의자에 앉히거나 하는 방법을 쓰기도 한다.

13 『초·중등교육법』 및 동법 시행령상 학생 징계의 종류 중 징계처분을 받은 학생 또는 그 보호자가 시·도학생징계 조정위원회에 재심을 청구할 수 있는 것은?

① 사회봉사   ② 출석정지
③ 퇴학처분   ④ 특별교육이수

⟩ADVICE 징계처분 중 퇴학 조치에 대하여 이의가 있는 학생 또는 그 보호자는 퇴학 조치를 받은 날부터 15일 이내 또는 그 조치가 있음을 알게 된 날부터 10일 이내에 시·도학생징계조정위원회에 재심을 청구할 수 있다〈초·중등교육법 제18조의2(재심청구) 제1항〉.

14 다음 내용과 가장 관련이 깊은 학습 형태는?

- 무선 환경에서 네트워크에 접속하여 학습한다.
- PDA, 태블릿 PC 등을 활용하여 물리적 공간에서 이동하면서 가상공간을 통하여 학습한다.
- 기기의 4C(Content, Capture, Compute, Communicate) 기능을 활용하여 교수·학습을 촉진할 수 있다.

---

① 모바일 러닝(m-learning)   ② 플립드 러닝(flipped learning)
③ 마이크로 러닝(micro learning)   ④ 블렌디드 러닝(blended learning)

⟩ADVICE 제시된 내용은 스마트폰, PDA, 태블릿 PC 등을 활용한 학습인 모바일 러닝에 대한 설명이다.
  ② 플립드 러닝 : 온라인 등을 통한 선행학습 후 오프라인 강의를 통해 교수자와 학습자 간 토론식 강의를 진행하는 역진행 수업
  ③ 마이크로 러닝 : 5~7분 정도 분량의 한 가지 개념만으로 구성된 콘텐츠를 이용하여 학습하는 방법
  ④ 블렌디드 러닝 : 오프라인 정규 교육 중 일부를 온라인을 통해 수행하는 교육 방법

ANSWER   11.③   12.②   13.③   14.①

15 다음 내용과 가장 관련이 깊은 학자는?

> • 문화 자본에는 예술 작품과 같이 객체화된 것, 학력이나 자격과 같이 제도화된 것, 일종의 행동 성향처럼 습성화된 것이 있다.
> • 지배집단의 자녀들은 자신들이 상속받은 문화 자본을 학교가 제공하는 학벌과 같은 다른 형태의 문화 자본으로 쉽게 전환하여 부모 세대의 사회 경제적 지위를 재획득한다.
> • 능력주의가 지배하는 현대사회에서 부모의 사회 경제적 지위는 문화 재생산을 통해 자녀에게 합법적으로 세습된다.

① 베버(M. Weber)
② 일리치(I. Illich)
③ 파슨스(T. Parsons)
④ 부르디외(P. Bourdieu)

》ADVICE 제시된 내용은 부르디외의 문화재생산이론에 대한 설명이다.

16 교사 중심의 교수 · 학습 방법은?

① 학생들에게 정해진 교과 지식을 제시하고 설명한 후 형성평가를 실시하여 학습결과를 확인하였다.
② 학생들이 현실 생활에서 당면할 수 있는 문제를 소집단 협동학습을 통해 해결하도록 안내하였다.
③ 학생들의 사고력과 창의력을 향상시키기 위해 신문에 나온 기사와 칼럼을 활용하여 토론하게 하였다.
④ 학생들에게 학습 팀을 구성하여 자신들이 실제로 겪고 있는 문제를 확인하고 자료를 수집하여 해결 방안을 모색하게 하였다.

》ADVICE ① 교사가 설명과 해설 위주로 교과 지식을 전달하고 이에 대한 평가를 실시하여 학습결과를 확인하는 교사 중심의 교수 · 학습 방법은 다량의 사실을 체계적으로 전달한다는 장점이 있지만, 학습자의 활동기회를 제약하고 고차적인 사고력을 향상시키지 못한다는 단점이 있다.
②③④ 협동학습, 토론학습, 문제해결학습은 학습자 중심의 교수 · 학습 방법이다.

17 현행 법령상 교원을 〈보기〉에서 고른 것은?

〈보기〉	
㉠ 교장	㉡ 교감
㉢ 행정실장	㉣ 교육연구사

① ㉠, ㉡

② ㉠, ㉢

③ ㉡, ㉣

④ ㉢, ㉣

> **ADVICE** 학교의 교원〈초·중등교육법 제19조 제1항〉
>
> ㉠ 초등학교·중학교·고등학교·고등공민학교·고등기술학교 및 특수학교에는 교장·교감·수석교사 및 교사를 둔다. 다만, 학생 수가 100명 이하인 학교나 학급 수가 5학급 이하인 학교 중 대통령령으로 정하는 규모 이하의 학교에는 교감을 두지 아니할 수 있다.
>
> ㉡ 각종학교에는 ㉠에 준하여 필요한 교원을 둔다.

18 『초·중등교육법』상 수석교사의 역할을 〈보기〉에서 모두 고른 것은?

〈보기〉
㉠ 학생을 교육한다.
㉡ 교사의 교수·연구 활동을 지원한다.
㉢ 교무를 총괄하고, 소속 교직원을 지도·감독한다.

① ㉠

② ㉠, ㉡

③ ㉡, ㉢

④ ㉠, ㉡, ㉢

> **ADVICE** ㉠㉡ 수석교사는 교사의 교수·연구 활동을 지원하며, 학생을 교육한다〈초·중등교육법 제20조(교직원의 임무) 제3항〉.
>
> ㉢은 교장의 역할이다. 교장은 교무를 총괄하고, 민원처리를 책임지며, 소속 교직원을 지도·감독하고, 학생을 교육한다〈초·중등교육법 제20조(교직원의 임무) 제1항〉.

✎ **ANSWER**   15.④   16.①   17.①   18.②

19 교원의 특별연수에 해당하는 것은?

① 박 교사는 특수분야 연수기관에서 개설한 종이접기 연수에 참여하였다.
② 황 교사는 교육청 소속 교육연수원에서 교육과정개정에 따른 연수를 받았다.
③ 최 교사는 학습연구년 교사로 선정되어 대학의 연구소에서 1년간 연구 활동을 수행하였다.
④ 교직 4년차인 김 교사는 특수학교 1급 정교사 자격증을 취득하기 위한 연수에 참여하였다.

ADVICE 국가나 지방자치단체는 특별연수계획을 수립하여 교육공무원을 국내외의 교육기관 또는 연구기관에서 일정 기간 연수를 받게 할 수 있다〈교육공무원법 제40조(특별연수) 제1항〉.
※ 연수의 종류와 과정〈교원 등의 연수에 관한 규정 제6조 제1항〉
  ㉠ 직무연수
- 교원능력개발평가 결과 직무수행능력 향상이 필요하다고 인정되는 교원을 대상으로 실시하는 직무연수
- 「교육공무원법」에 따라 복직하려는 교원을 대상으로 실시하는 직무연수
- 그 밖에 교육의 이론·방법 연구 및 직무수행에 필요한 능력 배양을 위한 직무연수
  ㉡ 자격연수 : 「유아교육법」, 「초·중등교육법」에 따른 교원의 자격을 취득하기 위한 자격연수

20 김 교장이 실시하고자 하는 장학의 종류는?

> 김 교장 : 교사들이 좀 더 수업을 잘 하도록 지원하기 위해서는 수업 장면을 살펴봐야겠습니다.
> 박 교감 : 공개수업을 참관해 보면 미리 짠 각본처럼 준비된 수업을 하니 정확한 실상을 알기가 어렵습니다.
> 김 교장 : 교사들이 거부반응을 보일지 모르지만 복도에서라도 교실 수업 장면을 살펴보고 필요한 조언을 해야겠습니다.

① 약식장학   ② 자기장학
③ 중앙장학   ④ 확인장학

ADVICE 제시된 내용은 전통적 장학에 해당하는 약식장학과 관련된 내용이다. 약식장학은 단위학교 교장이나 교감이 간헐적으로 짧은 시간 동안 비공식적으로 학급순시나 수업참관을 통하여 교사들의 수업 및 학급경영 활동을 관찰하고 이에 대해 교사들에게 지도·조언을 제공하는 과정을 말한다.

1 교육재정의 특성으로 옳지 않은 것은?

① 재정은 공공의 이익을 도모하는 국가활동과 정부의 시책을 위해 사용되어야 한다는 공공성이 있다.

② 공권력을 통하여 기업과 국민 소득의 일부를 조세를 통해 정부의 수입으로 이전하는 강제성을 가지고 있다.

③ 수입이 결정된 후에 지출을 조정하는 양입제출(量入制出)의 원칙이 적용된다.

④ 존속기간이 길다고 하는 영속성을 특성으로 한다.

>ADVICE 교육재정은 교육활동의 지원을 목적으로 하고 있기 때문에 공공성, 수단성, 강제성, 영속성, 비긴요성, 비생산성 등의 특성을 내포한다.

③ 양출제입(量出制入)은 국가 재정계획을 작성할 때 정부가 지출을 미리 정하고 여기에 수입을 맞춘다는 원칙이고, 양입제출(量入制出)은 수입을 미리 계산한 다음 여기에 지출계획을 맞추는 원칙이다. 교육재정은 양출제입(量出制入)이 원칙으로, 정부나 지방자치단체로부터 전입된 예산만 잘 집행하는 것이 교육재정의 특성이다.

2 학교 조직이 갖고 있는 관료제의 특성에 해당하지 않는 것은?

① 교장 – 교감 – 교사의 위계구조

② 과업수행의 통일성을 기하기 위한 규정과 규칙

③ 연공서열과 업적에 의해 결정되는 승진 체계

④ 인간적인 감정 교류가 중시되는 교사 – 학생의 관계

>ADVICE 관료제는 엄격한 권한의 위임과 전문화된 직무의 체계를 가지고 합리적인 규칙에 따라 조직의 목표를 능률적으로 실현하는 조직의 관리운영체제이다.

④ 관료제는 조직의 효율성을 위한 규칙과 절차를 중요시하고, 지나친 업무의 분화로 인해, 자신의 일과 조직체의 다른 구성원으로부터 소외되는 인간 소외의 문제를 초래한다.

ANSWER 19.③ 20.① / 1.③ 2.④

3 2급 정교사인 사람이 1급 정교사가 되고자 할 때 받아야 하는 연수는?

① 직무연수   ② 자격연수

③ 특별연수   ④ 지정연수

> **ADVICE** 연수의 종류와 과정〈교원 등의 연수에 관한 규정 제6조〉
> ㉠ 연수는 다음의 직무연수와 자격연수로 구분한다.
> • 직무연수
>   - 교원능력개발평가 결과 직무수행능력 향상이 필요하다고 인정되는 교원을 대상으로 실시하는 직무연수
>   - 「교육공무원법」에 따라 복직하려는 교원을 대상으로 실시하는 직무연수
>   - 그 밖에 교육의 이론·방법 연구 및 직무수행에 필요한 능력 배양을 위한 직무연수
> • 자격연수 : 「유아교육법」 제22조(교원의 자격) 제1항부터 제3항까지, 같은 법 별표 1(원장·원감자격기준) 및 별표 2(교사 자격 기준), 「초·중등교육법」 제21조(교원의 자격) 제1항부터 제3항까지, 같은 법 별표 1(교장·교감 자격 기준) 및 별표 2(교사 자격 기준)에 따른 교원의 자격을 취득하기 위한 자격연수
> ㉡ 직무연수의 연수과정과 내용은 연수원장(위탁연수를 실시하는 경우에는 위탁받은 기관의 장을 말한다)이 정한다.
> ㉢ 자격연수의 연수과정은 정교사(1급)과정, 정교사(2급)과정, 준교사과정(특수학교 실기교사를 대상으로 하는 과정을 말한다), 전문상담교사(1급)과정, 사서교사(1급)과정, 보건교사(1급)과정, 영양교사(1급)과정, 수석교사과정, 원감과정, 원장과정, 교감과정 및 교장과정으로 구분하고, 연수할 사람의 선발에 관한 사항 및 연수의 내용은 교육부령으로 정한다.

4 다음 설명에 해당하는 방어기제는?

• 사회적으로 용인될 수 없는 충동을 정반대의 말이나 행동으로 표출하는 과정
• 친구를 좋아하면서도 표현하기가 힘든 아이가 긴장된 상황에서 '난 네가 싫어!'라고 말하는 것

---

① 억압(repression)
② 반동형성(reaction formation)
③ 치환(displacement)
④ 부인(denial)

> **ADVICE** 방어기제란 자아가 위협받는 상황에 처했을 때, 무의식적으로 자신을 속이거나 상황을 다르게 해석하여 감정적 상처로부터 자신을 보호하는 심리나 행위를 말한다. 대표적인 방어기제의 종류는 다음과 같다.
> ㉠ 억압(repression) : 전형적인 방어기제의 하나로, 억압을 사용하면 충동이나 욕구 혹은 좋지 않은 기억이 의식으로 들어오지 못하고 무의식에 머무르게 된다.
> ㉡ 부정(denial) : 특정한 일이나 생각, 느낌을 있는 그대로 받아들이는 것이 고통스럽기 때문에 인정하지 않으려 하는 것이다.

ⓒ 투사(projection) : 자신이 받아들일 수 없는 생각이나 욕망 등을 자신이 아닌 다른 사람이나 외부 환경적인 이유 때문이라고 생각하는 것이다.

ⓔ 동일시(identification) : 자신이 생각하는 중요한 인물을 닮는 것으로, 자신의 자존감을 높이는 기능을 한다.

ⓜ 퇴행(regression) : 미성숙한 상태로 돌아가는 것으로, 자신이 없거나 실패할 가능성이 높은 행동을 해야 하는 상황에서 어린 시절로 되돌아감으로써 불안을 해소하는 것 등이 해당한다.

ⓗ 반동형성(reaction formation) : 금지된 충동을 억제하기 위해 그와 반대되는 사고와 행동을 강조하는 것을 말한다.

ⓢ 전위(displacement) : 내적인 충동이나 욕망을 관련된 대상이 아닌 다른 대상에게 분출하는 것을 말한다.

ⓞ 합리화(rationalization) : 자책감이나 죄책감을 느끼지 않기 위해 현실을 왜곡하는 것으로, 실패 등에 대해 그럴듯한 이유를 찾아내 자아가 상처 받는 것을 방지하는 것을 말한다.

ⓙ 승화(sublimation) : 사회적으로 허용되지 않는 충동을 허용되는 행위로 전환하는 것이다.

ⓦ 수동-공격성(passive aggression) : 적대감을 직접적으로 표현하지 못할 때 수동적인 태도로 적대감이나 공격적인 감정을 표현하는 것을 말한다.

ⓚ 신체화(somatization) : 심리적인 갈등이 신체를 통해 병이나 증상 등의 형태로 전환되어 나타나는 것을 말한다.

5 구성원의 성숙도를 지도자 행동의 효과성에 영향을 주는 주요 요인으로 보는 리더십 이론에 대한 설명으로 옳은 것은?

① 조직의 상황과 관련 없이 최선의 리더십 유형이 있다고 본다.
② 허시(P. Hersey)와 블랜차드(K. lanchard)의 상황적 리더십 이론이 대표적이다.
③ 블레이크(R. Blake)와 모튼(J. Mouton)에 의해 완성된 리더십 이론이다.
④ 유능한 지도자는 환경보다는 유전적인 특성에 달려 있다고 본다.

> **ADVICE** 조직구성원의 성숙도를 상황적 요인으로 설정하여 구성원의 성숙도에 따라 리더십 유형이 달리 적용될 때, 그 리더십의 효과가 높아진다고 주장한 것은 허시와 블랜차드의 리더십 상황이론이다. 조직구성원의 성숙도는 직무수행능력이 반영된 직무 성숙도(능력)와 반영된 동기수준인 심리적 성숙도(의지)로 구분된다. 허시와 블랜차드는 구성원의 성숙도에 따라 리더십 유형을 4가지로 분류하였다.

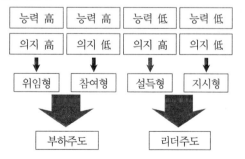

6 「초·중등교육법」상 국·공립학교 학교회계의 세입(歲入)에 해당하지 않는 것은?

① 지방자치단체의 교육비특별회계로부터 받은 전입금

② 학교발전기금으로부터 받은 전입금

③ 사용료 및 수수료

④ 지방교육세

>ADVICE 학교회계는 다음의 수입을 세입으로 한다〈초·중등교육법 제30조의2(학교회계의 설치) 제2항〉.

　　㉠ 국가의 일반회계나 지방자치단체의 교육비특별회계로부터 받은 전입금

　　㉡ 학교운영위원회 심의를 거쳐 학부모가 부담하는 경비

　　㉢ 학교발전기금으로부터 받은 전입금

　　㉣ 국가나 지방자치단체의 보조금 및 지원금

　　㉤ 사용료 및 수수료

　　㉥ 이월금

　　㉦ 물품매각대금

　　㉧ 그 밖의 수입

7 법적용의 우선원칙에 대한 설명으로 옳은 것은?

① 「지방자치법」과 「지방교육자치에 관한 법률」이 충돌할 경우 전자를 우선적으로 적용한다.

② 「초·중등교육법」과 「초·중등교육법 시행령」이 충돌할 경우 후자를 우선적으로 적용한다.

③ 「노동조합 및 노동관계조정법」과 「교원의 노동조합 설립 및 운영 등에 관한 법률」이 충돌할 경우 후자를 우선적으로 적용한다.

④ 신법과 구법이 충돌할 때에는 먼저 제정된 법을 우선적으로 적용한다.

>ADVICE 법적용의 우선원칙

　　㉠ **상위법 우선의 원칙**: 하위법은 상위법에 위배될 수 없다. 헌법 > 법률 > 명령 > 조례 > 규칙 순으로 우선한다.

　　㉡ **특별법 우선의 원칙**: 특정한 사람이나 행위 또는 지역에 국한되는 특별법이 일반법에 우선하여 적용된다.

　　㉢ **신법 우선의 원칙**: 법령이 새로이 제정되거나 개정되어 그 내용의 충돌이 생겼을 경우, 나중에 제·개정된 신법이 우선한다.

　　㉣ **법률불소급의 원칙**: 기본적으로 법률의 적용은 행위 당시의 법률에 의하여야 한다는 원칙이다. 즉 행위 시에 존재하지 않던 법률을 사후에 제정하거나 개정하여 법제정 이전의 행위에 적용해서는 안 된다.

8 초·중등학교에 근무하는 교원과 직원의 신분에 대한 설명으로 옳은 것은?

① 수석교사는 교육전문직원이다.
② 공립학교 행정실장은 교육공무원이다.
③ 교장은 별정직 공무원이다.
④ 공무원인 교원은 특정직 공무원이다.

> **ADVICE** ④ 특정직 공무원은 법관, 검사, 외무공무원, 경찰공무원, 소방공무원, 교육공무원, 군인, 군무원, 헌법재판소 헌법연구관, 국가정보원의 직원과 특수 분야의 업무를 담당하는 공무원으로서 다른 법률에서 특정직 공무원으로 지정하는 공무원을 말한다〈국가공무원법 제2조(공무원의 구분) 제2항 제2호〉. 따라서 공무원인 교원은 특정직 공무원이다.
>   ① 교육전문직원은 교육공무원 중 교육기관에 근무하는 교원 및 조교를 제외한, 교육행정기관에 근무하는 장학관 및 장학사와 교육기관, 교육행정기관 또는 교육연구기관에 근무하는 교육연구관 및 교육연구사를 말한다. 수석교사는 교원이다.
>   ② 공립학교 행정실장은 일반직 공무원이다.
>   ③ 별정직 공무원은 비서관·비서 등 보좌업무 등을 수행하거나 특정한 업무 수행을 위하여 법령에서 별정직으로 지정하는 공무원을 말한다. 별정직 공무원은 특수경력직 공무원으로 교장은 경력직 공무원에 해당한다.
>   ※ 교육공무원〈교육공무원법 제2조(정의) 제1항〉
>   ㉠ 교육기관에 근무하는 교원 및 조교
>   ㉡ 교육행정기관에 근무하는 장학관 및 장학사
>   ㉢ 교육기관, 교육행정기관 또는 교육연구기관에 근무하는 교육연구관 및 교육연구사

9 실존주의 교육철학관에 대한 설명으로 옳지 않은 것은?

① 교육의 목적은 자유롭고 주체적이며 창조적인 인간형성에 있다.
② 교육은 자기결정적인 자아의 형성을 위한 것이다.
③ 교육에서는 인간적인 만남이 중요하다.
④ 인간의 본질을 규격화된 것으로 이해한다.

> **ADVICE** ④ 실존주의는 인간이 불변의 본질을 가지고 세상에 태어난다는 것을 부정하며, 자유의지를 지닌 존재로서 이 자유의지에 의해 본질을 창조해가는 존재로 이해한다. 즉, 실존이 본질에 앞선다고 본다.

10 코메니우스(J. A. Comenius)의 교육사상에 대한 설명으로 옳지 않은 것은?

① 고전(古典)의 내용을 체계적으로 전달하고 이해하는 것이 중요하다.

② 감각교육의 중요성을 강조한다.

③ 교육을 이끌어가는 방법상의 원리를 자연에서 찾는다.

④ 수업에서는 사물이 사물에 대한 언어보다 앞서야 한다.

> **ADVICE** 코메니우스는 직관을 교육의 제1원칙으로 둔 실학주의 교육학자이다. 객관적 자연주의에서 자연의 법칙을 관찰하고 그 모방에 의해 아동을 교육시켜야 한다고 주장하였다. 따라서 감각교육을 중시하였으며 수업에서 사물에 대한 언어보다 사물 자체를 앞세웠다. 이러한 맥락에서 아동의 직관적 이해를 촉진시키기 위해 풍부한 도해를 삽입한 초등 언어 교과서인 『세계도해(1658)』를 저술했다.

11 학생이 사전에 온라인 등으로 학습내용을 공부해 오게 한 후 학교 수업에서는 문제해결이나 토론 등의 상호작용에 중점을 두는 수업 형태는?

① 플립러닝(flipped learning)

② 탐구수업

③ 토론수업

④ 문제기반학습(problem-based learning)

> **ADVICE** 플립러닝(flipped learning) … 전통적인 수업 방식과 달리 수업에 앞서 교수가 제공한 자료(온·오프라인 영상, 논문 자료 등)를 사전에 학습하고, 학교 수업에서는 문제해결이나 토론, 과제 풀이 등의 상호작용에 중점을 두는 형태의 수업 방식을 의미한다. 거꾸로 학습, 역전학습이라고도 한다.

12 "학교의 시설, 교사의 자질, 교육과정 등의 측면에서 학교 간의 차이가 없어야 한다."라는 관점에 해당하는 것은?

① 교육기회의 허용적 평등
② 장학금 제도
③ 교육조건의 평등
④ 대학입학특별전형제도

>ADVICE 교육평등관 분류

ⓐ **허용적 평등**: 모든 사람에게 동등한 교육기회가 주어져야 한다.
ⓑ **보장적 평등**: 교육을 가로막는 경제적 · 지리적 · 사회적 장애를 제거하여 누구나 어렵지 않게 교육을 받을 수 있도록 보장해야 한다.
ⓒ **과정의 평등**: 교육목표, 교육방법, 학교의 시설, 교사의 자질, 교육재정, 교육과정 등에서 학교 간 차이가 없어야 한다.
ⓓ **결과의 평등**: 학습이 끝날 때 교육의 결과로써 학생들의 수준이 비슷해야 한다. 즉, 능력이 낮은 학생에게는 교사가 더 많은 시간과 노력을 기울여야 하고 더 좋은 교육조건을 제공해야 한다는 관점이다.

13 학교교육의 기능을 보는 관점이 다른 것은?

① 학교는 불평등한 경제적 구조를 재생산한다.

② 학교의 문화전달과 사회통합적 기능을 높이 평가한다.

③ 학교는 능력에 맞게 인재를 사회의 적재적소에 배치하는 데 기여한다.

④ 학교교육의 사회화 기능을 긍정적으로 평가한다.

> ADVICE ① 학교교육이 지배계급에게 유리하도록 불평등한 경제적 구조를 재생산한다고 보는 갈등론적 관점이다.

②③④ 학교교육이 사회 전체의 유지와 통합에 기여한다고 보는 기능론적 관점이다.

※ 기능론과 갈등론의 비교

기능론	갈등론
사회는 지속적이고 안정된 요소들의 구조이다.	모든 사회는 늘 변화한다.
모든 사회는 부분 요소들이 통합된 구조이다.	사회는 언제나 불합의와 갈등을 나타낸다.
사회 구조는 동의에 바탕을 두고 있다.	모든 사회는 강제에 바탕을 두고 있다.
사회의 모든 구성 요소는 어떤 기능을 수행한다. 즉, 사회가 체계로 유지되는데 기여한다.	사회의 모든 부분 요소는 사회의 와해와 변동에 기여한다.

14 인지주의 학습전략 중 기존에 가지고 있던 정보를 새로운 정보에 연결하여 정보를 유의미한 형태로 바꾸는 것은?

① 정적 강화   ② 부적 강화

③ 체계적 둔감화   ④ 정교화

> ADVICE 정교화 … 기존에 가지고 있던 정보를 기억해 내는 데 도움이 되기 위해 새로운 정보를 그대로 저장하지 않고 관련된 것들과 연합하여 정보를 유의미한 형토로 바꾸는 것으로, 정보를 통합하고 보존하는 전략 중 하나이다.

① 정적 강화 : 어떤 반응 또는 행동에 대하여 그 행동의 빈도나 강도를 증가시키는 자극을 제공하는 것

② 부적 강화 : 어떤 반응 또는 행동에 대하여 주어지던 자극을 제거함으로써 그 행동의 빈도나 강도를 증가시키는 것

③ 체계적 둔감화 : 어떤 환경이나 사물에 대한 부정적인 연상을 점차적으로 긍정적인 연상으로 바꿔주는 것

15 형태주의 심리학(Gestalt psychology)에 대한 설명으로 옳지 않은 것은?

① 학습자는 세상을 지각할 때 외부자극을 단순히 합하는 것 이상의 작업을 수행한다.

② 문제 장면에 존재하는 다양한 요소의 관계를 파악하는 통찰에 주목한다.

③ 학습은 인지구조의 변화가 아니라 행동의 변화를 나타낸다.

④ 쾰러(W. Köhler)의 유인원 실험은 중요한 근거를 제공한다.

> **ADVICE** ③ 형태주의 심리학은 학습을 인지구조의 변화라고 보고, 인간 기능의 내적 정신과정, 즉 인지구조의 변화과정에 대해 객관적이고 과학적인 방법으로 연구한다. 인지심리학 또는 Gestalt 심리학이라고도 한다. Kohler의 통찰설, Lewin의 장이론, Koffka의 형태이조설, Tolman의 기호형태설, Klahr와 Wallace의 정보처리적 접근 등이 있다.

16 조선시대 성균관 유생의 출석 확인을 위한 방식은?

① 학교모범(學校模範)

② 원점법(圓點法)

③ 탕평책(蕩平策)

④ 학교사목(學校事目)

> **ADVICE** 원점법(圓點法)은 조선시대 성균관과 사학(四學) 등에 거재하는 유생들의 출석·결석을 점검하기 위하여 아침·저녁으로 식당에 들어갈 때마다 도기(到記)에 원점을 찍게 하던 규정이다.
> ① 학교모범(學校模範) : 1582년 이이가 선조의 명을 받들어 지은 교육 훈규
> ④ 학교사목(學校事目) : 1582년 이이가 교육쇄신을 위하여 선조의 명을 받아 제정한 규정

17 (개)와 (내)에 해당하는 평가의 유형을 옳게 짝 지은 것은?

(개) 학습목표를 설정해 놓고 이 목표에 비추어 학습자 개개인의 학업성취 정도를 따지려는 것이다.

(내) 최종 성취수준 그 자체보다 사전 능력수준과 평가 시점에 측정된 능력수준 간의 차이에 관심을 두는 평가로 개별화교육을 촉진할 수 있다.

	<u>(개)</u>	<u>(내)</u>
①	준거참조평가	성장참조평가
②	준거참조평가	능력참조평가
③	규준참조평가	성장참조평가
④	규준참조평가	능력참조평가

>**ADVICE** 평가의 유형

구분	내용
준거참조 평가	평가대상자가 사전에 결정된 어떤 성취기준 또는 교육목표를 달성하였는가 혹은 달성하지 못하였는 가에 초점을 두는 평가
규준참조 평가	한 개인이 속해 있거나 혹은 속해 있지 않더라도 비교가 되는 집단 속에서 다른 사람보다 얼마나 더 성취했느냐 하는 상대적인 비교를 통해서 성적을 결정하는 평가
성장참조 평가	교수–학습 과정을 통하여 얼마나 성장하였느냐를 판단하기 위해 실시하는 평가
능력참조 평가	학생이 지니고 있는 능력에 비추어 얼마나 최선을 다하였느냐에 초점을 두는 평가

18 사회인지이론에서 주장하는 관찰학습의 단계를 순서대로 바르게 나열한 것은?

① 파지단계 → 재생단계 → 동기화단계 → 주의집중단계
② 주의집중단계 → 파지단계 → 재생단계 → 동기화단계
③ 동기화단계 → 주의집중단계 → 파지단계 → 재생단계
④ 재생단계 → 주의집중단계 → 동기화단계 → 파지단계

>**ADVICE** 사회인지이론은 사람의 행동은 다른 사람의 행동이나 주어진 상황을 관찰하고 모방하는 정신적 처리과정을 통해 학습된다는 이론이다. 관찰학습은 주의집중→파지(기억)→재생→동기화(강화) 과정을 거친다.
　　　㉠ 주의집중 : 관찰학습의 모델이 되는 행동과 그 결과에 주의를 기울이는 것
　　　㉡ 파지 : 관찰학습의 모델이 되는 행동을 돌이켜보기 위해 관찰자가 하는 인지적 행위
　　　㉢ 재생 : 기억되어 있는 모델의 행동을 본인의 신체로 직접 재생산하는 과정
　　　㉣ 동기화 : 실제 행동으로 실현하고자 하는 동기나 욕구의 과정

19 상황학습(situated learning)의 설계 원리에 대한 설명으로 옳지 않은 것은?

① 지식이나 기능은 유의미한 맥락 안에서 제공되어야 한다.
② 교실에서 학습한 것과 교실 밖에서 필요로 하는 것의 관계 형성을 돕는다.
③ 전이(transfer)를 촉진할 수 있도록 추상적인 형태의 지식을 제공한다.
④ 다양한 사례를 활용하여 능동적인 문제해결을 유도한다.

> **ADVICE** 상황학습이론은 수업을 실제 생활의 경험과 연결시키고 유의미한 맥락을 제공함으로써 학습을 촉진할 수 있다는 이론
> 이다.
> ③ 전이를 촉진하기 위해서는 구체적인 형태의 지식을 제공한다.

20 타일러(R. W. Tyler)의 교육과정 이론에 대한 설명으로 옳지 않은 것은?

① 교육목표를 설정할 때 학습자, 사회, 교과를 균형 있게 고려한다.
② 교육과정을 교육목적, 교육내용, 교육방법, 학습활동까지 포함하는 경험으로 파악한다.
③ 학습목표를 행위동사로 진술할 것을 주장한다.
④ 기존 교육과정에 대해 기계적이고 절차적인 모형이라는 비판을 가하였다.

> **ADVICE** 타일러의 교육과정 이론은 교육과정을 학문으로 체계화하고 교육과정을 개발·설계하는 데 종합적인 지침을 제시하였
> 다. 또한 어떤 교과와 수준에서도 적용될 수 있는 따르기 쉽고 논리적인 일련의 절차를 제공하였다. 그러나 추상적이
> 고 다원적인 경험에 대해서는 목표설정이 어렵고 목표선정의 우선순위에 대한 이유를 밝히지 못하고 있다.
> ④ 타일러의 교육과정 이론은 교육과정 개발절차를 지나치게 절차적, 기계적, 규범적으로 제시함으로써 실제 교육과정
> 운영에서 일어날 수 있는 변수를 고려하지 않았다는 비판을 받는다.

✎ **ANSWER** 17.① 18.② 19.③ 20.④

1 「학교폭력예방 및 대책에 관한 법률」상 중학교에서 발생한 학교폭력 문제 처리과정에서 중학생인 가해학생에 대해 취할 수 있는 조치가 아닌 것은?

① 출석정지
② 학급교체
③ 전학
④ 퇴학처분

>ADVICE ④ 중학교 과정은 의무교육과정으로 퇴학처분은 취할 수 없다.

※ 가해학생에 대한 조치〈학교폭력예방 및 대책에 관한 법률 제17조 제1항〉… 심의위원회는 피해학생의 보호와 가해학생의 선도·교육을 위하여 가해학생에 대하여 다음의 어느 하나에 해당하는 조치(수 개의 조치를 동시에 부과하는 경우를 포함)를 할 것을 교육장에게 요청하여야 하며, 각 조치별 적용 기준은 대통령령으로 정한다. 다만, 퇴학처분은 의무교육과정에 있는 가해학생에 대하여는 적용하지 아니한다.
　㉠ 피해학생에 대한 서면사과
　㉡ 피해학생 및 신고·고발 학생에 대한 접촉, 협박 및 보복행위의 금지
　㉢ 학교에서의 봉사
　㉣ 사회봉사
　㉤ 학내외 전문가에 의한 특별 교육이수 또는 심리치료
　㉥ 출석정지
　㉦ 학급교체
　㉧ 전학
　㉨ 퇴학처분

2 ㉠~㉢에 들어갈 평가 유형을 바르게 연결한 것은?

유형	(㉠)	(㉡)	(㉢)
시행 시기	수업 전	수업 중	수업 후
목적	출발점 행동과 학습결손의 원인을 확인하고자 한다.	수업지도방법을 개선하거나 학습행동을 강화하고자 한다.	수업목표의 달성 여부를 판단하고자 한다.

	㉠	㉡	㉢
①	진단평가	총괄평가	형성평가
②	진단평가	형성평가	총괄평가
③	형성평가	진단평가	총괄평가
④	총괄평가	형성평가	진단평가

>ADVICE 평가 시행 시기별 평가 유형

구분	시행 시기	목적
진단 평가	수업 전	출발점 행동과 학습결손의 원인을 확인하고자 한다.
형성 평가	수업 중	수업지도방법을 개선하거나 학습행동을 강화하고자 한다.
총괄 평가	수업 후	수업목표의 달성 여부를 판단하고자 한다.

3 행동주의 학습이론에 대한 설명으로 옳지 않은 것은?

① 환경은 학습자의 행동에 영향을 끼치는 변인이다.

② 학습자는 상황에 관계없이 스스로 사고하고 판단하는 존재이다.

③ 바람직한 행동뿐만 아니라 부적응 행동도 학습의 결과이다.

④ 학습은 외현적 행동으로 나타나기 때문에 과학적 연구가 가능하다.

>ADVICE ② 행동주의 학습이론은 학습을 경험이나 관찰의 결과로 일어나는 비교적 영속적인 행동의 변화 또는 행동잠재력의 변화로 정의내리며, 학습자를 자극에 대해 수동적으로 반응하는 존재라고 본다.

4 교육과정 이론에 대한 설명으로 옳지 않은 것은?

① 학문중심 교육과정은 나선형 교육과정의 원리를 채택한다.

② 인간중심 교육과정은 정의적 특성의 발달보다는 지적 능력의 성취를 강조한다.

③ 경험중심 교육과정은 학습자의 삶과 관련이 있는 다양한 경험을 주된 교육내용으로 삼는다.

④ 교과중심 교육과정은 문화유산의 전달을 목적으로 하는 내용을 논리적으로 체계화하여 교과로 분류한다.

>**ADVICE** ② 인간중심 교육과정의 교육목적은 교양인보다 자연인의 육성에 있다. 즉, 지적, 정적, 신체적인 면에서 균형있게 발달된 전인을 양성하고자 한다.

5 신라시대의 국학(國學)에 대한 설명으로 옳은 것은?

① 교수와 훈도를 교관으로 두어 교육하게 하였다.

② 6두품 출신 자제들에게만 입학 자격이 부여되었다.

③ 독서삼품과를 도입하여 독서의 정도에 따라 관직에 진출시켰다.

④ 수학 기간은 관직에 진출할 때까지 누구에게도 제한하지 않았다.

>**ADVICE** ① 향교에 대한 설명이다.
② 국학의 입학 자격은 대사 이하 무위자의 신분을 가진 자 중에서 나이가 15세에서 30세에 해당하는 사람으로 규정하였다.
④ 국학의 학업연한은 9년이다. 학업에 성취가 없는 자는 내보냈으며 아직 학업을 이루지 못하였지만 재능이 있다고 판단되는 경우, 9년이 넘어도 재학을 허용하였다.

6 우리나라 지방교육자치제도에 대한 설명으로 옳지 않은 것은?

① 시·도의 교육·학예에 관한 경비를 따로 경리하기 위하여 해당 지방자치단체에 교육비특별회계를 둔다.

② 정당은 교육감선거에 후보자를 추천할 수 없다.

③ 지방자치단체의 교육·학예에 관한 사무를 효율적으로 처리하기 위하여 지방교육행정협의회를 둔다.

④ 시·도의 교육·학예에 관한 사무의 심의기관으로 교육감을 둔다.

>**ADVICE** ④ 시·도의 교육·학예에 관한 사무의 집행기관으로 시·도에 교육감을 둔다〈지방교육자치에 관한 법률 제18조(교육감) 제1항〉.

7 다음 설명에 해당하는 동기이론은?

> • 동기 행동이 유발되는 과정에 초점을 맞춘다.
> • 유인가, 성과기대, 보상기대의 세 가지 기본 요소를 토대로 이론적 틀을 구축하였다.
> • 개인의 가치와 태도는 역할기대, 학교문화와 같은 요소와 상호작용하여 행동에 영향을 미친다고 가정한다.

① 브룸(V. H. Vroom)의 기대이론
② 허즈버그(F. Herzberg)의 동기－위생이론
③ 아담스(J. H. Adams)의 공정성이론
④ 알더퍼(C. P. Alderfer)의 생존－관계－성장이론

> **ADVICE** 브룸은 "모티베이션의 정도는 행위의 결과에 대한 매력의 정도(유의성)와 결과의 가능성(기대) 그리고 성과에 대한 보상 가능성(수단성)의 함수에 의해 결정된다."라고 주장한다.
> ㉠ 기대(노력－성과 관계) : 기대감은 일정수준의 노력을 하면 성과향상이 되리라고 생각하는 개인의 주관적 확률을 의미한다. 이는 목표달성을 위해 자신이 가지고 있는 능력과 가능성에 대해 인식하는 정도를 말한다.
> ㉡ 수단성(성과－보상 관계) : 수단성은 일정수준의 성과가 원하는 보상을 가져오리라고 생각하는 개인의 믿음 정도를 의미한다.
> ㉢ 유의성(보상－개인목표 관계) : 유의성은 조직의 보상이 개인목표나 욕구를 충족시키는 정도 그리고 잠재적 매력 정도를 나타낸다.

8 검사도구의 신뢰도를 높이기 위한 방법에 해당하지 않는 것은?

① 새로 실시한 검사와 이미 공인된 검사 사이의 유사도를 추정한다.
② 실시한 하나의 검사를 두 부분으로 나누어 각 부분의 측정 결과 간의 유사도를 추정한다.
③ 동일한 집단에게 동일한 검사를 일정한 간격을 두고 반복 실시하여 두 검사 간의 일관성 정도를 추정한다.
④ 동일한 집단에게 검사의 특성이 거의 같은 두 개의 검사를 실시하여 두 점수 간의 유사성 정도를 추정한다.

> **ADVICE** ② 반분신뢰도
> ③ 검사－재검사 신뢰도
> ④ 동형신뢰도

 ANSWER 4.② 5.③ 6.④ 7.① 8.①

9 부르디외(P. Bourdieu)의 문화재생산 이론에 부합하는 내용만을 모두 고르면?

> ㉠ 교육은 사회에 적합한 인간을 양성하는 순기능적인 사회화 과정이다.
> ㉡ 문화자본은 가정에서 자녀의 교육을 위해 지출하는 직접적인 교육비를 의미한다.
> ㉢ 지배집단은 자신들의 문화를 학교교육에 투입시켜 불평등한 사회적 관계를 정당화한다.
> ㉣ 학교에서 가치 있다고 여겨지는 문화자본을 많이 소유한 사람이 그렇지 못한 사람에 비해 성공할 가능성이 높다.

① ㉠, ㉡
② ㉠, ㉢
③ ㉡, ㉣
④ ㉢, ㉣

>**ADVICE** ㉠ 부르디외는 학교를 지식과 가치를 포함한 문화자본의 생산, 분배, 교환, 소비가 이루어지는 일종의 문화시장으로 파악하였으며, 학교교육이 문화자본의 일상적 운동과정을 정당화함으로써 자본주의사회의 계급적 지배구조와 사회적 불평등을 재생산한다고 하였다.
> ㉡ 직접적인 교육비는 경제자본이다. 문화자본은 인간의 문화적 행위가 한 사회의 위계적 질서를 유지하고 보존하는 권력의 기제가 된다는 것으로, 문자능력, 교육의 접근권, 문화예술 생산물의 향유능력 등 다양한 요소로 구성된다.

10 「교육공무원법」상 고등학교 이하 각급학교 기간제교원으로 임용할 수 있는 경우가 아닌 것은?

① 교원이 병역 복무를 사유로 휴직하게 되어 후임자의 보충이 불가피한 경우
② 특정 교과를 한시적으로 담당하도록 할 필요가 있는 경우
③ 유치원 방과후 과정을 담당하도록 할 필요가 있는 경우
④ 학부모의 요구가 있는 경우

>**ADVICE** 기간제교원의 임용〈교육공무원법 제32조 제1항〉 … 고등학교 이하 각급학교 교원의 임용권자는 다음의 어느 하나에 해당하는 경우에는 예산의 범위에서 기간을 정하여 교원 자격증을 가진 사람을 교원으로 임용할 수 있다.
> ㉠ 교원이 휴직하게 되어 후임자의 보충이 불가피한 경우
> ㉡ 교원이 파견·연수·정직·직위해제 등 대통령령으로 정하는 사유로 직무를 이탈하게 되어 후임자의 보충이 불가피한 경우
> ㉢ 특정 교과를 한시적으로 담당하도록 할 필요가 있는 경우
> ㉣ 교육공무원이었던 사람의 지식이나 경험을 활용할 필요가 있는 경우
> ㉤ 유치원 방과후 과정을 담당하도록 할 필요가 있는 경우

11 다음과 같은 주장을 하는 현대교육사상가는?

> 현대의 위기상황에서 잃어버린 인간의 본래적 모습을 회복할 수 있는 방안은 인간들 간의 대화적, 실존적 만남 속에서 서로의 독특성을 발견하는 데 있다. 교육도 이러한 인격적 만남에 기초해야만 한다. 따라서 교수목표는 지식 교육이 아니라 아동과의 관계형성을 통한 정체성 확립에 있다.

① 부버(M. Buber)
② 듀이(J. Dewey)
③ 브라멜드(T. Brameld)
④ 허친스(R. M. Hutchins)

ADVICE 제시된 내용은 독일의 유대인 사상가인 마르틴 부버의 관계철학에 대한 설명이다. 부버는 현대사회의 인간상실, 인간소외 등에 대해 고민하면서 '나와 너 관계'를 설정하고, 참된 관계만이 현대인의 실존 부재를 해결할 수 있다고 주장했다. 또한 부버는 '만남'이라는 용어를 철학적으로 처음 사용한 인물로, 삶을 만남으로 보면서 대화, 관계, 만남, 사이 등의 용어로 만남을 정의하고자 하였으며, 교육에서 역시 관계와 만남을 중시하였다.

12 피아제(J. Piaget)의 인지발달단계를 순서대로 바르게 나열한 것은?

> ㉠ 전조작기
> ㉡ 형식적 조작기
> ㉢ 감각운동기
> ㉣ 구체적 조작기

① ㉠ → ㉡ → ㉢ → ㉣
② ㉠ → ㉢ → ㉡ → ㉣
③ ㉢ → ㉠ → ㉣ → ㉡
④ ㉢ → ㉡ → ㉠ → ㉣

ADVICE 피아제의 인지발달단계는 감각운동기, 전조작기, 구체적 조작기, 형식적 조작기의 4가지 주요단계로 나뉜다.
　㉢ 감각운동기 : 출생에서 약 2세까지로, 영아들이 감각과 운동 능력을 통해 인지 발달을 이루는 시기이다.
　㉠ 전조작기 : 2세에서 6~7세 사이의 시기로, 자기중심적 사고에 의존하며 지각적 속성으로 사물을 판단하기 때문에 사물의 외관에 의존하여 상황을 판단하는 특징을 보인다.
　㉣ 구체적 조작기 : 6~7세부터 11세 사이의 시기로, 전조작기의 자기중심적 사고에서 벗어나 가역성과 보존의 개념이 본격적으로 발달하는 시기이다
　㉡ 형식적 조작기 : 보통 11세 이후로, 여러 변인을 동시에 고려하여 연역적으로 가설을 설정하고 논리적으로 문제를 해결할 수 있는 시기이다.

ANSWER 9.④　10.④　11.①　12.③

13 다음의 특징을 가진 상담기법은?

- 비(非)지시적 상담이라는 별칭을 갖고 있다.
- 상담자와 내담자 사이의 촉진적 관계를 강조한다.
- 인간은 합목적적이고 건설적이며 선한 존재라고 가정한다.
- 상담의 목표는 내담자가 자신의 모습대로 살아가게 하고 잠재력을 실현하도록 하는 데 있다.

---

① 인지적 상담기법
② 행동주의 상담기법
③ 인간중심 상담기법
④ 정신분석 상담기법

> **ADVICE** 제시된 내용은 인간중심 상담기법의 특징이다. 인간중심상담은 인간의 잠재력과 가능성에 대한 신뢰를 바탕으로 C. 로 저스가 창시한 이론으로, 1960~1970년대에 걸쳐 심리상담/치료사들 간에 정신분석과 행동주의 접근의 대안적인 접근으로 발달하였다. 인본주의상담, 사람중심상담이라고도 한다.

14 브루너(J. S. Bruner)의 '지식의 구조'에 대한 설명으로 옳지 않은 것은?

① 경험중심 교육과정의 핵심적인 원리이다.
② 특정 학문에서의 학문 현상을 이해하기 위한 개념적 수단이다.
③ 학문에 내재해 있는 기본적인 아이디어나 개념들을 구조화한 것이다.
④ 배운 내용을 사태에 적용하기 쉽고 위계적인 지식 사이의 간격을 좁힐 수 있게 해준다.

> **ADVICE** '지식의 구조'는 브루너가 그의 저서 『교육의 과정』에서 교육내용을 지칭한 용어로, 각 학문의 기본개념, 일반적 원리, 핵심적 아이디어 등으로 설명할 수 있다.
> ① 학문중심 교육과정에서 발견학습, 나선형 교육과정의 핵심적인 원리이다.

15 플라톤이 『국가론』에서 주장한 내용으로 옳은 것은?

① 교육의 궁극적인 목적은 개인의 자아실현에 있다.
② 국가는 능력에 따라 구분된 계급에 적합한 교육을 시켜야한다.
③ 모든 인간은 백지상태에서 태어나므로 개인의 사회적 역할은 평등하다.
④ 국가는 교육에 최소한으로 개입하여 개인의 발달을 보장해야 한다.

>**ADVICE** ②④ 플라톤은 교육을 통해 나라의 법과 관습을 유지·보존하는 수호자들을 지속적으로 키워내고자 한다. 따라서 국가는 능력에 따라 구분된 계급에 적합한 교육을 실시하기 위해 적극적으로 개입해야 한다고 주장한다.
① 교육의 궁극적인 목적은 이데아(idea)의 실현에 있다.
③ 개인의 능력과 소질에 따라 구분된 계급에 따라 서로 다른 사회적 역할을 분담한다.

16 헌법 제31조에서 규정하고 있는 교육에 관한 내용으로 옳지 않은 것은?

① 균등하게 교육 받을 권리
② 고등학교까지의 의무교육 무상화
③ 교육의 정치적 중립성
④ 교육제도의 법정주의

>**ADVICE** 대한민국 헌법 제31조
㉠ 모든 국민은 능력에 따라 균등하게 교육을 받을 권리를 가진다.
㉡ 모든 국민은 그 보호하는 자녀에게 적어도 초등교육과 법률이 정하는 교육을 받게 할 의무를 진다.
㉢ 의무교육은 무상으로 한다.
㉣ 교육의 자주성·전문성·정치적 중립성 및 대학의 자율성은 법률이 정하는 바에 의하여 보장된다.
㉤ 국가는 평생교육을 진흥하여야 한다.
㉥ 학교교육 및 평생교육을 포함한 교육제도와 그 운영, 교육재정 및 교원의 지위에 관한 기본적인 사항은 법률로 정한다.

ANSWER 13.③ 14.① 15.② 16.②

17 헤르바르트(J. F. Herbart) 4단계 교수론에서 다음이 설명하는 단계는?

> 이 단계에서는 지식 사이의 중요한 관련과 중요하지 않은 관련이 명백히 구분되고, 지식은 하나의 통일된 전체로 배열된다. 이 단계에서 학습의 성공은 학습자의 내부에 들어 있는 표상들이 완전한 통합을 이루도록 하는 데 있다.

① 명료화(clearness)
② 연합(association)
③ 방법(method)
④ 체계(system)

>**ADVICE** 헤르바르트의 형식단계설
>　㉠ 명료화 : 정지적 전심을 통해 개개의 대상에 몰입함으로써 한 개념에 대한 명료한 인식을 획득한다.
>　㉡ 연합 : 진동적 전심에서는 하나의 전심에서 다른 전심으로 전이되어 이미 습득한 표상이 새로운 표상과 결합하여 표상 간에 연합이 이루어진다.
>　㉢ 체계 : 정지적 숙고는 연합되어진 표상이 숙고를 통해 일정한 체계를 이루는 것을 말한다. 즉, 풍부한 숙고를 통해 개별의 개념들이 일정한 질서를 갖게 되는 것이다.
>　㉣ 방법 : 진동적 숙고를 통해 정지적 숙고에서 얻은 지식 내용의 체계를 실제의 생활 속에 적용하는 방법을 터득하게 된다.

18 경제협력개발기구(OECD)가 제안한 순환교육에 대한 설명으로 옳지 않은 것은?

① 의무교육과 같은 정규교육 영역을 중심으로 제안한 전략이다.
② 사적 영역에서 이루어지고 있는 직무교육을 포함한다.
③ 교육은 개인의 전 생애 동안 순환적인 방법으로 배분될 수 있다고 가정한다.
④ 교육과 일, 자발적 비고용 기간, 은퇴가 서로 교차할 수 있다는 것을 기본 원리로 삼는다.

>**ADVICE** ① 순환교육은 의무교육 이후에 개인의 필요에 따라 교육과 노동이 계속적으로 반복되는 형태이다.

19 공·사교육비를 '공공의 회계절차를 거치는가'에 따라 분류할 때, 공교육비에 해당하지 않는 것은?

① 학생이 학교에 내는 입학금

② 학생이 사설학원에 내는 학원비

③ 학부모가 부담하는 학교운영지원비

④ 학교법인이 부담하는 법인전입금

ADVICE ② 학생이 사설학원에 내는 학원비는 지출의 직접적인 행위자에 의해 결정되는 지출형태로 공공의 회계절차를 거치지 않고 교육에 투입되는 경비이다. 따라서 사교육비에 해당한다.

※ 공교육비와 사교육비의 구분

기준	공교육비	사교육비
부담주체	공공기관 부담	민간인 부담
교육비의 회계주체 혹은 지출형태	공공의 회계절차를 거쳐서 교육에 투입되는 경비	지출의 직접적인 행위자에 의해 결정
설립·운영의 주체	국·공립학교를 운영하는 데 들어가는 비용	사립의 학교교육에 드는 비용과 학교 밖의 교육활동에 드는 비용

20 콜버그(L. Kohlberg)의 도덕성 발달이론에 비추어 볼 때, 다음 상황에 대한 아동의 대답이 해당하는 발달단계는?

〈상황〉

한 남자의 아내가 죽어가고 있다. 아내를 살릴 수 있는 약이 있지만 너무 비싸고, 약사는 싼 가격에는 약을 팔려고 하지 않는다. 남자는 아내를 위해 하는 수 없이 약을 훔쳤다. 남자는 정당한 일을 하였는가?

〈아동의 대답〉

"나는 찬성한다. 좋은 남편은 아내를 잘 돌보아야 하기 때문에 사랑하는 아내를 살리기 위한 이러한 행위는 정당하다."

① 1단계 : 복종과 처벌 지향
② 2단계 : 개인적 쾌락주의
③ 3단계 : 착한 소년/소녀 지향
④ 4단계 : 사회질서와 권위 지향

〉 **ADVICE** '좋은 남편'에 행위의 정당성을 부여하고 있다. 따라서 3단계인 착한 소년/소녀 지향에 해당한다.

※ 콜버그의 도덕성 발달이론 … 콜버그는 10~16세 미국 중류층 남자 아동청소년을 대상으로 하인츠와 약사의 도덕적 갈등상황을 들려준 다음 도덕성에 관한 반응을 조사하고 분석하여 도덕성 발달이론을 발표하였다. 이 이론은 도덕성 발달을 세 가지 수준과 여섯 단계로 설명한다.

수준	단계	특징
전 인습적 수준	1단계 처벌과 복종 지향	• 행동의 결과에 따라 가치가 결정된다. • 처벌이 클수록 더 나쁜 행동이라고 생각한다.
	2단계 개인적 쾌락주의	자신의 이익을 얻기 위하여 권위자의 규칙에 따르고 다른 사람의 입장을 받아들인다.
인습적 수준	3단계 착한 소년/소녀 지향	• 행위의 의도성에 따라 도덕적 판단을 한다. • 타인을 기쁘게 하거나 인정받는 것이 옳은 것이라 생각하면서 착해지려 하며 사회적 규준을 수용한다.
	4단계 법과 질서 지향	권위자를 존중하고 사회적 질서를 유지하는 것이 옳은 행동이므로 사회적 규범이나 질서를 지향한다.
후 인습적 수준	5단계 사회적 계약 및 합법적 지향	• 도덕적 융통성이 발휘되는 단계이다. • 개인의 권리를 존중하고 사회적 약속은 대다수 사람의 보다 나은 이익을 위해 변화될 수 있다고 생각한다.
	6단계 보편적인 윤리 지향	• 인간의 존엄성, 정의, 사랑, 공정성에 근거를 둔 추상적이고 보편적인 행동지침을 지향한다. • 자신이 선택한 윤리적 원리와 일치하는 양심에 의해 옳은 행동이 결정된다.

1 실존주의 교육철학의 특징에 해당하는 것은?

① 삶의 긍정적·부정적 측면을 통해 학습자 스스로가 삶의 문제를 해결하고 주체적으로 성장할 수 있다.

② 교육의 사회적 역할을 강조하고 교육을 통한 사회개조를 강조한다.

③ 교육의 주도권은 교사에게 있고 교육과정의 핵심은 소정의 교과를 철저하게 이수하는 것이다.

④ 교육에서 현실의 학문을 무시하고 고전의 지식을 영원한 것으로 여기며 지적인 훈련을 매우 강조한다.

>ADVICE 실존주의 교육철학은 자아실현과 주체성 회복을 강조한다.

② 재건주의

③ 본질주의

④ 항존주의

2 다음과 관련된 교육과정은?

• 교실풍토의 영향

• 잭슨(Jackson)

• 군집, 상찬, 평가 등이 학생의 삶에 미치는 영향

• 학생에게 무(無)의도적으로 전달되는 교육과정

---

① 공식적 교육과정

② 영 교육과정

③ 잠재적 교육과정

④ 실제적 교육과정

>ADVICE 제시된 내용은 잠재적 교육과정과 관련된 설명이다. 잭슨은 그의 저서 『교실에서의 생활(Life in classroom)』(1968)에서 잠재적 교육과정에 해당하는 현상을 관찰하고 군집, 상찬, 평가 등의 학교 특성이 학생들의 삶에 미치는 영향력을 제시하였다.

ANSWER 20.③ / 1.① 2.③

3 파슨스(Parsons)의 관점으로 옳은 것만을 모두 고르면?

> ㉠ 사회화는 장차 성인이 되어 담당하게 될 역할수행에 필요한 정신적 자세와 자질을 기르는 것이다.
> ㉡ 학교교육은 지배와 종속의 관계를 유지시켜 주는 역할을 한다.
> ㉢ 역할을 담당할 인재를 선발하여 적재적소에 배치하는 것이 교육의 중요한 기능이다.

① ㉠, ㉡   ② ㉠, ㉢
③ ㉡, ㉢   ④ ㉠, ㉡, ㉢

》ADVICE 파슨스는 기능론을 체계화한 사회체제이론을 주장하였다. 그는 '사회는 어떻게 유지·발전하는가?'라는 질문에 사회 균형 유지를 위한 4가지 요소 A(Adapt, 적응), G(Goal-attainment, 목표달성), I(Integration, 통합), L(Latency, 잠재)을 제시하였다. 파슨스는 사회에 대해 안정성, 상호의존성, 합의성을 가졌다고 보았으며, 학교는 이러한 사회의 형태를 유지·존속시키기 위한 역할사회화와 사회적 선발 기능을 담당한다고 하였다.
㉡ 갈등이론의 관점이다.

4 다음 주장을 한 학자는?

> • 학교는 자본주의적 사회관계의 유지에 필수적인 통합기능을 수행하는 기관이라고 보았다.
> • 경제적 재생산이라는 개념을 사용하여 학교교육이 자본주의 경제체제를 재생산하는 데 어떻게 기여하는지 그 메커니즘을 설명하고자 하였다.
> • 학교 교육체제에서 학생이 미래에 차지할 경제적 위치를 반영하여 차별적 사회화가 이루어진다고 주장하였다.

① 해비거스트(Havighurst)
② 보울스와 진티스(Bowles & Gintis)
③ 콜만(Coleman)
④ 번스타인과 영(Bernstein & Young)

》ADVICE 제시된 내용은 보울스와 진티스의 주장으로, 이들은 학교가 경제적 불평등을 재생산하는 도구라고 비판하였다.

5 다음 설명에 해당하는 롤스(Rawls)의 교육평등 원리는?

- 모든 이익이 평등하게 분배되도록 요구하지는 않지만 평등한 분배로부터의 일탈은 결과적으로 모든 사람에게 이득이 될 경우에만 인정되어야 함을 요구한다.
- 사회적으로 가장 불리한 입장에 있는 사람의 필요에 특히 신경 쓸 것을 요구한다.
- 모든 사람이 평등하게 살아야 한다는 것이 아니라 어떤 사람이 다른 사람의 희생으로 잘 살게 되는 것을 금지하는 것이다.

---

① 공정한 경쟁의 원리   ② 최대이익의 원리

③ 차등의 원리   ④ 인간존중의 원리

>**ADVICE** 제시된 내용은 롤스가 그의 저서 『정의론』에서 주장한 정의의 원칙 중 차등의 원칙에 해당한다. 차등의 원칙은 사회의 가장 약자에게 이익이 돌아갈 경우에만 사회·경제적 불평등을 인정하는 것으로, 교육결과의 평등을 위해 보상적 교육을 실시하는 것과 관련 있다.
>
> ※ J. 롤스의 정의의 원칙
>   ㉠ 제1원칙 : 평등한 자유의 원칙
>   • 모든 사람이 평등하게 기본권과 자유를 누려야 한다.
>   ㉡ 제2원칙 : 차등의 원칙과 기회균등의 원칙
>   • 차등의 원칙 : 사회의 가장 약자에게 이익이 돌아갈 경우에만 사회·경제적 불평등을 인정한다.
>   • 기회균등의 원칙 : 사회·경제적 가치를 획득할 기회는 균등하게 분배돼야 한다.

6 평생교육의 6대 영역 중 인문교양교육에 해당하는 것은?

① 건강심성 프로그램
② 시민참여활동 프로그램
③ 생활문화예술 프로그램
④ 레저생활스포츠 프로그램

>**ADVICE** 「평생교육법」 제2조에 따르면 평생교육이란 학교의 정규교육과정을 제외한 학력보완교육, 성인 문자해득교육, 직업능력 향상교육, 성인 진로개발역량 향상교육, 인문교양교육, 문화예술교육, 시민참여교육 등을 포함하는 모든 형태의 조직적인 교육활동을 말한다. 보기 중 인문교양교육에 해당하는 것은 ①이다.
>   ② 시민참여교육
>   ③④ 문화예술교육

✎ **ANSWER** 3.② 4.② 5.③ 6.①

7 우리나라 개화기 교육에 대한 설명으로 옳지 않은 것은?

① 동문학은 통역관 양성을 위한 목적으로 출발하였다.
② 배재학당은 우리나라 최초로 설립된 민간 신식교육기관이다.
③ 육영공원은 엘리트 양성을 위한 목적으로 설립된 관립 신식 교육기관이다.
④ 안창호는 대성학교를 설립하여 무실역행을 강조하였다.

> **ADVICE** 우리나라 최초로 민간에 의해 설립된 근대적 교육기관은 1883년에 원산에 세워진 원산학사이다. 배재학당은 1885년 선교사 아펜젤러에 의해 설립된 근대식 중등 교육기관이다.

8 검사도구의 양호도에 대한 설명으로 옳은 것은?

① 실용도는 시간, 비용, 노력 측면에서 검사가 얼마나 경제적인지를 나타낸다.
② Cronbach's α계수는 재검사 신뢰도의 일종이다.
③ 객관도는 신뢰도보다는 타당도에 가까운 개념이다.
④ 높은 신뢰도는 높은 타당도가 되기 위한 충분조건이다.

> **ADVICE** ② 크론바흐 알파계수는 시험 문제의 일관성과 신뢰성을 나타내는 계수로, 보통 0.8~0.9의 값이면 신뢰도가 매우 높은 것으로 간주하며, 0.7 이상이면 적절한 것으로 본다.
> ③ 객관도는 점수의 변산의 원인 중 특히 채점자에 따라 점수가 얼마나 일관성이 있느냐하는 정도로, 신뢰도의 한 특수한 경우라 할 수 있다.
> ④ 높은 신뢰도는 높은 타당도의 중요한 선행요건으로, 타당도가 높기 위해서는 신뢰도가 높아야 한다. 그러나 신뢰도가 높다고 해서 반드시 타당도가 높은 것은 아니므로, 높은 신뢰도는 높은 타당도가 되기 위한 필요조건이지 충분조건은 아니다.

9 아리스토텔레스의 교육사상에 대한 설명으로 옳은 것만을 모두 고르면?

㉠ 모든 인간은 장차 실현될 모습을 스스로 지니고 있다는 목적론적 세계관을 지향한다.
㉡ 교육의 최종적인 목적은 행복한 삶을 영위할 수 있는 인간을 기르는 것이다.
㉢ 자유교육은 직업을 준비하거나 실용적인 목적을 위해 행해지는 것이 아니라 지식 자체의 목적에 맞추어져 있다.

---

① ㉠, ㉡
② ㉠, ㉢
③ ㉡, ㉢
④ ㉠, ㉡, ㉢

10 피어슨(Pearson)의 적률상관계수를 활용하여 독서량과 국어 원점수 간의 상관을 분석하는 과정에 나타날 수 있는 현상으로 옳은 것만을 모두 고르면?

> ㉠ 극단한 값(outlier)의 영향을 크게 받을 수 있다.
> ㉡ 두 변수가 곡선적인 관계를 보이면 상관이 과소추정될 우려가 있다.
> ㉢ 국어 원점수를 T점수로 변환하면 두 변수 간의 상관계수는 달라진다.

① ㉠, ㉡   ② ㉠, ㉢
③ ㉡, ㉢   ④ ㉠, ㉡, ㉢

11 원격교육에 대한 설명으로 옳지 않은 것은?

① 원격교육은 컴퓨터 통신망을 기반으로 등장하였다.
② 각종 교재개발과 학생지원 서비스 등을 위한 물리적·인적 조직이 필요하다.
③ 교수자와 학습자가 물리적으로 떨어져 있으나 교수·학습 매체를 통해 의사소통을 한다.
④ 다수를 대상으로 하면서도 공학적인 기재를 사용하여 사전에 계획, 준비, 조직된 교재로 개별학습이 이루어진다.

12 구성주의 교육에 대한 설명으로 옳은 것만을 모두 고르면?

> ⊙ 교수의 내용은 객관적 법칙이라고 밝혀진 체계화된 지식이다.
> ⓛ 실재하는 지식을 효과적으로 전달할 수 있는 교수·학습 방법을 강조한다.
> ⓒ 학습자가 정보를 획득하고 의미를 재구성할 수 있도록 복잡하고 비구조화된 과제를 제시한다.
> ⓔ 협동 수업, 소집단 활동, 문제해결학습 등을 통해 사고와 메타인지를 촉진하는 다양한 교육방법을 적용한다.

① ⊙, ⓛ   ② ⊙, ⓔ
③ ⓛ, ⓒ   ④ ⓒ, ⓔ

> **ADVICE** 구성주의 교육은 학습자가 주변세계와의 상호작용을 통해 지식을 구성한다는 것을 강조한다.
> ⊙ⓛ 객관적인 지식 교육에 초점을 두는 객관주의에 해당한다.

13 다음 설명에 해당하는 것은?

> • 학교교사가 공동으로 노력하도록 함으로써 장학활동을 위해 학교의 인적 자원을 최대한 활용할 수 있다.
> • 수업개선 전략에 대한 책임감을 부여함으로써 수업개선에 기여할 수 있다는 성취감을 갖게 할 수 있다.
> • 교사관계를 증진할 수 있고, 학교 및 학생 교육에 대한 적극적인 자세와 전문적 신장을 도모할 수 있다.

① 임상장학   ② 동료장학
③ 약식장학   ④ 자기장학

> **ADVICE** 제시된 내용은 동료교사들이 서로에 대한 장학활동을 하는 동료장학에 대한 설명이다.
> ① 임상장학 : 장학담당자와 교사가 일대일 관계 속에서 수업지도에 관한 문제를 해결하고 기술 향상을 도모하는 장학
>   활동
> ③ 약식장학 : 단위학교에서 교장 혹은 교감이 교실 순시나 수업참관을 통해 교사들에게 조언하는 장학 활동
> ④ 자기장학 : 교사 스스로 자신의 발전을 위해 스스로 계획을 세우고 실천하는 활동

14 칼슨(Carlson)의 분류에 따를 때, 공립학교가 해당되는 유형은?

고객의 참여결정권 조직의 고객선택권	유	무
유	유형 Ⅰ	유형 Ⅲ
무	유형 Ⅱ	유형 Ⅳ

① 유형 Ⅰ
② 유형 Ⅱ
③ 유형 Ⅲ
④ 유형 Ⅳ

>**ADVICE** 공립학교는 고객인 학생의 참여결정권과 조직인 학교의 학생선택권이 모두 없는 경우로, 유형Ⅳ인 온상조직에 해당한다. 온상조직은 법적으로 존립이 보장되는 조직으로 공립학교, 의무교육기관 등이 있다. 유형 Ⅰ은 야생조직(예 : 사립대학), Ⅱ는 적응조직(예 : 자유등록제 학교), Ⅲ은 강제조직에 해당한다.

15 배스(Bass)의 변혁적 리더십 요인에 대한 설명으로 옳지 않은 것은?

① 지적 자극 – 기존 상황에 새롭고 개방적인 방식으로 접근함으로써 구성원이 혁신적이고 창의적이 되도록 유도한다.

② 개별적 배려 – 구성원의 개인적 성장 욕구에 세심한 관심을 기울이고 학습 기회를 만들어 그들의 잠재력을 발전시킨다.

③ 추진력 – 결단력과 업무 추진력으로 조직을 변혁하고 높은 성과를 유도해야 한다.

④ 이상화된 영향력 – 구성원으로부터 신뢰와 존경을 받고 동일시와 모방의 대상이 되어 이상적인 영향력을 행사한다.

>**ADVICE** 변혁적 리더십은 구성원들의 가치관, 정서, 행동규범 등을 변화시켜 개인, 집단, 조직을 바람직한 방향으로 변혁시키는 리더십이다. 바스(Bass)는 변혁적 지도자들의 특성을 4Is로 제시하는데, 이상적인 영향력(Idealized influence), 감화력(Inspirational motivation), 지적인 자극(Intellectual stimulation), 개별적 배려(Individualized consideration)가 그것에 해당한다.

ANSWER 12.④ 13.② 14.④ 15.③

16 브루너(Bruner)의 교수이론에 대한 설명으로 옳지 않은 것은?

① 어떤 교과든지 지적으로 올바른 형식으로 표현하면 어떤 발달 단계에 있는 아동에게도 효과적으로 가르칠 수 있다.
② 학습자의 발달 단계에 맞게 학습내용을 구조화하고 조직함으로써 학습자가 교과내용을 잘 이해할 수 있다.
③ 지식의 표상 양식은 영상적 표상으로부터 작동(행동)적 표상을 거쳐 상징적 표상의 순서로 발달해 나간다.
④ 지식의 구조를 이해하게 되면 학습자 스스로가 사고를 진행할 수 있으며, 최소한의 지식으로 많은 것을 알 수 있다.

>**ADVICE** ③ 지식의 표상 양식은 작동(행동)적 표상 → 영상적 표상 → 상징적 표상 순서로 발달해 나간다.

17 교수설계이론에 대한 설명으로 옳은 것은?

① 개발단계 – 학습을 위해 개발된 자원과 과정을 실제로 사용하는 것을 말한다.
② 실행단계 – 설계에서 구체화된 내용을 물리적으로 완성하는 단계로 실제 수업에서 사용할 자료를 만든다.
③ 평가단계 – 앞으로의 효과 및 결과를 예견하고 평가하는 과정으로 학습과 관련된 요인과 학습자 요구를 면밀히 분석한다.
④ 설계단계 – 설정된 목표를 달성하기 위해 어떤 내용을 어떻게 조직하고 제시해야 효과적인 결과를 얻을 것인가를 핵심질문으로 하는 수업의 청사진이다.

>**ADVICE** 교수설계는 일반적으로 ADDIE 모형, 즉 분석(Analysis) → 설계(Design) → 개발(Development) → 설계(Implement) → 평가(Evaluation)의 과정을 따른다.
① 실행단계에 대한 설명이다.
② 개발단계에 대한 설명이다.
③ 분석단계에 대한 설명이다.

18 아동의 인지발달과정에 대한 피아제(Piaget)와 비고츠키(Vygotsky) 이론의 차이점으로 옳지 않은 것은?

① 피아제는 학습이 발달을 주도한다고 보는 반면 비고츠키는 발달에 기초하여 학습이 이루어진다고 본다.
② 피아제는 아동은 스스로 세계를 구조화하고 이해하는 존재라고 생각한 반면 비고츠키는 아동이 타인과의 관계에서 영향받아 성장하는 사회적 존재임을 강조한다.
③ 피아제는 혼잣말을 미성숙하고 자기중심적 언어로 보지만 비고츠키는 혼잣말이 자신의 사고를 위한 수단, 문제해결을 위한 사고의 도구라고 생각한다.
④ 피아제는 개인 내적 지식이 사회적 지식으로 확대 또는 외면화된다고 보는 반면 비고츠키는 사회적 지식이 개인 내적 지식으로 내면화된다고 본다.

ADVICE ① 피아제는 발달에 기초하여 학습이 이루어진다고 보는 소극적 입장을, 비고츠키는 학습이 발달을 주도한다는 적극적 입장을 보였다.

19 행동주의 학습이론에 대한 설명으로 옳은 것은?

① 고정비율 강화계획은 일정한 시간 간격을 기준으로 강화가 제시되는 것을 의미한다.
② 부적 강화란 어떤 행동 후 싫어하는 자극을 제거함으로써 특정 행동을 증가시키는 것을 의미한다.
③ 일차적 강화물은 그 자체로 강화능력을 가지고 있지 않는 자극이 다른 강화물과 연합하여 가치를 얻게 된 강화물이다.
④ 프리맥 원리는 차별적 강화를 이용하여 목표와 근접한 행동을 단계적으로 형성해 나가는 것이다.

ADVICE ① 고정변동 강화계획에 대한 설명이다.
③ 이차적 강화물에 대한 설명이다. 일차적 강화물은 생리적, 선천적 요구를 만족시키는 자극물이다.
④ 프리맥 원리는 높은 확률로 일어나는 행동을 강화물로 사용하여 일어날 확률이 적은 행동을 하도록 촉진하는 기법을 의미한다. 차별적 강화를 이용하여 목표와 근접한 행동을 단계적으로 형성해 나가는 것은 행동조형이다.

20 상담이론에 대한 설명으로 옳은 것은?

① 내담자 중심 상담 – 미해결 갈등을 이해하는 것이 개인의 정신역동을 이해하는 방법이다.
② 행동주의 상담 – 인간의 행동을 개인이 선택한 것으로 바라보며 행동의 원인보다는 목적에 더 주목하면서 자아실현을 강조한다.
③ 의사교류분석 – 가족치료에서 시작된 이론으로 내담자의 욕구를 파악한 후 현실과 맞서도록 심리적인 힘을 개발할 수 있도록 돕는다.
④ 합리적·정서적 행동 상담 – 인간의 감정, 즉 정서적 문제의 원인이 비합리적 신념임을 가정하고 이를 합리적 신념으로 변화시키기 위한 치료기법을 개발하였다.

ADVICE ① 프로이트의 정신분석이론에 대한 설명이다.
② 아들러의 개인심리상담에 대한 설명이다.
③ 글래서의 현실치료적 접근에 대한 설명이다.

✎ **ANSWER** 16.③ 17.④ 18.① 19.② 20.④

1 타일러(Tyler)가 제시한 학습경험을 효과적으로 조직하는 원리에 해당하지 않는 것은?

① 계열성의 원리

② 유용성의 원리

③ 계속성의 원리

④ 통합성의 원리

> ADVICE 타일러가 제시한 학습경험의 조직 원리
> ㉠ 계열성의 원리 : 교육내용과 경험 수준이 점차적으로 깊이와 넓이를 더해 나선형이 되도록 조직한다.
> ㉡ 계속성의 원리 : 일정기간 동안 교육내용 및 학습경험이 반복되도록 조직한다.
> ㉢ 통합성의 원리 : 여러 영역에서 학습하는 내용들이 학습과정에서 서로 연결되고 통합되어 의미 있는 학습이 되도록 조직한다.

2 밑줄 친 부분에서 설명하고 있는 시험의 기능으로 보기 어려운 것은?

> 시험은 학문적으로 무엇이 가치가 있으며 교육제도가 선택적으로 가르치고자 하는 것이 무엇인가를 가장 극명하게 표출하지만, 시험의 의미는 그것만이 아니다. 지식의 사회적 의미규정과 그 표현방식을 학교의 시험을 통하여 학생들에게 강요함으로써, 지배문화와 지배문화의 가치관을 주입하는 가장 효과적인 도구로 시험이 이용되고 있는 것이다.

① 교육과정과 교수방법 개선

② 지식의 공식화와 위계화

③ 기존 사회질서의 정당화와 재생산

④ 규범과 가치관 통제

> ADVICE 밑줄 친 부분은 시험의 사회적 기능에 대한 설명이다. 교육과정과 교수방법 개선은 시험의 교육적 기능에 해당한다.

3 형식학습과 비교한 비형식 학습에 대한 설명으로 옳지 않은 것은?

① 시간 – 단기간 및 시간제 학생

② 목적 – 일반적인 목적 및 학위수여

③ 내용 – 개인화된 내용 및 학습자가 입학조건 결정

④ 전달방식 – 자원의 절약 및 유연한 체제

> ADVICE ② 일반적인 목적 및 학위수여는 형식학습의 목적이다.

　　※ 형식 · 비형식 · 무형식 학습

　　　　㉠ 형식학습(formal learning) : 교육기관, 성인훈련기관, 직장에서의 체계적인 교육 프로그램을 통한 학습으로, 학위나 자격증의 형태로 사회적으로 공식 인정되는 것

　　　　㉡ 비형식 학습(non-formal learning) : 교육 프로그램을 통한 학습활동이지만, 공식적으로 평가되어 학위나 자격증으로 인정되지 않는 학습

　　　　㉢ 무형식 학습(informal learning) : 일상적인 직업 관련 활동이나 가사, 여가활동 등을 통해 이루어지는 학습

4 다음 설명에 해당하는 교육행정 과정의 요소는?

> • 각 부서별 업무 수행의 관계를 상호 관련시키고 원만하게 통합, 조절하는 일이다.
> • 이것이 잘 이루어지면 노력 · 시간 · 재정의 낭비를 막고, 각 부서 간의 부조화 및 직원 간의 갈등을 예방할 수 있다.

① 기획　　　　　　　　　　② 명령

③ 조정　　　　　　　　　　④ 통제

> ADVICE 제시된 내용은 교육행정의 과정 중 조정에 대한 설명이다.

　　※ 행정의 기능

　　　　㉠ 계획(planning) : 조직의 목표를 달성하기 위하여 해야 할 활동과 순서를 밝히는 일

　　　　㉡ 조직화(organizing) : 동원할 수 있는 인적 · 물적 자원을 엮어주는 과정

　　　　㉢ 지휘(commanding) : 구성원들에게 방향 제시 및 인도

　　　　㉣ 조정(coordinating) : 구성원들의 활동이나 자원 이용이 체계적으로 조화가 이루어지도록 하는 일

　　　　㉤ 통제(controlling) : 계획대로 모든 활동이 진행되도록 확인하고 시정하는 기능

✎ ANSWER　1.② 2.① 3.② 4.③

5 학부모가 지출한 교재비를 교육비의 기준에 따라 분류할 때, 옳은 것으로만 묶은 것은?

① 직접교육비, 사교육비, 공부담 교육비
② 직접교육비, 사교육비, 사부담 교육비
③ 간접교육비, 공교육비, 공부담 교육비
④ 간접교육비, 공교육비, 사부담 교육비

> **ADVICE** '학부모가 지출한 교재비'는 직접교육비 – 사교육비 – 사부담 교육비에 해당한다.
> ※ 교육비의 종류
> ㉠ 직접교육비
>   • 공교육비
>   –공부담 교육비 : 국가, 지방자치단체, 학교법인 부담 경비, 전입금, 보조금, 교부금
>   –사부담 교육비 : 입학금, 수업료, 학교운영지원비
>   • 사교육비
>   –사부담 교육비 : 교재비, 학용품비, 과외비, 교통비, 숙박비
> ㉡ 간접교육세
>   • 공부담 교육비 : 비영리 교육기관이 영유하는 면세의 가치, 건물, 장비
>   • 사부담 교육비 : 학생이 취업하지 않음에서 오는 비용

6 비판적 교육철학 또는 비판교육학(critical pedagogy)에 대한 설명으로 옳지 않은 것은?

① 인간의 자유로운 의식의 형성을 억압하고 왜곡하는 사회적, 경제적, 정치적 제약요인들을 분석하고 비판한다.
② 하버마스(J. Habermas), 지루(H. Giroux), 프레이리(P. Freire) 등이 대표적인 학자이다.
③ 지식 획득을 포함한 인간의 모든 인식행위는 가치중립적인 것으로 간주한다.
④ 교육문제에 대해 좀 더 실제적이고 정치사회적인 관점을 취한다.

> **ADVICE** ③ 비판적 교육철학은 지식 획득을 포함한 인간의 모든 인식행위는 결국 자신에게 유리한 쪽으로 작용하는 가치지향적인 것으로 간주한다.

7 다음 설명에 해당하는 조선시대 교재는?

• 소학(小學) 등 유학 입문용 교재이다.
• 중종 때 박세무가 저술하였다.
• 학습내용을 경(經)과 사(史)로 나누어 제시하였다.
• 일제 강점기에는 우리 역사를 다룬다는 이유로 서당의 교재로 쓰지 못하게 하였다.

---

① 『동몽선습』   ② 『유합』
③ 『입학도설』   ④ 『훈몽자회』

>**ADVICE** 제시된 내용은 박세무가 저술한 『동몽선습』에 대한 설명이다.
② 유합 : 조선 성종 때 서거정이 지은 한문 학습서
③ 입학도설 : 고려 공양왕 때 권근이 성리학의 기본 원리를 그림을 붙여 풀이한 책
④ 훈몽자회 : 조선 중종 때 최세진이 지은 한자 학습서

8 전직에 해당하지 않는 것은?

① 초등학교 교감이 장학사가 되었다.
② 초등학교 교사가 중학교 교사가 되었다.
③ 중학교 교장이 교육장이 되었다.
④ 중학교 교사가 특성화 고등학교 교사가 되었다.

>**ADVICE** 「교육공무원법」에 따른 전직이란 교육공무원의 종류와 자격을 달리하여 임용하는 것을 말한다.

✎ ANSWER 5.② 6.③ 7.① 8.④

9 다음 설명에 해당하는 평생교육 문헌은?

> • 국제교육의 해와 개발연대를 맞아서 전 세계적으로 보급되었다.
> • 평생교육 개념 확산에 크게 기여하였다.
> • 평생교육의 개념 정립보다는 평생교육의 대두 배경을 제시한 입문서로 볼 수 있다.

① 랭그랑(Lengrand)의 『평생교육에 대한 입문』
② 포르(Faure)의 『존재를 위한 학습』
③ 다베(Dave)의 『평생교육과 학교 교육과정』
④ OECD의 『순환교육 보고서』

>ADVICE 제시된 내용은 1970년 '세계교육의 해'를 맞이하여 유네스코가 발간하여 전 세계적으로 보급한 랭그랑의 『평생교육에 대한 입문』에 대한 설명이다. 평생교육은 1965년 12월에 개최된 유네스코 성인교육발전 국제 위원회에서 랭그랑이 「평생교육이론」이라는 연구를 통해 처음으로 제기하였다.

10 교육법의 존재형식과 그 구체적인 예의 연결이 옳지 않은 것은?

① 법률 - 초·중등교육법
② 조약 - 유네스코 헌장
③ 법규명령 - 고등교육법시행령
④ 규칙 - 학생인권조례

>ADVICE ④ 학생인권조례는 학생의 인권이 학교교육과정에서 보장·실현될 수 있도록 각 교육청에서 제정하는 조례이다.
※ 조례와 규칙(자치입법으로서의 규칙)
  ㉠ 조례 : 지방자치단체가 법령의 범위 안에서 지방의회의 의결을 거쳐 그 지방의 사무에 관하여 제정하는 법
  ㉡ 규칙 : 지방자치단체의 장이 법령 및 조례의 범위 안에서 그 권한에 속하는 사무에 관하여 제정하는 법규범

11 다음 설명에 해당하는 이론은?

- 전문가의 사고과정을 내면화하는 것이다.
- 콜린스(Collins)와 동료들이 발전시켰다.
- 학습환경을 구성하는 내용, 방법, 순서, 사회학의 네 차원을 중시한다.
- 모델링, 코칭, 비계설정, 발화, 반성, 탐구의 수업방법을 활용한다.

① 완전학습   ② 전환학습
③ 학습공동체이론   ④ 인지적 도제학습

> **ADVICE** 제시된 내용은 인지적 도제학습에 대한 설명이다. 도제학습은 전문가의 사고과정을 학습자가 실제로 내면화시키는 것으로 시연단계 → 교수적 도움의 단계 → 교수적 도움의 중지단계를 거친다.

12 다음 설명에 해당하는 교육정책 결정 모형은?

- 의사결정은 합리성보다는 우연성에 의존한다.
- 문제와 해결책이 조화를 이룰 때 좋은 의사결정이 이루어진다.
- 조직의 목적은 사전에 설정되는 것이 아니라 자연스럽게 나타난다.
- 높은 불확실성을 경험하고 있는 조직에서 가장 많이 일어나는 정책결정 모형이다.

① 합리 모형   ② 만족 모형
③ 점증 모형   ④ 쓰레기통 모형

> **ADVICE** 제시된 내용은 쓰레기통 모형에 대한 설명이다.
> ① 합리 모형 : 인간과 조직의 합리성, 완전한 정보환경 등을 전제로, 목표 달성의 극대화를 위한 합리적 대안의 탐색·선택을 추구하는 이상적 정책결정 모형
> ② 만족 모형 : 현실적인 의사결정은 어느 정도 만족할 만한 대안의 선택으로 이루어진다는 의사결정 모형
> ③ 점증 모형 : 정책결정은 기존 정책을 토대로 그보다 약간 향상된 대안을 추구하는 점증적 방식으로 이루어진다는 모형

✎ **ANSWER** 9.① 10.④ 11.④ 12.④

13 다음 설명에 해당하는 정의적 특성 측정방법은?

> • 의견, 태도, 감정, 가치관 등을 측정하기 용이하다.
> • 단시간에 다양한 자료를 수집하고 결과 또한 신속하게 처리할 수 있다.
> • 응답 내용의 진위 확인이 어려워 결과 해석에 유의해야 한다.

① 관찰법   ② 사례연구
③ 질문지법   ④ 내용분석법

>**ADVICE** 제시된 내용은 연구자가 어떤 문제에 관하여 작성한 일련의 질문사항에 대하여 피험자가 대답을 기술하도록 한 조사
> 방법인 질문지법의 특성이다.

14 숙달목표지향성의 특징에 해당하지 않는 것은?

① 도전 추구   ② 능력 입증
③ 노력 귀인   ④ 절대적, 내적 자기참조 기준

>**ADVICE** 숙달목표지향은 과제 자체를 숙달하는 것과 자기계발에 목적이 있으며 학습과정과 학습활동 자체에 초점을 둔다.
> ② 능력 입증은 다른 사람에게 자신의 능력을 과시하는 것에 목적이 있으며, 학습결과를 다른 사람과 비교하는 것에
> 초점을 두는 수행목표지향의 특징이다.

15 구인타당도에 대한 설명으로 옳지 않은 것은?

① 측정을 통해 얻은 사실로 미래의 행동특성을 예견한다.
② 타당도 증거를 수집하기 위해 요인분석 등 여러 통계적 방법이 사용된다.
③ 한 검사가 어떤 심리적 개념이나 논리적 구인을 제대로 측정하는가를 검증한다.
④ 검사가 의도한 바의 특성을 측정하고 있는지에 대한 증거를 수집하는 과정이다.

>**ADVICE** ① 예언타당도에 대한 설명이다.

16 홀랜드(Holland)가 제안한 직업흥미유형 간 유사성이 가장 낮은 조합은?

① 탐구적(I) – 기업적(E)

② 예술적(A) – 사회적(S)

③ 사회적(S) – 기업적(E)

④ 예술적(A) – 탐구적(I)

> ◗ADVICE◗ 홀랜드 유형별 성격 및 흥미 특성

유형	특성
R유형(실재형, Realistic)	현실감각, 신체능력, 구체성, 자연친화성, 손재능
I유형(탐구형, Investigative)	논리성, 합리성, 호기심, 탐구성, 분석능력
A유형(예술형, Artistic)	예술성, 창의성, 감수성, 직관, 표현능력
S유형(사회형, Social)	대인관계능력, 사회성, 배려, 타인이해, 봉사정신
E유형(기업형, Enterprising)	리더십, 설득력, 도전정신, 목표지향성, 경쟁심
C유형(관습형, Conventional)	책임감, 계획성 ,성실성, 순응성, 안전지향

17 인지주의 학습이론에 대한 설명으로 옳지 않은 것은?

① 부호화 – 제시된 정보를 처리가능한 형태로 변형하는 과정

② 인출 – 장기기억 속에 있는 정보를 작업기억으로 가져오는 과정

③ 조직화 – 기존에 가지고 있던 정보를 새 정보에 연결하여 정보를 유의미한 형태로 저장하는 과정

④ 메타인지 – 사고과정에 대한 지식으로 자신의 인지과정 전체를 지각하고 통제하는 정신활동

> ◗ADVICE◗ ③ 부호화에 대한 설명이다. 부호화(재처리)는 장기기억 속에 존재하고 있는 기존의 정보에 새로운 정보를 연결하거나 연합하는 것으로 작동기억에서 장기기억으로 정보를 이동시키는 과정을 의미한다.

✎ **ANSWER** 13.③ 14.② 15.① 16.① 17.③

18 장학개념의 변천에 대한 설명으로 옳은 것은?

① 관리장학은 학문중심 교육과정으로 인해 등장하였다.
② 협동장학은 조직의 규율과 절차, 효율성을 강조하였다.
③ 수업장학은 교육과정의 개발과 수업효과 증진을 강조하였다.
④ 아동 중심 교육이 강조되던 시기에 발달장학이 널리 퍼졌다.

ADVICE ① 수업장학에 대한 설명이다.
② 관리장학에 대한 설명이다.
④ 발달장학은 교사의 발달 정도와 장학방법에 맞게 장학하여 교사의 발달수준을 높인다는 원리에 근거한 장학이다.

19 가네(Gagné)가 제시한 학습의 결과에 해당하지 않는 것은?

① 태도
② 언어정보
③ 탐구기능
④ 운동기능

ADVICE 가네가 학습의 결과로 얻어지는 대상 또는 목표로 제시한 것은 다음과 같다.

구분		내용
인지적 영역	언어정보	사물의 명칭이나 사실들을 아는 능력
	지적기능	어떤 과제를 수행하는 데 필요한 다양한 과정을 수행하는 능력
	인지전략	학습방법, 사고방법을 독자적으로 개발하는 사고전략
정의적 영역	태도	정신적 상태
심동적 영역	운동기능	인간의 심리운동기능

20 지능에 대한 설명으로 옳지 않은 것은?

① 서스톤(Thurstone) - 지능의 구성요인으로 7개의 기본정신능력이 존재한다.

② 길포드(Guilford) - 지능은 내용, 산출, 조작(operation)의 세 차원으로 구성되어 있다.

③ 가드너(Gardner) - 8개의 독립적인 지능이 존재하며, 각각의 지능의 가치는 문화나 시대에 따라 달라진다.

④ 스턴버그(Sternberg) - 지능은 유동적 지능과 결정적 지능으로 구성되며 결정적 지능은 경험에 따라 변할 수 있다.

> **ADVICE** ④ 카텔의 지능의 구조에 대한 설명이다. 스턴버그는 상황적 지능, 경험적 지능, 요소적 지능으로 구성된 삼원지능이론을 제안하였다.

　※ 카텔(R. Cattell)의 지능의 구조

　　㉠ 유동적 지능 : 유전적·신경생리적 영향에 의해 발달, 연령증가에 따라 점차 감소되는 지능이다.

　　㉡ 결정적 지능 : 환경적·문화적·경험적 영향에 의해 발달, 연령증가에 따라 점차 증가되는 지능이다.

1 다음에 해당하는 교육과정 개념은?

> 만약 우리가 학교의 프로그램이 가져오는 결과나, 그런 결과를 초래하는 측면에서 교육과정의 역할에 대하여 관심을 갖는다면, … (중략) … 학교가 가르치지 않는 것에 대하여도 고려할 필요가 있다.

① 공식적 교육과정　　　　　　　　　　② 잠재적 교육과정
③ 영 교육과정　　　　　　　　　　　　④ 의도된 교육과정

>**ADVICE** ③ 제시된 내용은 아이즈너의 영 교육과정에 대한 설명이다. 영 교육과정은 배울 만한 가치가 있음에도 학교에서 공식적으로 가르치지 않는 교과나 지식, 사고 양식 등을 말한다. 교육과정에서 의도적으로 배제하거나 학교 교육 현장에서 적합하지 않아 가르치지 않는 교육내용을 포함한다.

2 좋은 검사도구가 갖추어야 할 다음의 조건은?

> • 여러 검사자(채점자)가 어느 정도로 일치된 평가를 하느냐를 의미한다.
> • 검사자의 신뢰도를 의미하기도 한다.

① 타당도　　　　　　　　　　　　　　② 객관도
③ 실용도　　　　　　　　　　　　　　④ 변별도

>**ADVICE** 제시된 내용은 좋은 검사도구가 갖추어야 할 객관도에 대한 설명이다.
> ① 타당도 : 측정하고자 하는 변인을 검사가 제대로 측정하였는지에 대한 정도
> ③ 실용도 : 어떤 검사를 사용할 때 드는 비용과 이익을 비교 분석하여 나타내는 검사의 유용성 정도
> ④ 변별도 : 검사의 문항들이 피검자들의 능력을 변별하는 정도

3 다음에 해당하는 학습원리는?

> • 학습태도가 좋은 학생을 칭찬한다.
> • 미술시간에 과제를 잘 수행한 학생의 작품을 전시한다.

① 정적 강화   ② 부적 강화
③ 수여성 벌   ④ 제거성 벌

》ADVICE 학습태도가 좋은 학생을 칭찬하거나 미술시간에 과제를 잘 수행한 학생의 작품을 전시하는 것은 행동주의 학습원리 중 정적 강화에 해당한다.
※ 정적 강화와 부적 강화
    ㉠ 정적 강화 : 특정 행동 이후에 긍정적인 자극을 제시하여 해당 행동의 강도와 빈도를 증가시키는 강화전략
    ㉡ 부적 강화 : 원하지 않는 특정한 자극을 제거해 줌으로써 바람직한 행동의 강도와 빈도를 증가시키는 강화전략

4 다음에 해당하는 개념은?

> • 특정 계급적 환경에서 내면화된 지속적 성향이나 태도를 의미한다.
> • 내면화된 문화자본으로서 계급적 행동유형과 가치체계를 반영한다.

① 아노미(anomie)
② 쿠레레(currere)
③ 패러다임(paradigm)
④ 아비투스(habitus)

》ADVICE 제시된 내용은 부르디외(P. Bourdieu)가 주장한 문화재생산이론 중 한 개념인 아비투스(habitus)에 대한 설명이다. 부르디외는 문화자본으로서의 아비투스를 학교교육이 정당화함으로써 자본주의사회의 계급적 지배구조와 사회적 불평등을 재생산하고 있다고 지적하였다.

✎ **ANSWER**   1.③   2.②   3.①   4.④

5 다음의 교수설계 전략에 해당하는 ARCS 모형의 요소는?

- 학습에서 성공기회를 제시한다.
- 학습의 필요조건을 제시한다.
- 개인적 조절감 증대 기회를 제시한다.

---

① 주의집중
② 관련성
③ 자신감
④ 만족감

>ADVICE 켈레(Keller)는 학습동기를 유발하고 유지하기 위한 중요한 변인으로 ARCS를 제시하였다.

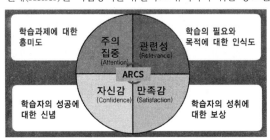

6 교수설계를 위한 ADDIE 모형 중 다음에 해당하는 단계는?

- 학습목표 명세화
- 평가도구 개발
- 교수매체 선정

---

① 분석
② 설계
③ 개발
④ 실행

>ADVICE ADDIE 모형의 단계별 특징

분석 (Analysis)	설계 (Design)	개발 (Development)	실행 (Impelmentation)	평가 (Evlauation)
• 요구분석 • 학습자 분석 • 환경 분석 • 직무 및 과제분석	• 학습목표 명세화 • 평가도구 개발 • 구조화 • 교수전략 및 매체 선정	• 교수자료 개발 • 형성평가 및 수정 • 제작	• 사용 및 설치 • 유지 및 관리	총괄평가

7 와이너(Weiner)의 귀인이론에 의하면 그 요소가 외적이며, 안정적이고, 통제불가능한 귀인은?

① 운   ② 능력
③ 노력   ④ 과제난이도

>ADVICE 귀인이론은 성공이나 실패와 관련한 행동 원인을 설명하는 방식에 대한 이론으로, 와이너(Weiner)는 귀인요소를 소재,
안정성, 통제가능성의 3가지 차원으로 구분하였다.

구분	소재	안정성	통제가능성
능력	내	안정	불가
노력	내	불안정	가능
과제곤란도	외	안정	불가
운	외	불안정	불가

8 조선시대의 향교에 대한 설명으로 옳지 않은 것은?

① 전국의 부·목·군·현에 일읍일교(一邑一校)의 원칙에 따라 설립된 지방 관학이다.
② 교관으로는 중앙에서 파견하는 교수(敎授)나 훈도(訓導)가 있었다.
③ 성균관과 마찬가지로 문묘와 학당으로 구성된 묘학(廟學)의 구조를 갖추고 있었다.
④ 향교 유생들은 성균관 유생들을 대상으로 거행하는 알성시나 황감제, 도기과 등의 시험에 함께 응시할 수
있었다.

>ADVICE ④ 알성시, 황감제, 도기과 등은 성균관과 사학의 유생들만을 대상으로 시행되었다.
 • 알성시 : 국왕이 문묘에 가서 제례를 올릴 때 성균관 유생에게 시험을 보여 성적이 우수한 몇 사람을 선발하는 시
험이다.
 • 황감제 : 조선시대 성균관과 사학 유생들의 사기를 높이고 학문을 권장하기 위하여 제주도에서 진상된 귤을 유생들
에게 나눠주고 그들만을 대상으로 실시한 과거이다.
 • 도기과 : 도기는 성균관에서 공부하는 유생들의 출결석 및 근태상황을 알고자 식당에 들어갈 때 비치된 명부에 표
시를 하도록 한 것으로, 도기 점수가 일정 수준에 도달한 자만이 과거에 응시할 수 있다.

9 2015 개정 교육과정에서 현재 고시하고 있는 국가 수준의 지원사항에 해당하는 것은?

① 학교가 새 학년도 시작에 앞서 교육과정 편성·운영에 관한 계획을 수립할 수 있도록 교육과정 편성·운영 자료를 개발·보급하고, 교원의 전보를 적기에 시행한다.

② 교과와 창의적 체험활동에 필요한 교과용 도서의 인정, 개발, 보급을 위해 노력한다.

③ 교과별 평가 활동에 활용할 수 있는 다양한 평가방법, 절차, 도구 등을 개발하여 학교에 제공한다.

④ 안정적인 원격수업을 지원하기 위해 학교의 원격수업 인프라 구축, 교원의 원격수업 역량강화 등에 필요한 행·재정적인 지원을 한다.

> **ADVICE** ①②④ 교육청 수준의 지원 사항이다.
>
> ※ 2015 개정 교육과정은 원활한 편성·운영을 위하여 국가 수준에서 다음과 같이 지원한다.
>
> ㉠ 시·도 교육청의 교육과정 지원 활동과 단위 학교의 교육과정 편성·운영 활동이 상호 유기적으로 이루어질 수 있도록 행·재정적 지원을 한다.
>
> ㉡ 이 교육과정의 질 관리를 위하여 주기적으로 학업 성취도 평가, 학교와 교육 기관 평가, 교육과정 편성·운영에 관한 평가를 실시하고 그 결과를 교육과정 개선에 활용한다.
>
> • 교과별, 학년(군)별 학업 성취도 평가를 실시하고, 평가 결과는 학력의 질 관리와 교육과정의 적절성 확보 및 개선에 활용한다. 특성화 고등학교와 산업수요 맞춤형 고등학교에서는 교육과정의 특성을 고려하여 기초 학력과 평생 학습 역량의 강화를 위한 학업 성취도를 평가할 수 있으며, 평가 결과는 기초 학력과 직업 기초 능력의 향상, 취업 역량 강화 등을 위해 활용할 수 있다.
>
> • 학교의 교육과정 편성·운영과 교육청의 교육과정 지원 상황을 파악하기 위하여 학교와 교육청에 대한 평가를 주기적으로 실시한다.
>
> • 교육과정 편성·운영과 지원 체제의 적절성 및 실효성을 평가하기 위한 연구를 수행한다.
>
> ㉢ 학교에서 평가 활동이 원활히 이루어질 수 있도록 다양한 방안을 개발하여 학교에 제공한다.
>
> • 교과별로 성취 기준에 따른 평가 기준을 개발·보급하여 학교가 교과 교육과정의 목표에 부합되는 평가를 실시할 수 있도록 한다.
>
> • <u>교과별 평가 활동에 활용할 수 있는 다양한 평가 방법, 절차, 도구 등을 개발하여 학교에 제공한다.</u>
>
> ㉣ 특성화 고등학교와 산업수요 맞춤형 고등학교가 기준 학과별 국가직무능력표준이나 직무분석 결과에 기초하여 교육과정을 편성·운영할 수 있도록 지원한다.
>
> ㉤ 특수교육 대상 학생의 교육과정 편성·운영을 위해 관련 교과용 도서와 교수·학습 자료 개발, 평가 등에 필요한 제반 사항을 지원한다.
>
> ㉥ 이 교육과정이 교육 현장에 정착될 수 있도록 교육청 수준의 교원 연수와 전국 단위의 교과 연구회 활동을 적극적으로 지원한다.
>
> ㉦ 학교 교육과정이 원활히 운영될 수 있도록 학교 시설 및 교원 수급 계획을 마련하여 제시한다.

10 신교육사회학에 대한 설명으로 옳지 않은 것은?

① 학교 교육과정 또는 교육내용에 주목한다.
② 불평등의 문제를 학교 교육 안에서 찾는다.
③ 학교에서 가르치는 지식의 사회적 성격을 탐구한다.
④ 구조 기능주의에 기반하여 교육의 사회적 기능을 탐구한다.

>ADVICE ④ 구조 기능주의에 기반하여 교육의 사회적 기능을 탐구하는 것은 기능론이다. 신교육사회학은 지식사회학, 해석학 등의 영향을 받아 교육과정과 학교 내적 과정에 대해 비판적 시각으로 분석한다.

11 다음에 해당하는 우리나라의 평생교육 제도는?

> • 국민의 학력·자격이수 결과에 대한 사회적 인정 및 활용기반을 확대하기 위한 제도이다.
> • 학교교육, 비형식교육 등 국민의 다양한 개인적 학습경험을 학습이력관리시스템으로 누적·관리한다.

① 학습휴가제
② 학습계좌제
③ 시간제 등록제
④ 평생교육 바우처

>ADVICE 제시된 내용은 학습계좌제에 대한 설명이다.
> ① 학습휴가제 : 직장인들이 인사나 임금 따위에서 차별받지 않고 특정한 교육을 받을 수 있도록 일정 기간 유급이나 무급으로 휴가를 주는 제도
> ③ 시간제 등록제 : 고등학교 졸업자 또는 이와 동등한 학력이 있다고 인정된 사람이 대학에 시간제로 등록하여 그 대학의 수업을 받을 수 있게 한 제도
> ④ 평생교육바우처 : 학습자가 본인의 학습 요구에 따라 자율적으로 학습 활동을 결정하고 참여할 수 있도록 정부가 제공하는 평생교육 이용권

12 다음과 같은 학교조직의 특성에 가장 부합하는 조직 유형은?

> 학교의 목적은 구체적이지도 않고 분명하지도 않다. 비록 그 목적이 명료하게 나타나 있다고 하더라도 그 해석은 사람마다 다르며, 그것을 달성할 수단과 방법도 분명하게 제시하기 어렵다. 또한 학교의 구성원인 교사와 행정직원들은 수시로 학교를 이동하며, 학생들도 일정한 시간이 지나면 졸업하여 학교를 떠나게 된다.

① 야생 조직(wild organization)
② 관료제 조직(bureaucratic organization)
③ 조직화된 무질서(organized anarchy) 조직
④ 온상 조직(domesticated organization)

> **ADVICE** 학교조직은 전형적인 관료제 조직과는 구별되는 특징이 있는데, 불분명한 교육목표, 불확실한 교육방법, 구성원 간의 유동적 참여가 그것이다. 이로 인해 학교조직은 조직화된 무질서 조직의 특성을 가진다.

13 다음과 가장 관계가 깊은 이론은?

> 직무 만족과 직무 불만족은 서로 독립된 별개의 차원이며, 각 차원에 작용하는 요인 역시 별개이다. 직무 만족을 가져다주는 요인에는 성취, 책임감 등이 있으며, 충족되지 않으면 직무 불만족을 가져오는 요인에는 대인관계, 근무조건 등이 있다.

① 허즈버그(Herzberg)의 동기-위생이론
② 매슬로우(Maslow)의 욕구위계이론
③ 맥그리거(McGregor)의 X-Y이론
④ 헤크만과 올드함(Hackman & Oldham)의 직무특성이론

> **ADVICE** 제시된 내용은 허즈버그(Herzberg)의 동기-위생이론에 대한 설명이다.
> ㉠ 동기요인(만족요인): 조직구성원에게 만족을 주고 직무에 대한 동기를 유발하는 요인 (예 성취, 인정, 승진, 직무내용, 책임, 성장 등
> ㉡ 위생요인(불만요인): 충족이 되지 않을 경우 조직구성원에게 불만족을 초래하지만, 충족된다고 하더라도 직무 동기를 적극적으로 유발하지 않는 요인 (예 조직의 정책, 관리 감독, 구성원과의 관계, 근무환경, 보수, 지위, 안전 등

14 다음에 해당하는 자아정체감의 개념은?

> 의사결정을 할 때, 대안을 고려하지 않고 부모 등이 제시하는 역할이나 가치를 그대로 선택하거나 수용한다.

① 정체감 성취(achievement) ② 정체감 유예(moratorium)
③ 정체감 유실(foreclosure) ④ 정체감 혼미(diffusion)

ADVICE 제시된 사례는 자아정체감에 관여는 있지만, 탐구 노력 없이 부모 등이 제시하는 역할이나 가치를 그대로 선택하거나 수용하는 '정체감 유실'에 해당한다.

※ 마르샤(Marcia)의 자아정체감 4가지 지위

		관여	
		있음	없음
탐구 노력	있음	정체감 성취	정체감 유예
	없음	정체감 유실	정체감 혼미

15 다음의 주장과 가장 관계가 깊은 현대 교육철학자는?

> 교육의 내용은 일차적으로 특정한 사회적 활동(social practices)의 영역에 학생을 입문시키는 일로 이루어져야 한다. 그러한 활동들은 '사회적으로' 발전되거나 형성된 것들로서, 해당 사회를 구성하는 사람들이 개인적으로나 집단적으로 종사하는 행위의 패턴들이다. 교육에서 가장 근본적인 것은 건강한 삶을 사는 것이며, 바로 이 활동들이야말로 개인의 건강한 삶을 구성하는 요소들이 된다.

① 피터스(Peters)
② 허스트(Hirst)
③ 프레이리(Freire)
④ 마르쿠제(Marcuse)

ADVICE 제시된 내용은 현대적 자유교육 개념을 정립한 교육철학자인 허스트(Hirst)의 주장이다. 허스트에 따르면 교육은 합리적·사회적 실제에 입문시킴으로써 개인의 전반적인 욕구를 장기적인 관점에서 최대한 충족시키는 일이다. 후기 허스트는 교육에서 가장 근본적인 건강한 삶을 사는 것에 있어 개인의 욕구를 강조하는 동시에 지식의 공적 측면도 강조함으로써 기존의 두 가지 측면이 가진 문제를 극복하려고 시도하였다.

ANSWER 12.③ 13.① 14.③ 15.②

16 교육행정의 접근에서 인간관계론의 관점으로 보기 어려운 것은?

① 개인은 적극적이며 능동적인 존재이다.
② 경제적 유인가가 유일한 동기유발 요인은 아니다.
③ 고도의 전문화가 집단을 가장 효율적인 조직으로 이끈다.
④ 생산 수준은 개인의 능력이 아니라 비공식 집단의 사회적 규범에 따라 결정된다.

>ADVICE 인간관계론은 조직구성원들의 사회적·심리적 욕구와 조직 내 비공식 집단 등을 중시하며, 조직과 조직구성원들의 목표 간의 균형을 지향하는 민주적 관리 방식을 취하는 조직이론이다.
③ 분업과 고도의 전문화를 통한 조직의 효율성을 강조하는 것은 과학적 관리론의 입장이다.

17 피들러(Fiedler)의 리더십 상황 이론에서 강조하는 '상황' 요소에 포함되지 않는 것은?

① 구성원의 성숙도
② 과업의 구조화 정도
③ 지도자와 구성원의 관계
④ 지도자가 구성원에 대해 가지고 있는 영향력의 정도

>ADVICE 피들러(Fiedler)의 리더십 상황 요소

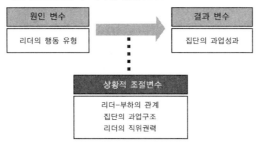

18 다음 내용을 포함하고 있는 일제강점기의 조선교육령은?

> - 보통학교의 수업연한은 6년으로 한다. 단, 지역의 상황에 따라 5년 또는 4년으로 할 수 있다.
> - 전문교육은 전문학교령에, 대학교육 및 그 예비교육은 대학령에 의한다.

① 제1차 조선교육령   ② 제2차 조선교육령

③ 제3차 조선교육령   ④ 제4차 조선교육령

>**ADVICE** 제시된 내용은 1922년 공포된 제2차 조선교육령 중 일부이다. 1919년 3·1운동 이후 개정된 제2차 조선교육령에서는 이른바 문화정치를 표방하여, 형식상으로는 일본 학제와 동일하게 융화정책을 사용하나, 일본어와 일본식 교육을 강화하여 우리 민족의 사상을 말살하는 데 진짜 목적이 있었다.

19 우리나라의 현행 교육재정의 구조에 대한 설명으로 옳지 않은 것은?

① 국가가 지방자치단체에 교부하는 교부금은 보통교부금과 특별교부금으로 나눈다.
② 교육부의 일반회계와 특별회계는 정부가 교육과 학예 활동을 위해 투자하는 예산을 말한다.
③ 교육부 일반회계의 세출 내역 중에서 가장 규모가 큰 것은 지방교육재정교부금이다.
④ 시·도교육비 특별회계의 세입 중에서 가장 큰 비중을 차지하는 것은 지방자치단체 일반회계로부터의 전입금이다.

>**ADVICE** ④ 시·도교육비 특별회계의 세입 중에서 가장 큰 비중을 차지하는 것은 지방교육재정교부금이다.

20 다음 중 우리나라의 현행 평생교육사 제도에 대한 설명으로 옳은 것만을 모두 고르면?

ⓐ 평생교육사의 등급은 1급부터 3급까지로 구분한다.

ⓑ 평생교육사 2급은 대학 수준에서, 평생교육사 3급은 전문대학 수준에서 각각 양성한다.

ⓒ 「학점인정 등에 관한 법률」에 따라 평가인정을 받은 학습과정을 운영하는 교육훈련기관에서도 평생교육사 자격 취득에 필요한 학점을 이수할 수 있다.

---

① ㉠

② ㉠, ㉢

③ ㉡, ㉢

④ ㉠, ㉡, ㉢

)ADVICE ㉡ 평생교육사 2급과 3급은 모두 대학 수준에서 양성한다.

  ※ 「평생교육법」 제24조(평생교육사) 제1항 … 교육부장관은 평생교육 전문인력을 양성하기 위하여 다음 각 호의 어느 하나에 해당하는 사람에게 평생교육사의 자격을 부여하며, 자격을 부여받은 사람에게는 자격증을 발급하여야 한다.

   1. 「고등교육법」 제2조에 따른 학교(이하 "대학"이라 한다) 또는 이와 같은 수준 이상의 학력이 있다고 인정되는 기관에서 교육부령으로 정하는 평생교육 관련 교과목을 일정 학점 이상 이수하고 학위를 취득한 사람

   2. 「학점인정 등에 관한 법률」 제3조 제1항에 따라 평가인정을 받은 학습과정을 운영하는 교육훈련기관(이하 "학점은행기관"이라 한다)에서 교육부령으로 정하는 평생교육 관련 교과목을 일정 학점 이상 이수하고 학위를 취득한 사람

   3. 대학을 졸업한 사람 또는 이와 같은 수준 이상의 학력이 있다고 인정되는 사람으로서 대학 또는 이와 같은 수준 이상의 학력이 있다고 인정되는 기관, 제25조에 따른 평생교육사 양성기관, 학점은행기관에서 교육부령으로 정하는 평생교육 관련 교과목을 일정 학점 이상 이수한 사람

   4. 그 밖에 대통령령으로 정하는 자격요건을 갖춘 사람

1 다음 설명에 해당하는 교내 자율장학의 형태는?

- 교사들의 교수–학습 기술 향상을 위해 교장 · 교감이나 외부 장학요원, 전문가, 자원인사 등이 주도하는 개별적이고 체계적인 성격이 강한 조언 활동이다.
- 주로 초임교사, 저경력교사 등을 대상으로 진행된다.
- 구체적인 형태로는 임상장학, 마이크로티칭 등이 있다.

① 동료장학

② 발달장학

③ 수업장학

④ 자기장학

> **ADVICE** 수업장학
>
> ㉠ 교사들의 교수–학습 기술 향상을 위해 교장 · 교감이나 외부 장학요원, 전문가, 자원인사 등이 주도하는 개별적이고 체계적인 성격이 강한 조언 활동이다.
> ㉡ 대상 : 초임교사, 저경력교사, 수업기술향상의 필요성이 있는 교사에게 실시한다.
> ㉢ 영역 : 전문적 발달
> ㉣ 형태 : 임상장학, 마이크로티칭, 수업연구, 초임교사 대상 수업관련 지도조언활동 등

2 경제협력개발기구(OECD)에 의하여 구상된 혁신적 교육프로그램으로, 사회에 진출한 사람들을 다시 정규교육 기관에 입학하게 하여 재학습의 기회를 주는 교육은?

① 계속교육

② 생애교육

③ 성인교육

④ 순환교육

> **ADVICE** 순환교육 … 정규교육을 마치고 사회에 진출한 사람들을 정규교육 교육기관에 입학시켜 재학습의 기회를 부여하여 직업적 · 기술적 자질을 향상시키는 교육 형태이다. 우리나라의 경우 군위탁교육, 산업체위탁교육 등이 해당된다.

ANSWER 20.② / 1.③ 2.④

3 (가), (나)에 들어갈 단어를 바르게 나열한 것은?

| (가) |은/는 사회화를 보편적 사회화와 특수 사회화로 구분하면서 도덕교육을 강조하였다. 그리고 사회의 동질성을 유지하기 위해 한 사회의 공통적인 감성과 신념, 집단의식을 새로운 세대에 내면화시키는 | (나) |가 필요하다고 주장하였다.

	(가)	(나)
①	뒤르켐(Durkheim)	특수 사회화
②	뒤르켐(Durkheim)	보편적 사회화
③	파슨스(Parsons)	특수 사회화
④	파슨스(Parsons)	보편적 사회화

> **ADVICE** 뒤르켐의 교육관
> ㉠ 뒤르켐은 사회화를 보편적 사회화와 특수 사회화로 구분하였다.
> ㉡ 보편적 사회화
> • 한 사회가 지니고 있는 특성을 유지하면서, 사회구성원들의 동질성 확보를 위한 사회화이다.
> • 한 사회의 집합의식·사회의 공통적 감성과 신념을 새로운 세대에 내면화시키는 사회화를 말한다.
> ㉢ 특수 사회화
> • 개인이 속하게 되는 특수한 환경 또는 직업집단에서 요구하는 특수성의 함양을 위한 사회화를 말한다.
> • 사회가 분화·발전함에 따라 요구되는 기술교육·직업교육을 의미한다.

4 교육행정의 원리에 대한 설명으로 옳지 않은 것은?

① 안정성의 원리는 교육정책을 일관되고 지속적으로 추진해야 한다는 것이다.
② 효율성의 원리는 교육에 투입되는 비용을 상대적으로 적게 하면서 교육목표를 달성하려는 것이다.
③ 자주성의 원리는 지역의 특수성과 다양성을 반영하여 주민의 적극적인 의사와 자발적인 참여를 강조하는 것이다.
④ 민주성의 원리는 이해당사자들의 의사를 적극적으로 반영하고 그들을 의사결정과정에 적절하게 참여시켜야 한다는 것이다.

> **ADVICE** ③ 자주성의 원리 : 교육의 본질을 추구하기 위하여 일반행정으로부터 독립되고 정치와 종교로부터 중립성을 유지해야 한다는 원리이다.

5 교사의 동기과정이론에 대한 설명으로 옳은 것은?

① 목표설정 이론은 직무에서 만족을 주는 요인과 불만족을 주는 요인을 독립된 별개의 차원으로 본다.
② 공정성 이론은 보상의 양뿐 아니라 그 보상이 공정하다고 지각하는 정도가 만족을 결정한다고 본다.
③ 기대 이론은 동기를 개인의 여러 가지 자발적인 행위 중에서 자신의 선택을 지배하는 과정으로 본다.
④ 성과－만족 이론은 자신이 투자한 투입 대 결과의 비율을 타인의 그것과 비교하여 공정성을 판단한다고 본다.

> **ADVICE** ③ 기대 이론에서 조직구성원의 동기는 기대, 수단성, 유의성의 값이 최댓값이 되면 최대의 동기부여가 되고, 각 요소 중 하나라도 0이 되면 전체 값이 0이 되어 동기부여가 되지 않는다고 설명하고 있다.

6 문화실조론의 주장으로 옳지 않은 것은?

① 학생의 학습실패 중요 요인으로 학생의 문화적 경험 부족을 지목한다.
② 문화적 상대주의 관점이며, 학생 간의 교육격차가 문화적 결핍보다는 문화적 차이 때문이라고 본다.
③ 빈곤가정의 결핍된 문화적 환경을 보상하기 위한 프로그램 중 하나가 헤드스타트 프로그램이다.
④ 학교에서 학생들의 성공과 실패는 유전적으로 결정된 것이 아니라고 본다.

> **ADVICE** 문화실조론
> ㉠ 기본가정 : 학생의 지적 능력은 유전적으로 타고 나는 것이 라니라 가정의 문화적 환경이 지적 능력에 영향을 미친다고 보았다.
> ㉡ 학교에서의 교육내용을 소화하고 학업성취를 이루려면 언어능력, 인지양식, 학습동기, 사회규범 등의 문화적 능력이 필요하다.
> ㉢ 가정의 문화적 환경으로 인해 학업성취에 필요한 문화적 능력이 결핍되면 학업결손을 초래한다.
> ㉣ 학업성취에 영향을 미치는 요인 : 부모의 높은 기대수준, 미래지향적 가치관, 분석적·논리적 언어능력, 분석적·반성적 인지양식, 학습동기 등
> ㉤ 해결방안 : 문화적 환경이 결핍된 학생들에게 취학 전 이를 보충할 수 있는 교육적 환경, 즉 보상교육을 제공하여 학습장애를 제거한다.
> ㉥ 학업성취의 영향은 학교가 아니라 가정의 문화적 환경임을 강조하여 교육평등정책이 결과적 평등정책으로 발전하는 데 기여하였다.

✎ **ANSWER** 3.② 4.③ 5.③ 6.②

7 「평생교육법」상 평생학습도시에 대한 설명으로 옳지 않은 것은?

① 평생학습도시의 지정 및 지원에 필요한 사항은 교육부장관이 정한다.
② 전국평생학습도시협의회의 구성 및 운영에 필요한 사항은 교육부령으로 정한다.
③ 평생학습도시 간의 연계·협력 및 정보교류의 증진을 위하여 전국평생학습도시협의회를 둘 수 있다.
④ 국가는 지역사회의 평생교육 활성화를 위하여 시·군 및 자치구를 대상으로 평생학습도시를 지정 및 지원할 수 있다.

> **ADVICE** 평생학습도시〈평생교육법 제15조〉
> ㉠ 국가는 지역사회의 평생교육 활성화를 위하여 특별자치시, 시(「제주특별자치도 설치 및 국제자유도시 조성을 위한 특별법」에 따른 행정시를 포함)·군 및 자치구를 대상으로 평생학습도시를 지정 및 지원할 수 있다.
> ㉡ 평생학습도시 간의 연계·협력 및 정보교류의 증진을 위하여 전국평생학습도시협의회를 둘 수 있다.
> ㉢ 전국평생학습도시협의회의 구성·운영에 필요한 사항은 대통령령으로 정한다.
> ㉣ 평생학습도시의 지정 및 지원에 필요한 사항은 교육부장관이 정한다.

8 우리나라의 현행 지방교육자치제도에 대한 설명으로 옳은 것은?[기출변형]

① 부교육감은 대통령이 임명한다.
② 교육감의 임기는 4년이며 2기에 걸쳐 재임할 수 있다.
③ 지방교육자치제의 실시 단위는 시·군·구 기초자치단체를 단위로 한다.
④ 교육감은 대통령이 직접 임명한다.

> **ADVICE** ① 부교육감은 해당 시·도의 교육감이 추천한 사람을 교육부장관의 제청으로 국무총리를 거쳐 대통령이 임명한다〈지방교육자치에 관한 법률 제30조 제2항〉.
> ② 교육감의 임기는 4년으로 하며, 교육감의 계속 재임은 3기에 한정한다〈지방교육자치에 관한 법률 제21조〉.
> ③ 지방교육자치제의 실시 단위는 시·도 단위이다.
> ④ 교육감은 주민의 보통·평등·직접·비밀선거에 따라 선출한다〈지방교육자치에 관한 법률 제43조〉.

9 「2015 개정 교육과정」에 근거해 볼 때, ㈜에 들어갈 말은?

> ㈜ 은/는 학생들이 교과를 통해 배워야 할 내용과 이를 통해 수업 후 할 수 있거나 할 수 있기를 기대하는 능력을 결합하여 나타낸 활동의 기준을 의미하며, 학생의 특성·학교 여건 등에 따라 교육과정 및 교과서 내용을 분석하여 교과협의회를 통해 재구조화할 수 있다.

① 성취기준   ② 성취수준

③ 평가기준   ④ 평가요소

)ADVICE 성취기준 ··· 교과를 통해 학생들이 배워야 할 지식과 기능, 수업 후 학생들이 할 수 있어야 할, 또는 할 수 있기를 기대하는 능력을 나타내는 결과 중심의 도달점, 교과의 내용(지식)을 적용하고 문제해결을 하는 수행능력을 말한다.

10 개화기에 설립된 우리나라 관립 신식학교에 해당하는 것만을 모두 고르면?

㉠ 동문학	㉡ 육영공원	㉢ 연무공원

① ㉠, ㉡   ② ㉠, ㉢

③ ㉡, ㉢   ④ ㉠, ㉡, ㉢

)ADVICE ㉠㉡㉢ 모두 관립 신식학교에 해당한다.

※ 1880년대 관립 신식학교

  ㉠ 동문학

    • 조선의 해관사 책임자로 입국한 독일인 묄렌도르프에 의하여 통상아문에 소속된 영어통역관 양성을 위한 학당으로 출발하였다.

    • 서양어 통역관 양성이 주 목적이므로 통변학교라고도 불렸으며, 1883년 설립된 관립 외국어학당으로 1886년 육영공원 설립 후 폐지되었다.

  ㉡ 육영공원

    • 1886년 9월 미국의 도움을 받아 조선 정부가 설립한 관립 신식학교로 엘리트 양성을 위한 관립학교라는 교명으로 동문학보다 진보한 신식교육기관으로 영어, 농·공·상·의학 등 다양한 서양 신학문을 가르쳤다.

    • 과거급제자를 비롯한 연소한 현직관료들이 입학하는 좌원과 전통교육을 받던 양반자제들이 입학하는 우원으로 나누어 선발하였으며, 1894년 개교 8년 만에 문을 닫았다.

  ㉢ 연무공원 : 1888년 무관 양성을 위해 설립되었으며, 1894년 사관학교로 발전하고 이듬해 다시 무관학교로 개편되어 대한제국 시기의 신식 무관 양성기관으로 자리를 잡았다.

ANSWER 7.②   8.①   9.①   10.④

11 포스트모더니즘의 특징으로 옳지 않은 것은?

① 다원주의를 표방한다.
② 반권위주의를 표방한다.
③ 반연대의식을 표방한다.
④ 반정초주의를 표방한다.

》ADVICE 포스트모더니즘의 특징

  ㉠ 반정초주의 : 가치는 문화적 구성물이며, 시대와 문화에 따라 다르기 때문에 도덕이나 기타 다른 영역에서 기초란 없다고 본다.
  ㉡ 다원주의 : 포스트모더니즘은 총체성 회복을 거부하고 다원적이고 상대적인 관점에서 모든 현상을 파악한다. 연속성 보다는 불연속성과 단절성, 객관성보다는 주관성, 같음보다는 차이, 종합보다는 대조와 해체, 조화보다는 파편화가 지배하는 현실의 모습을 있는 그대로 인정하고 포용하려 한다.
  ㉢ 반권위주의 : 포스트모더니스트들은 도덕적 지식을 포함하여 모든 지식은 그 지식을 생산한 사람들의 이익과 가치를 내포하고 있다고 본다. 따라서 그들은 이러한 이기적–집단적 이해관계를 없애기 위해서 지식과 관련한 일체는 반 권위적이고 민주적인 방법으로 탐구되어야 함을 주장한다.
  ㉣ 연대의식의 표방 : 포스트모더니스트들은 타자에 대한 관심과 연대의식을 강조한다. 타자에게 해를 끼치는 억압적인 권력, 조정, 착취, 폭력 등을 거부하며 한 걸음 나아가 공동체, 존중, 상호협력정신의 증진을 도모한다.

12 렌줄리(Renzulli)가 제시한 영재성의 세 가지 요소에 해당하지 않는 것은?

① 높은 도덕성   ② 높은 창의성
③ 높은 과제집착력   ④ 평균 이상의 능력

》ADVICE 렌줄리(J. S. Renzulli)의 세 고리 모형 … J. S. 렌줄리는 실제로 사회에서 뛰어난 공헌을 한 사람들은 극단적으로 높을 필요는 없는 '평균 이상의 능력', '높은 창의성', '높은 과제집착력'을 갖추고 있다며 영재성 개념의 구성요인으로 주장하였다.

13 강화에 대한 설명으로 옳은 것만을 모두 고르면?

> ㉠ 행동의 강도와 빈도를 높이는 데 있어 강화보다 벌이 더 효과적이다.
> ㉡ 선호하지 않는 것을 제거함으로써 행동의 강도와 빈도를 높일 수 있다.
> ㉢ 선호하는 것을 제공함으로써 행동의 강도와 빈도를 높일 수 있다.

① ㉠, ㉡   ② ㉠, ㉢
③ ㉡, ㉢   ④ ㉠, ㉡, ㉢

>ADVICE 바람직하지 못한 행동을 했을 때 불쾌자극을 제공하여 행동반응을 감소시키는 것을 벌이라고 하며, 벌은 행동의 강도와 빈도를 감소시킨다.
> ※ 강화의 종류
> ㉠ 정적 강화 : 특정한 행동을 한 다음 반응자가 선호하는 강화물을 제공하여 행동의 강도와 빈도를 높일 수 있다.
> ㉡ 부적 강화 : 특정한 행동을 한 다음 반응자가 선호하지 않는 것을 제거함으로써 행동의 강도와 빈도를 높일 수 있다.

14 학습이론에 대한 설명으로 옳지 않은 것은?

① 형태주의 심리학에 따르면 학습은 계속적인 시행착오의 결과이다.
② 사회인지이론에 따르면 개인, 행동, 환경의 상호작용에 의해 학습이 이루어진다.
③ 행동주의 학습이론에 따르면 학습의 근본적인 원리는 자극과 반응 간의 연합이다.
④ 정보처리이론에 따르면 정보저장소는 감각기억, 작업기억, 장기기억의 세 가지로 구분된다.

>ADVICE ① 손다이크(E. L. Thorndike)의 시행착오설에 대한 내용이다.
> ※ 형태주의 심리학 … 학습자는 세상을 지각할 때 외부자극을 단순히 합하는 것 이상의 작업을 수행하며, 문제 장면에 존재하는 다양한 요소의 관계를 파악하는 통찰에 주목한다. 쾰러가 1916년 침팬지를 대상으로 한 연구는 중요한 근거를 제공한다.

15 다음 설명에 해당하는 교수-학습 이론은?

> 전문가와 초심자 간의 특정한 관계 속에서 실제적 과제를 해결해 나가는 과정을 통하여 새로운 지식을 구성함으로써 개념을 발전시켜 나간다. 전문가는 초심자의 지식 구성과정을 도와주는 역할을 하며, 초심자는 전문가와의 토론이나 초심자 간의 토론을 통하여 사회적 학습행동을 습득하고 자신의 인지적 활동을 통제하면서 인지능력을 개발한다.

① 상황학습 이론   ② 문제기반학습 이론
③ 인지적 융통성 이론   ④ 인지적 도제학습 이론

> **)ADVICE** 인지적 도제학습 이론
> ㉠ 전문가-초보자 이론이라고도 하며, 전문가인 교사의 과제수행을 관찰 모방함으로써 전문가의 사고과정을 습득하는 것을 말한다.
> ㉡ 모델링 : 교사가 과제수행을 직접 보여준다.
> ㉢ 코칭 : 학습자의 과제수행을 관찰하고 피드백을 제공하여 동기화 및 반성적 사고를 유도한다.
> ㉣ 스케줄링 : 학습자가 자신의 능력수준을 넘어설 수 있도록 발판을 제공, 암시나 힌트 등의 간접적인 도움을 주다가 점차적으로 도움을 감소시켜 스스로 과제수행이 가능하도록 돕는다.
> ㉤ 명료화 : 질문을 통해 학습자가 본인의 지식, 태도, 사고 등을 명백하게 설명하도록 한다.
> ㉥ 반성 : 학습자는 본인의 수행과 교사의 수행을 비교하여 자신의 문제점을 수정하고 성찰한다.
> ㉦ 탐구 : 학습자는 본인 나름대로의 문제해결방안을 적용하여 전문가다운 자율성을 획득한다.

16 교육재정 제도와 정책에 대한 설명으로 옳지 않은 것은?

① 사립학교의 재원은 학생 등록금, 학교 법인으로부터의 전입금 두 가지로만 구성된다.
② 학부모 재원은 수업료, 입학금, 기성회비 혹은 학교 운영지원비로 구분할 수 있다.
③ 국세교육세는 「교육세법」에 의하여 세원과 세율이 결정되고, 지방교육세는 「지방세법」에 의하여 세원과 세율이 결정된다.
④ 중앙정부가 부담하는 지방교육재정 교부금 재원은 교육세 세입액 중 일부와 내국세의 일정 비율에 해당하는 금액으로 구성된다.

> **)ADVICE** 사립학교의 재원
> ㉠ 학생으로부터의 입학금 및 수업료
> ㉡ 학교법인으로부터의 전입금
> ㉢ 인건비재정결함보조금, 운영비재정결함보조금 등의 국고지원금
> ㉣ 기부금

17 다음 설명에 해당하는 상담이론은?

이 상담이론에서는 인간이 통제력 또는 선택할 수 있는 능력을 갖고 있으므로, 궁극적으로 자기 삶에 책임을 가져야 한다고 주장한다. 상담의 목표는 내담자로 하여금 책임 있는 행동을 학습하여 성공정체감을 발달시키게 하는 것이다. 따라서 상담자는 내담자에게 '원하는 게 무엇인지를 확인한 후 지금부터 계획을 세우자'고 유도함으로써 내담자가 변명이나 구실을 찾지 못하게 하고 자신의 감정이나 행동에 책임을 지도록 도와준다.

① 인간중심 상담   ② 정신분석적 상담
③ 행동주의 상담   ④ 현실 요법

> **ADVICE** 현실 요법 … 인간이 가지고 태어난 5가지 욕구를 충족시키기 위해 선택된 행동들이 현실적으로 만족스러운 것이 되지 못할 때 문제가 발생한다고 보는 이론으로, 내담자의 기본적 욕구에서 비롯된 바람이 정말 무엇인지를 파악하지 못하거나 파악했다고 하더라도 이를 현실적으로 책임질 수 있는 효율적인 방법으로 충족시키기 못하게 될 때 문제가 발생한다고 본다. 상담의 목적은 내담자가 자신의 욕구충족에 도움이 되도록 행동하고 느끼고, 생각하고, 신체적 활동을 하도록 하는 것, 현실적이고 책임질 수 있는 행동을 하게 하고, 성공적인 정체감을 계발하도록 하여 궁극적으로 자율성을 갖도록 하는 것, 행동에 대한 가치판단을 할 수 있고, 행동을 바꾸려는 자기결정을 할 수 있게 하는 것이다.

18 준거참조평가의 특징으로 옳은 것만을 모두 고르면?

> ㉠ 경쟁을 통한 학습자의 외적 동기 유발에 부족하다.
> ㉡ 탐구정신 함양, 지적인 성취동기 자극 등을 장점으로 들 수 있다.
> ㉢ 고등 정신능력의 함양보다는 암기 위주의 학습을 유도할 가능성이 있다.
> ㉣ 일정 점수 이상을 획득한 대상에게 자격증을 부여할 때 주로 사용하는 평가이다.

① ㉡, ㉢
② ㉢, ㉣
③ ㉠, ㉡, ㉣
④ ㉠, ㉡, ㉢, ㉣

> **ADVICE** 준거참조평가
> ㉠ 준거에 비추어 학습자들이 과제의 영역 및 분야를 얼마만큼 알고 있느냐에 관심을 두는 평가로 주로 자격증을 부여할 때 사용하는 평가이다.
> ㉡ 무엇을 알고 있고 모르고 있는가 하는 직접적인 정보를 제공한다.
> ㉢ 제공된 정보를 기초로 교육목표와 교육과정을 개선할 수 있다.
> ㉣ 학습효과를 증진시킬 수 있으며, 탐구정신과 협동정신을 함양시킨다.
> ㉤ 지적인 성취동기 자극, 정신건강에 좋다.
> ㉥ 준거 설정에 어려움이 있으며 경쟁을 통한 학습외적 동기 유발이 부족하다.

19 「2015 개정 교육과정」 총론에서 제시된 핵심역량에 해당하지 않는 것은?

① 세계시민 역량
② 자기관리 역량
③ 심미적 감성 역량
④ 창의적 사고 역량

> **ADVICE** 2015 개정 교육과정 핵심역량
> ㉠ 자기관리 역량
> ㉡ 지식정보처리 역량
> ㉢ 창의적 사고 역량
> ㉣ 심미적 감성 역량
> ㉤ 의사소통 역량
> ㉥ 공동체 역량

20 통일신라의 국학과 고려의 국자감에서 공통으로 필수 과목이었던 두 책은?

① 『논어』와 『맹자』

② 『논어』와 『효경』

③ 『소학』과 『가례』

④ 『소학』과 『대학』

>**ADVICE** 국학과 국자감의 필수 과목

　　㉠ 국학

　　　• 유학과 : 논어와 효경이 필수였고, 전공과목은 삼분과제를 실시하여 예기와 주역, 춘추좌씨전과 모시, 상서와 문선을 다루었다.

　　　• 잡과 : 논어와 효경이 필수였고, 산학과 의학을 다루었다.

　　㉡ 국자감

　　　• 필수과목 : 논어, 효경

　　　• 선택과목 : 상서, 공양, 곡량, 주역, 모시, 주례, 의례, 예기, 좌전

1 다음에 해당하는 학습 형태는?

- 학습자가 언제 어디에서나 어떤 내용이건, 어떤 단말기로도 학습 가능한 지능화된 학습 형태
- 획일적이거나 강제적이지 않으며, 창의적이고 학습자 중심적인 교육과정 실현 가능
- 원하는 정보를 찾기 위해 학습자가 특정 시간에 특정장소를 찾아가는 것이 아니라, 학습정보가 학습자를 찾아다니는 방식

---

① e-러닝(electronic learning)
② m-러닝(mobile learning)
③ u-러닝(ubiquitous learning)
④ 기계학습(machine learning)

> **ADVICE** ③ 유비쿼터스 환경을 기반으로 학생들이 시간, 장소, 환경 등에 구애받지 않고 일상생활 속에서 언제, 어디서나 원하는 학습을 할 수 있는 교육형태이다. U러닝은 PC뿐만 아니라 인터넷이 연결된 모든 모바일을 비롯하여, 인터넷이 연결되지 않아도 학습콘텐츠가 내재된 모바일만 있다면 장소에 관계없이 외부에서도 학습이 가능하다.
> ① 학습자가 안정된 물리적 공간에 위치하고 사이버공간을 통해 하는 학습이다. PC 기반의 전자기기를 통해 인터넷 환경에 접속하여 학습을 해야 하기 때문에 학습이 어렵다는 단점이 있다.
> ② 물리적 공간에서 이동하면서 사이버공간을 통해 하는 학습이다.
> ④ 컴퓨터 시스템이 패턴과 추론에 의존하여 명시적 지시 없이 태스크를 수행하는 데 사용하는 알고리즘과 통계 모델을 개발하는 과학이다.

2 다음에 해당하는 교육의 사회적 기능은?

> • 산업구조와 사회구조의 급격한 변화에 대응하는 인력 수급의 기능을 담당한다.
> • 사회의 존속을 위해 필요한 다양한 기능에 적합한 학생을 교육하여 적재적소에 배치한다.

① 문화전승의 기능　　　　　　　　　　② 사회이동의 기능
③ 사회통합의 기능　　　　　　　　　　④ 사회충원의 기능

>**ADVICE** ① 학교교육이 가지는 가장 중요하고도 기초적인 사회적 기능이다. 이 기능은 사회화의 기능, 사회적응적 기능, 보수적 기능, 사회 안정유지 기능을 모두 포괄하는 개념이다. 사회적인 차원에서 사회의 존속을 위해 사회에서 문화적으로 전승되어 온 지식, 기술, 가치관, 규범, 태도, 언어 등의 여러 가지 생활양식과 행동양식을 사회구성원들이 계승하도록 해야 하는데 그렇지 못하면 그 사회의 안정이나 질서가 유지되기 힘들기 때문이다.
> ② 사회적 위계체제에서 한 개인 또는 집단이 현재의 사회적 지위에서 다른 사회적 지위로 이동하는 것을 촉진하는 것이다. 현대사회는 업적지위를 더 중시하고, 이를 결정하는 전문적 지식이나 기술은 주로 학교교육을 통해 이루어지기 때문에 학교교육은 사회에서 사회적 지위 향상을 위한 조건을 충족시켜 줌으로써 사회이동을 가능하게 한다.
> ③ 사회통합의 기능은 사회의 여러 가지 이질적 요소들이 각각 독립성과 고유성을 유지하면서 전체적으로는 모순과 갈등 없이 조화를 이룰 수 있게 하는 것을 의미한다. 학교교육을 통한 통합적 기능은 학교 사회 안에서 학생들의 올바르고 공인된 행동은 권장하지만 부당한 이상 행동에 대해서는 제재를 가한다. 이러한 결과로 학생들은 사회가 공인하는 방향으로 나아가게 된다.

3 능력주의 평등화론에 대한 설명으로 옳지 않은 것은?

① 지능과 노력의 합을 능력으로 보았다.　　② 현대 서구 교육평등관의 바탕이 되었다.
③ 능력에서의 사회구조적 불평등을 고려하였다.　④ 학교교육을 대표적인 능력주의 실현 장치로 보았다.

>**ADVICE** 능력주의 평등화론
> ㉠ 계층화되어 있는 사회에서 사회계층구조를 그대로 놓아둔 채 교육을 많이 받은 사람이 높은 계층지위를, 교육을 적게 받은 사람이 낮은 계층 지위를 획득하도록 함으로써 능력주의 평등을 실현할 수 있다고 보는 관점이다.
> ㉡ 개인의 지위 획득 또는 선발 배치의 기준을 교육수준에 둔다.
> ㉢ 한정된 재화 및 직업 지위에 따른 선발이 불가피한 상황에서 학교 교육은 선발 및 배치기능을 수행한다.
> ㉣ 학교교육의 선발 및 배치 기능은 유능한 인재를 적재적소에 배치함으로써 사회적 효율성을 도모하고, 능력주의 원리를 실현함으로써 사회평등을 촉진시킨다고 본다.
> ㉤ 결론적으로, 교육을 통해 능력주의 원리를 실현함으로써 사회평등을 촉진한다.

 **ANSWER**　1.③　2.④　3.③

4 협동학습의 일반적인 원리로 옳지 않은 것은?

① 개별 책무성
② 동질적 집단구성
③ 긍정적 상호의존성
④ 공동의 목표 달성 노력

>**ADVICE** 협동학습의 4가지 기본원리
   ㉠ 긍정적인 상호의존
   ㉡ 개인적인 책임
   ㉢ 동등한 참여
   ㉣ 동시다발적인 상호작용

5 평가도구의 신뢰도 및 타당도에 대한 설명으로 옳지 않은 것은?

① 신뢰도는 얼마나 정확하게 오차 없이 측정하는가와 관련된다.
② 평가도구가 높은 타당도를 갖기 위해서는 평가도구의 신뢰도가 높아야 한다.
③ 공인타당도는 새로운 평가도구의 타당도를 기존의 타당성을 인정받고 있는 도구와의 유사성 혹은 연관성에 의해 검증한다.
④ 동형검사신뢰도는 동일한 피험자 집단에게 동일한 평가도구를 일정 간격을 두고 반복 실시한 결과로 파악한다.

>**ADVICE** ④ 동형검사 신뢰도는 평행검사(parallel-form) 신뢰도라고도 한다. 두 가지의 동형 검사를 같은 피험자 집단에게 실시하여 두 점수간의 상관계수를 가지고 신뢰도를 추정하는 것이다.

6 다음과 가장 관계가 깊은 학습 이론은?

> 영수는 국어 성적이 좋지 않아서 시험 성적이 나올 때마다 여러 번 국어 선생님으로부터 꾸중을 들었고, 꾸중을 들을 때마다 기분이 상해서 얼굴이 붉어졌다. 어느 날 영수는 우연히 국어 선생님을 복도에서 마주쳤는데, 잘못한 일이 없음에도 불구하고 자신도 모르게 얼굴이 붉어졌다.

① 구성주의 이론   ② 정보처리 이론

③ 고전적 조건형성 이론   ④ 조작적 조건형성 이론

>**ADVICE** ③ 일정한 훈련을 받으면 동일한 반응이나 새로운 행동의 변화를 가져온다는 것이다.
> ① 인간이 자신의 경험으로부터 지식과 의미를 구성해낸다는 이론이다.
> ② 인간이 어떻게 사고하고, 추론하며 학습하는가와 같은 인간의 인지기능을 컴퓨터의 기능에 비유한 이론적 틀이다.
> ④ 어떤 반응에 대해 선택적으로 보상함으로써 그 반응이 일어날 확률을 증가시키거나 감소시키는 방법을 말한다.

7 다음에 해당하는 프로이트(Freud)의 성격 구조 요소는?

> • 도덕적 원리를 추구한다.
> • 부모나 양육자로부터 영향을 많이 받는다.
> • 양심과 자아이상이라는 두 가지 하위체계로 구성된다.

① 무의식   ② 원초아

③ 자아   ④ 초자아

>**ADVICE** ④ 쾌락보다는 완전함과 도덕적인 것을 추구하며 전통적인 사회규범 및 이상을 내면화한 것으로 원초아의 충동을 억제하고 도덕적이고 규범적인 기준에 맞추어 완전하게 살도록 유도한다.
> ① 말 그 대로 자기 자신에 대한 인식이 없는 상태로, 성격의 본능적인 부분을 포함하고 있으며, 억압되어 있는 강력한 힘이 위치하는 부분이다.
> ② 생물인인 측면이 강하고 본능적인 욕구를 충족시키려고 작용하는 요소이며 '쾌락의 원칙'을 따른다. 따라서 원초아는 비논리적이고 맹목적이며 긴장과 고통을 피하고 쾌락을 추구한다.
> ③ 원초아와 초자아 사이에서 갈등을 조절하는 기능을 한다. 따라서 현실과 환경을 고려하는 '현실의 원칙'을 따라 기능하며, 현실을 이해하고 판단하며 미래에 대한 계획을 세우고 논리적인 사고를 한다.

✎ **ANSWER**   4.②   5.④   6.③   7.④

8 반두라(Bandura)의 관찰학습 단계 중 모델의 행동을 언어적·시각적으로 부호화하는 단계는?

① 재생

② 파지

③ 동기화

④ 주의집중

>**ADVICE** ② 기억된 모델의 행동을 학습자가 능숙하게 재생하는 단계

① 주의집중을 통해 얻은 모델의 행동은 정신적으로 언어화되거나 시각적으로 표현되어 학습자의 기억에 전이되는 것

③ 모델의 행동을 재생한 것에 대해 강화를 기대하면서 동기를 갖게 되는 관계

④ 학습이 일어나기 위한 첫 번째 단계로서 학습자가 모델의 행동에 관심을 가지고 주의집중을 가지게 하는 단계

9 성장참조평가에 대한 설명으로 옳은 것만을 모두 고르면?

㉠ 교육과정을 통하여 학생이 얼마나 성장하였는지에 관심을 둔다.

㉡ 학업 증진의 기회를 부여하고 평가의 개별화를 강조한다.

㉢ 사전 측정치와 현재 측정치의 상관이 높을수록 타당한 결과를 얻을 수 있다.

㉣ 대학 진학이나 자격증 취득을 위한 행정적 기능이 강조되는 고부담검사에 적합하다.

---

① ㉠, ㉡

② ㉢, ㉣

③ ㉠, ㉡, ㉢

④ ㉡, ㉢, ㉣

>**ADVICE** ㉢ 능력의 변화 정도에 초점을 두기 때문에 사전 측정치와 현재 측정치의 상관이 낮을수록 타당한 결과를 얻을 수 있다.

㉣ 규준참조평가에 관한 내용이다.

10 교육과정 유형에 대한 설명으로 옳지 않은 것은?

① 경험중심 교육과정은 아동의 성장과 발달에 목적을 둔다.
② 교과중심 교육과정은 교사 중심의 설명식 교수법을 요구하는 경우가 많다.
③ 학문중심 교육과정은 전통적으로 내려오는 가치와 문화의 전수를 교육과정의 핵심으로 본다.
④ 인간중심 교육과정은 개인적 의미의 중요성을 강조하고 전인적 발달을 추구함으로써 학습자의 자아실현을 돕는다.

>ADVICE ③ 교과중심 교육과정은 전통적으로 내려오는 가치와 문화의 전수를 교육과정의 핵심으로 본다.
　　 ※ 학문중심형 교육과정은 교과의 기본적인 개념을 담고 있는 지식의 구조를 중요 내용으로 본다. 이는 지식의 구조가 개별사실을 이해·기억·응용할 수 있게 해 학습의 전이를 용이하게 해 준다고 보기 때문이다.

11 분석적 교육철학에 대한 설명으로 옳지 않은 것은?

① 위대한 사상가의 교육사상이나 교육적 주장에서 교육의 목적과 방향을 찾으려 하였다.
② 전통적 교육철학에서 애매하거나 모호하게 사용되고 있는 개념의 의미를 명료화하는 데 치중하였다.
③ 교육을 과학적·논리적 방법으로 탐구함으로써 교육철학을 객관적인 체계를 갖춘 독립 학문으로 발전시키려 하였다.
④ 이차적 또는 반성적이라는 철학적 방법의 성격상 교육의 가치나 실천의 문제에 소홀한 한계를 지닌다.

>ADVICE ① 분석철학은 언어와 개념에 사물의 본질이 들어있다고 보고 의미를 명료하게 분석함으로써 사물의 본질을 이해하는 것이다. 교육에서 가치 있는 일이 어떤 일이고, 교육에서 지식이 차지하는 위치는 무엇이며 교육에서 왜 이론적 활동을 추구해야 하는지 밝히고 정당화하는 일을 한다. 그러나 교육의 이념이나 목표를 정립하는 일을 소홀하게 만들었다는 비판을 받았다.

12 다음에 해당하는 교육 개념은?

> • 정규 학교교육 체제 밖에서 이루어지는 조직적 교육활동이다.
> • 교수자의 자격 요건이나 교육 방법이 프로그램의 상황과 조건에 따라 유동적인 경우가 많다.

① 형식 교육
② 비형식 교육
③ 무형식 교육
④ 우연적 학습

> **ADVICE** ② 비형식교육이란 학교교육 밖에서 이루어지는 모든 구조화된 학습활동을 말한다. 형식교육과 동일하게 계획적이고
> 체계적이며 조직화된 교수과정을 포함하고 있으나, 국가의 '학력, 학위' 인증을 받지 않은 교육이다. 공식적인 학위
> 나 졸업장의 취득을 목적으로 하지 않으면서 교육프로그램이나 강좌형태로 기관에 등록하여 참여하거나, 지속적인
> 스터디클럽, 개인과외 형태로 참여한 교육으로 구체적인 교육프로 그램이나 교육과정이 있는 학습이다. 구체적으로
> 비형식교육은 직장에서 받은 교육, 학원수강, 주민자치 센터나 백화점 문화센터 프로그램 참여, 영농교육, TV강
> 좌, 인터넷강좌, 스터디클럽, 개인과외 등을 포함한다.
> ① 조직화된 교수활동 중에서도 국가 학력체계(NFQ)안에 포함 된 과정, 즉 '국가인정체제'로서 모종의 학력 인정체제
> 안에 포함되는 것을 형식교육이라고 본다. 흔히 형식교육은 학교 안에서 이루어지는 방식의 학교교육으로 졸업장이
> 나 학위취득과 같이 정규과정에 속한다. 초등학교, 중학교, 고등학교, 대학원(석사, 박사), 학점은행제, 검정고시를
> 포함한다.
> ③ 무형식 교육은 어떤 기관에 참여하거나 강사, 교사로부터 배우지 않고, 학습자가 주도적으로 자발적으로 학습하는
> 것을 말한다. 흥미나 놀이를 위한 것이 아니며, 활동이나 참여를 통해 무언가를 새롭게 배우거나 알게 되는 학습경
> 험을 포함해야 한다. 가족, 친구 또는 직장동료나 상사의 도움이나 조언을 통한 학습, 인쇄매체(책이나 전문잡지
> 등)를 활용한 학습, 컴퓨터나 인터넷을 활용한 새로운 정보나 사실의 학습 등을 포함한다.

13 다음에 해당하는 리더십 유형은?

• 구성원으로 하여금 조직 목적에 헌신하도록 하고, 의식과 능력 향상을 격려함으로써 자신과 타인의 발전에 보다 큰 책임감을 갖고 조직을 변화시키고 높은 성취를 이루도록 유도한다.

• 이상적 영향력, 영감적 동기화, 지적 자극, 개별적 고려 등의 특징을 갖는다.

---

① 변혁적 리더십
② 문화적 리더십
③ 도덕적 리더십
④ 슈퍼 리더십

ADVICE ② 조직의 문화를 올바른 방향으로 개선하는 것을 수반함으로써 리더의 영향력이 구성원들에게 전달되는 리더십이다. 즉, 문화적 리더십은 조직 구성원 개개인에게 초점을 두기보다는 조직의 문화에 초점을 둔다.

③ 리더의 도덕성 및 윤리성을 강조하는 리더십이다. 즉, 도덕적 리더는 구성원들에 대한 자신의 언행에 있어 도덕적으로 모범적이어야 하고, 구성원들에게 기대하거나 요구하는 과업 또한 도덕적, 윤리적으로 문제가 없는 것이어야 한다. 도덕적 리더십은 리더의 도덕적 영향력이 구성원들에게 미침으로써 구성원들도 도덕적 행위를 하게 됨과 동시에 리더를 존경하게 되는 것을 강조한다.

④ 리더 육성에 초점을 두고 부하직원들이 셀프리더십을 발휘할 수 있도록 영향력을 행사하는 과정이다. 직원들이 리더의 지시에 따라 무조건 복종하거나 몰입하는 것이 아니라 스스로 자신의 일에 대해 몰입하고 주인의식을 갖도록 한다.

14 고구려의 경당에 대한 설명으로 옳지 않은 것은?

① 문과 무를 아울러 교육하였다.
② 미혼 자제들을 위한 교육기관이다.
③ 『문선(文選)』을 교재로 사용하였다.
④ 유교 경전으로는 사서(四書)를 중시하였다.

ADVICE ④ 유교 경전인 오경(역경, 서경, 시경, 예기, 춘추)을 비롯하여 삼사(사기, 한서, 후한서), 문선(주나라에서 양나라까지 선현에 걸친 시문), 삼국지를 폭서하고 활쏘기를 연습하였다.

✎ **ANSWER** 12.② 13.① 14.④

15 다음에 해당하는 조선 후기의 자찬 교재는?

> • 『천자문』이 갖고 있던 문자학습 교재로서의 결함을 극복하기 위해 만든 한자 학습서이다.
> • 상·하권으로 나누어, 상권은 유형적 개념, 하권은 무형적 개념 위주로 2,000자를 수록하였다.

① 사소절
② 아학편
③ 아희원람
④ 하학지남

> **ADVICE** ② 「아학편(兒學編)」(1908)은 조선 후기 실학자 정약용이 아동의 한자 학습을 위해 엮은 교재 「아학편(兒學編)」을 국어학자 지석영이 개편하고 영어, 일본어 등의 주석을 달아 발행하였다.

16 『학점인정 등에 관한 법률』상 교육부장관이 그에 상당하는 학점을 인정할 수 있는 자에 해당하지 않는 것은?

① 외국이나 군사분계선 이북 지역에서 중등교육에 상응하는 교육과정을 마친 자
② 대통령령으로 정하는 자격을 취득하거나 그 자격 취득에 필요한 교육과정을 마친 자
③ 『고등교육법』제36조제1항, 『평생교육법』제32조 또는 제33조에 따라 시간제로 등록하여 수업을 받은 자
④ 『무형문화재 보전 및 진흥에 관한 법률』제17조에 따라 국가무형문화재의 보유자로 인정된 사람과 그 전수교육을 받은 사람으로서 대통령령으로 정하는 사람

> **ADVICE** 교육부장관은 다음 각 호의 어느 하나에 해당하는 자에게 그에 상당하는 학점을 인정할 수 있다.
> ㉠ 대통령령으로 정하는 학교 또는 평생교육시설에서 「고등교육법」, 「평생교육법」 또는 학칙으로 정하는 바에 따라 교육과정을 마친 자
> ㉡ 외국이나 군사분계선 이북지역에서 대학교육에 상응하는 교육과정을 마친 자
> ㉢ 「고등교육법」, 「평생교육법」에 따라 시간제로 등록하여 수업을 받은 자
> ㉣ 대통령령으로 정하는 자격을 취득하거나 그 자격 취득에 필요한 교육과정을 마친 자
> ㉤ 대통령령으로 정하는 시험에 합격하거나 그 시험이 면제되는 교육과정을 마친 자
> ㉥ 「무형문화재 보전 및 진흥에 관한 법률」에 따라 국가무형문화재의 보유자로 인정된 사람과 그 전수교육을 받은 사람으로서 대통령령으로 정하는 사람

17 교육정책 결정 모형에 대한 설명으로 옳은 것은?

① 혼합 모형은 만족 모형의 이상주의와 합리성 모형의 보수주의를 혼합하여 발전시킨 모형이다.

② 점증 모형은 인간의 이성과 합리적 행동에 대한 믿음을 바탕으로 가장 합리적인 최선의 대안을 찾고자 하는 모형이다.

③ 만족 모형은 최선의 결정은 이론적으로 가능할 뿐이며 실제로는 제한된 범위 안에서의 합리성만 추구할 수 있다고 본다.

④ 합리성 모형에서는 기존의 정책 대안과 경험을 기초로 약간의 개선을 도모할 수 있는 제한된 수의 대안을 검토하여 현실성 있는 정책을 선택한다.

> **ADVICE** ① 혼합 모형은 Etzioni에 의해 제시된 것으로 합리성 모형의 이상주의와 점증주의 모형의 보수주의를 비판하고, 이 두 모형의 장점을 결합하고자 했다.
> ② 점증 모형은 린드브룸과 윌다브스키가 다원적 사회를 배경으로 제창한 현실적, 실증적 이론모형으로, 대안의 선택은 종래의 것보다 점진적, 부분적, 순차적인 약간의 상향조정을 통해 이루어진다. 즉, 기존의 상황과 유사한 것들을 각각 비교하여 기존의 정책보다 약간 개선된 수준을 대안으로 선택한다.
> ④ 합리모형은 정책결정자가 이성과 고도의 합리성에 따라 목표 달성의 극대화를 위한 최적의 대안을 탐색, 선택하게 된다는 규범적, 이상적, 연역적 이론모형이다.

18 보비트(Bobbit)가 학교행정에 적용한 과학적 관리의 원칙으로 옳지 않은 것은?

① 교육에서의 낭비를 최대한 제거한다.

② 가능한 모든 시간에 교육시설을 활용한다.

③ 교직원의 작업능률을 최대한 유지하고 교직원 수를 최소화 한다.

④ 교원은 학생을 가르치는 일과 함께 학교행정의 책임도 져야 한다.

> **ADVICE** ④ 교원들에게 학교행정을 맡기기보다는 학생들을 가르치는 데 활용하도록 한다.

19 호이(Hoy)와 미스켈(Miskel)이 구분한 학교풍토의 네 가지 유형에 대한 설명으로 옳지 않은 것은?

① 개방풍토 – 교장은 교사들이 의견과 전문성을 존중하고, 교사들은 과업에 헌신한다.
② 폐쇄풍토 – 교장은 일상적이거나 불필요한 잡무만을 강요하고, 교사들은 업무에 대한 관심과 책임감이 없다.
③ 몰입풍토 – 교장은 효과적인 통제를 시도하지만, 교사들은 낮은 전문적 업무수행에 그친다.
④ 일탈풍토 – 교장은 개방적이고 지원적이지만, 교사들은 교장을 무시하거나 무력화하려 하고 교사 간 불화와 편견이 심하다.

>ADVICE ③ 몰입풍토는 교장이 폐쇄적이며, 낮은 지원성, 높은 지시성, 높은 제한성의 비효과적 지도성을 가지고 있다. 반면 교사들의 경우, 이러한 학교장의 행동을 무시하고 전문가로서의 업무를 수행해 나감으로써 높은 단체성과 높은 친밀성을 실현하고, 주어진 과업에 대해 서로 협동하며 낮은 일탈성을 보이는 등 개방적인 성향이어서 높은 전문적 업무수행이 이루어지게 된다.

　　※ 학교풍토의 네 가지 유형

		학교장의 행동	
		개방	폐쇄
교사의 행동	개방	개방풍토	몰입풍토
	폐쇄	일탈풍토	폐쇄풍토

20 다음에 해당하는 학교예산 편성 기법은?

> • 달성하려는 목표와 사업이 무엇인가를 표시하고 이를 달성하는 데 필요한 비용을 명시해 주는 장점이 있다.
> • 예산 관리에 치중하여 계획을 소홀히 하거나 회계 책임이 불분명한 단점도 있다.

① 기획 예산제도
② 성과주의 예산제도
③ 영기준 예산제도
④ 품목별 예산제도

>ADVICE ① 장기적인 계획과 단기적인 예산편성을 계획수립을 매개로 결합시켜, 자원배분에 관한 의사 결정을 가장 합리적으로 결정할 것을 목표로 하는 예산편성 방식이다.
　　③ 예산을 편성할 때 전년도 예산에 기초하지 않고 영(0)을 기준으로 원점에서 재검토한 뒤 예산을 편성하는 방법이다.
　　④ 예산을 품목별로 분류하고, 지출 대상과 한계를 명확하게 규정하는 통제 지향적인 예산 제도이다.

1 새로운 환경변화에 신축적으로 대응하고 능동적으로 대처함으로써 변화를 주도해 나가야한다는 교육행정의 원리는?

① 민주성의 원리
② 안정성의 원리
③ 전문성의 원리
④ 적응성의 원리

>ADVICE ① 교육행정이 민주성의 원리를 따라야 한다는 것은 국민의 의사를 교육행정에 반영하고 국민을 위한 행정을 해야 한다는 것을 의미한다. 교육행정기관은 국민과의 관계에 있어서 행정권의 남용을 최대한 통제하고 국민에 대한 책무성을 확보하는데 초점을 두어야 한다는 의미이다. 이 원리는 합법성의 원리보다 훨씬 적극적인 개념으로, 교육행정의 시민참여, 행정의 공개성과 공익성, 행정과정의 민주화 등이 포함된다.
② 안정성의 원리란 국민적 합의과정을 거쳐 수립, 시행되는 교육정책이나 프로그램은 장기적인 안목에서 계속성 과 일관성을 유지해야 한다는 것이다.
③ 교육행정은 교육의 행정이므로 교육활동의 본질을 이해하고, 교육의 특수성을 스스로 체험하고 교육행정에 관한 이론과 기술을 습득한 전문가가담당해야 한다는 것이다.

2 학교조직의 특성으로 옳지 않은 것은?

① 중심적 활동인 수업에 대한 교사의 재량권이 발휘되는 이완조직이다.
② 통일된 직무수행 기준에 따라 엄격하게 통제되는 순수한 관료제 조직이다.
③ 불분명한 목표, 불확실한 기술, 유동적인 참여를 특징으로 하는 조직화된 무질서 조직이다.
④ 느슨한 결합구조와 엄격한 결합구조를 동시에 가지고 있는 이중조직이다.

>ADVICE ② 학교조직의 관료제는 구성원인 교사가 고도의 교육을 받은 전문가라는 점에서 순수한 관료제가 아닌 전문적 관료제이다.

✎ **ANSWER** 19.③ 20.② / 1.④ 2.②

3 다음 설명에 해당하는 것은?

> • 지능은 사회문화적 맥락의 영향을 받는, 서로 독립적인 다양한 능력으로 구성되어 있다.
> • 지능의 예로 언어 지능, 논리수학 지능, 음악 지능, 공간 지능, 신체운동 지능, 대인관계 지능 등이 있다.
> • 학습자는 누구나 강점 지능과 약점 지능을 가지고 있으므로, 수업방식을 다양화하는 교육방식이 필요하다.

① 스피어만(Spearman)의 일반요인이론 ② 길포드(Guilford)의 지능구조모형
③ 가드너(Gardner)의 다중지능론 ④ 캐롤(Carroll)의 지능위계모형

> **ADVICE** ③ 다중지능 이론은 미국 전 하버드대학 교육대학원 교수 하워드 가드너가 주창한 이론으로, 인간의 지능은 IQ와 EQ와 같이 단순한 지적능력이 아닌 여러 가지 다양한 지능으로 구성되어 상호협력하고 있다고 보는 지능이론이다.
> ① 스피어만은 지능을 일반 요인(G요인)과 특수요인(S요인)으로 구분하고 일반요인을 평소의 일반적인 능력, 지능을 지칭하는 개념으로 정의하여 일반요인을 중심적인 요인으로 생각했다.
> ② 길포드는 180개의 요인을 설명하기 위해 조작, 산출, 내용의 세 가지 요소를 축으로 하는 입방형 모형을 제시하였다.
> ④ 최상위에 집단요인인 일반요인 G가 존재하고 그 아래에 하위요인인 유동적 지능과 결정적 지능이 있다는 것이다.

4 (가), (나)에 들어갈 말을 바르게 나열한 것은?

> ┌─(가)─┐은 학교가 개인을 사회적 존재로 성장시킨다고 본다. 학교는 능력주의에 따라 학생을 선발하고 교육 수준에 따라 인재를 적재적소에 배치하는 기능을 한다. ┌─(나)─┐은 학교가 기존의 불평등한 계층구조를 재생산한다고 본다. 학교는 교육내용뿐만 아니라 교육분위기를 통해 기존의 계층구조를 정당화하는 교육을 한다.

	(가)	(나)
①	기능주의적 관점	갈등론적 관점
②	갈등론적 관점	기능주의적 관점
③	해석적 관점	기능주의적 관점
④	현상학적 관점	갈등론적 관점

> **ADVICE** ㉠ 기능주의 이론은 사회진화론에서 유래된 이론으로 사회질서가 사회를 구성하는 사회성원의 일반, 즉 가치합의에 의해서 형성되었다고 보는 견해이다. 기능주의자는 사회가 상호 관련되어 있고 상호 의존되어 있는 체계이며, 균형, 조화, 일치, 합의로 구성되어 있다고 보고 있다.
> ㉡ 갈등이론은 사회를 개인 간 및 집단 간의 끊임없는 경쟁과 갈등의 연속으로 보는 입장이다.

5 로저스(Rogers)의 인간중심적 상담에서 상담자에게 필요한 태도로 옳지 않은 것은?

① 체계적 둔감
② 공감적 이해
③ 일치성
④ 무조건적 긍정적 존중

> **ADVICE** ② 상담자가 내담자의 감정에 이입되어 마치 내담자가 된 것처럼 내담자의 감정을 이해하는 것으로 이를 통해 상담자가 내담자의 경험과 개인적인 감정을 정확하게 지각하고 이를 다시 내담자에게 전달해 주는 것을 의미한다.
> ③ 일치성이란 상담자가 전문가의 역할을 가장하여 역할 뒤에 자신을 숨기려 하지 않고, 상담 관계에서 꾸밈없이 자신의 있는 그대로의 모습으로 존재하는 것을 의미한다.
> ④ 상담자가 내담자에 대해 개인적 견해에 의한 판단을 내리거나 평가하지 않으면서 그를 오롯이 한 사람의 독립된 인간으로 긍정적으로 수용하는 능력을 말한다.

6 다음 설명에 해당하는 학습법은?

> • 면대면 수업이 갖는 시간적 · 공간적 제한점을 온라인학습의 장점을 통해 극복한다.
> • 인간접촉의 부재, 홀로 학습하는 것에 대한 두려움, 동기 저하 등의 문제를 면대면 교육으로 보완한다.

① 상황학습(situated learning)
② 블렌디드 러닝(blended learning)
③ 모바일 러닝(mobile learning)
④ 팀기반학습(team-based learning)

> **ADVICE** ② 혼합형 학습으로 두 가지 이상의 학습 방법을 결합하여 이루어지는 학습을 말한다. 대개 대면 수업(등교 수 업)과 온라인 수업을 결합한 수업 형태이다.
> ① 실제와 유사한 상황에서 학습이 이루어질 수 있도록 교수설계를 하여 학습자가 지식이 발생하고 구성되는 상황에 능동적으로 참여함으로써 지식과 기술에 대한 학습이 자발적으로 이루어지는 것을 의미한다.
> ③ 이러닝(e-Learning) 후에 등장한 원격 교육의 한 형태로 스마트폰, 태블릿 등 휴대 단말을 중심으로 진행되는 교육을 뜻한다.
> ④ 최상의 성과를 산출하는 학습팀이 되도록 지원하고, 팀들이 유의미한 학습에 참여할 수 있는 기회를 제공하도록 설계된 교수전략이다.

ANSWER 3.③ 4.① 5.① 6.②

7 다음 설명에 해당하는 교육사상가는?

- 아동이 무엇을 배울 수 있을 것인가에 대해 생각하지 않고 성인이 알아야 할 것에 대해서만 열중하고 있다는 점을 비판하였다.
- 자연주의 교육사상을 주장하였다.
- 자신의 교육관을 담은 『에밀(Emile)』을 저술하였다.

---

① 루소(Rousseau)
② 페스탈로치(Pestalozzi)
③ 듀이(Dewey)
④ 허친스(Hutchins)

>ADVICE 루소의 자연주의 교육의 특징
　　　　㉠ 루소의 교육 목적은 자연인의 육성이며, 자연적 성장의 과정을 중요시한다.
　　　　㉡ 자연에 의해 인간에게 주어진 성향 및 발달단계를 이해하며 그것에 합당한 사물이나 인간에 의한 교육목표를 달성하는 자연에 따른 교육이다.
　　　　㉢ 교사는 아동의 자연적 성장을 이끌어 주며, 아동으로 하여금 사회 안에서 그의 신분과 능력에 맞는 알맞은 자리를 차지할 수 있도록 준비해 준다.
　　　　㉣ 이상적인 학교는 학생의 개인적인 특성과 인간으로서의 보편적인 특성이 다 같이 올바르게 존중되는 곳이다. 이상적인 학교의 모범적인 본은 가정에서 찾는다.

8 진보주의 교육원리에 대한 설명으로 옳지 않은 것은?

① 미래의 생활을 위한 준비가 아니라 현재의 생활 자체를 의미 있게 만들어야 한다.
② 학습자의 관심과 흥미를 강조한다.
③ 고대 그리스의 자유교양교육을 교육적 이상으로 삼는다.
④ 경험에 의한 학습과 학습자의 참여를 중시한다.

>ADVICE ③ 진보주의 교육은 프라그마티즘의 철학과 루소나 페스탈로찌 등으로 이어진 아동중심 교육인 신교육운동에서 비롯된 교육철학이다.

9 평생교육 제도에 대한 설명으로 옳지 않은 것은?

① 학습휴가제 – 평생학습 기회를 확대하기 위하여 소속 직원에게 유급 또는 무급의 학습휴가를 실시할 수 있다.

② 평생교육이용권 – 국민에게 평생교육의 기회를 제공하기 위하여 신청을 받아 평생교육이용권을 발급할 수 있다.

③ 학습계좌제 – 평생교육을 촉진하고 인적자원의 개발·관리를 위해 국민의 개인적 학습경험을 종합적으로 집중 관리한다.

④ 독학학위제 – 고등학교 졸업이나 이와 같은 수준 이상의 학력을 인정받지 못한 경우에도 학사학위 취득시험의 응시 자격이 있다.

〉ADVICE ④ 독학학위제는 고등학교 졸업 이상의 학력을 가진 사람이면 누구나 시험에 응시할 수 있다.

10 다음에서 설명하는 교육내용의 조직 원리는?

> • 학습내용과 경험의 여러 요소는 그 깊이와 너비가 점진적으로 증가되도록 조직된다.
> • 예를 들어 단순한 내용에서 복잡한 내용으로, 친숙한 내용에서 친숙하지 않은 내용으로, 선수학습에 기초해서 다음 내용으로, 사건의 역사적 발생의 순서대로, 구체적인 개념에서 추상적인 개념으로 내용을 조직할 수 있다.

① 적절성   ② 스코프

③ 통합성   ④ 계열성

〉ADVICE ② 스코프는 특정한 시점에서 학생들이 배우게 될 내용의 폭과 깊이를 가리킨다. 일반적으로 스코프는 한 학기 이상의 기간에 배울 내용의 폭과 깊이를 가리킨다.

③ 교육내용들의 관련성을 바탕으로 교육내용들을 하나의 교과나 단원으로 묶는 것을 말한다.

ANSWER 7.① 8.③ 9.④ 10.④

11 『지방교육자치에 관한 법률』상 교육감에 대한 설명으로 옳지 않은 것은?

① 시 · 도의 교육 · 학예에 관한 사무의 집행기관이다.

② 교육 · 학예에 관한 교육규칙의 제정에 관한 사항을 관장한다.

③ 교육감후보자가 되려면 교육경력과 교육행정경력을 각각 최소 1년 이상 갖추어야 한다.

④ 주민은 교육감을 소환할 권리를 가진다.

> **ADVICE** 교육감후보자가 되려는 사람은 후보자등록신청개시일을 기준으로 다음 각 호의 어느 하나에 해당하는 경력이 3년 이상 있거나 다음 각 호의 어느 하나에 해당하는 경력을 합한 경력이 3년 이상 있는 사람이어야 한다.
>   ㉠ 교육경력 : 「유아교육법」에 따른 유치원, 「초 · 중등교육법」 및 「고등교육법」에 따른 학교에서 교원으로 근무한 경력
>   ㉡ 교육행정경력 : 국가 또는 지방자치단체의 교육기관에서 국가공무원 또는 지방공무원으로 교육 · 학예에 관한 사무에 종사한 경력과 「교육공무원법」에 따른 교육공무원으로 근무한 경력

12 다음 설명에 해당하는 타당도는?

> • 검사도구에서 구한 점수와 미래에 피험자에게 나타날 행동 특성을 수량화한 준거점수 간의 상관을 토대로 한다.
> • 선발, 채용, 배치를 목적으로 하는 적성검사나 선발시험 등에서 요구된다.

① 예언타당도

② 공인타당도

③ 구인타당도

④ 내용타당도

> **ADVICE** ② 새로운 검사를 제작하였을 때 기존에 타당성을 보장받고 있는 검사와의 유사성을 기준으로 하여 타당도를 검증하는 것이 공인 타당도이다.
>   ③ 조작적으로 정의되지 않고, 과학적 이론이 성립되어 있지 않은 인간의 심리적 특성이나 성질을 측정하고자 할 때, 그것을 과학적 개념으로 분석하고 의미를 부여하는 과정이다.
>   ④ 검사가 측정하려는 타당성의 준거를 측정대상의 내용에 두려는 것이다.

13 학습에 대한 관점 중 정보처리이론에 대한 설명으로 옳은 것은?

① 감각기억 – 인지과정에 대한 지각과 통제로 자신의 사고를 확인하고 점검하는 기능을 한다.

② 시연 – 관련 있는 내용을 공통 범주나 유형으로 묶는 과정이다.

③ 정교화 – 새로운 정보를 저장된 지식에 연결하고 의미를 부여하기 위해 정보를 재처리하는 과정이다.

④ 조직화 – 정보에 대한 시각적 이미지를 머릿속에 표상하는 과정이다.

> ADVICE ① 감각기억은 외부로부터 들어온 자극이나 정보가 최초로 저장되는 곳이다.
> ② 입력된 정보를 여러 차례 반복 연습하는 인지 전략이다.
> ④ 관련 있는 내용을 중심으로 정보를 범주화, 위계화 하는 전략이다.

14 다음 내용에 해당하는 교수학습이론은?

> • 새로운 지식 · 정보와 선행 학습내용의 통합을 강조한다.
> • 학습자의 인지구조에 알맞게 포섭 및 동화되도록 학습과제를 제시한다.
> • 일반적이고 포괄적인 지식을 먼저 제시하고, 그다음에 세부적이고 상세한 지식을 제시한다.

① 블룸(Bloom)의 완전학습이론

② 오수벨(Ausubel)의 유의미학습이론

③ 스키너(Skinner)의 행동주의 학습이론

④ 콜린스(Collins)의 인지적 도제학습이론

> ADVICE ② 오수벨에 따르면, 유의미학습은 학습자가 자신이 가진 지식의 체계에 새로운 지식을 관련시킬 때에 일어난다고 한다. 즉, 학습자가 가진 인지구조는 학습의 영향을 미치는 큰 요소로 작용하여, 새로운 정보가 기존의 인지구조로 돌아와 융화, 동화 등의 작용으로 재조직화되어서 새로운 의미를 생성하는 개념들이 곧 영구적인 파지로 인지 체제 속에 남게 된다는 것이다.

ANSWER 11.③ 12.① 13.③ 14.②

15 현행법상 교육의 중립성에 대한 설명으로 옳지 않은 것은?

① 교육은 정치적 · 파당적 또는 개인적 편견을 전파하기 위한 방편으로 이용되어서는 아니 된다.

② 교원노동조합은 정치활동을 할 수 없다.

③ 교원은 특정한 정당이나 정파를 지지하거나 반대하기 위하여 학생을 지도하거나 선동하여서는 아니 된다.

④ 공립학교에서는 학교운영위원회의 동의가 있는 경우 특정한 종교를 위한 종교교육을 할 수 있다.

>**ADVICE** ④ 국가와 지방자치단체가 설립한 학교에서는 특정한 종교를 위한 종교교육을 하여서는 아니 된다.

16 다음 설명에 해당하는 상담은?

> - 엘리스(Ellis)가 창시자이다.
> - 상담과정은 A(Activating events, 선행사건) → B(Beliefs, 신념) → C(Consequences, 결과) → D(Disputing, 논박) → E(Effects, 효과) 과정으로 진행된다.
> - 자신, 타인, 세상에 대한 비현실적인 기대와 요구를 합리적으로 변화시키는 데 초점을 둔다.

① 합리적 · 정서적 행동 상담

② 게슈탈트 상담

③ 개인심리학적 상담

④ 정신분석적 상담

>**ADVICE** ① 엘리스에 의해 창시된 합리적 · 정서적 치료는 인간의 감정과 문제가 대부분 비합리적 사고로부터 생겨나는 것이라는 믿음에 기초하고 있다. 합리적 · 정서적 치료는 내담자로 하여금 기본적인 생활의 가치를 발견하도록 돕고 소위 정서적 문제를 어떻게 스스로 만들어내는지 그리고 문제의 바탕이 되는 비이성적 관념을 지적하여 고치도록 한다. 또한 내담자의 비현실적이고 비이성적인 신념을 바꾸기 위해 자신과 환경 또는 대인관계를 합리적으로 바꾸고 수용하도록 논리적 판단과 자기주장을 강조한다.

17 교수학습 방법에 대한 설명으로 옳지 않은 것은?

① 문제중심학습(problem-based learning) – 문제의 성격이 불분명한 비구조적 문제를 교수자가 사전에 제거할수록 학습자의 학습효과를 높일 수 있다.
② 토의법(discussion method) – 학습자 상호 간의 상호작용을 전제로 학습구성원의 자발성, 창의성 및 미지에 대한 인내심을 요구한다.
③ 지그소모형(Jigsaw model) – 협동학습 교수모형의 하나로 모집단이 전문가집단으로 갈라졌다가 다시 모집단으로 돌아오는 과정에서 구성원 간 상호의존성과 협동성을 유발하게 된다.
④ 발견학습(discovery learning) – 교수자는 학습자의 발견과정을 촉진하고 안내하는 역할을 담당하고, 학습자는 가설 검증을 통해 능동적으로 학습하는 주체가 된다.

》ADVICE ① 비구조적이고 실제적 문제를 제시함으로써 실생황에서 문제해결능력과 창의적 능력을 높이려는 구성주의 수업방식이다.

18 실존주의 교육철학에 대한 설명으로 옳지 않은 것은?

① '나 – 너'의 진정한 만남을 통해 인간의 본래 모습을 회복한다.
② 불안, 초조, 위기, 각성, 모험 등의 개념에 주목한다.
③ 부버(Buber), 볼르노(Bollnow) 등이 대표적인 학자이다.
④ 의도적인 사전 계획과 지속적인 훈련을 강조한다.

》ADVICE ④ 전통적 교육철학의 관점이다.
※ 실존주의 교육철학
개인의 삶에 있어서 철저한 선택과 책임, 그리고 주체성을 강조하는 것을 말한다. 즉 철저하게 자유를 가지는 반면에, 철저하게 선택에 대한 책임을 겨야 한다는 것이다. 따라서 실존주의 교육이란 이러한 사항들을 일깨워주는 과정이라고 본다.

19 지방교육재정교부금에 대한 설명으로 옳지 않은 것은?

① 교육의 균형 있는 발전을 목적으로 확보 · 배분된다.

② 지방자치단체 교육비특별회계의 세입 재원에 포함되지 않는다.

③ 국가는 회계연도마다 『지방교육재정교부금법』에 따른 교부금을 국가예산에 계상(計上)하여야 한다.

④ 『지방교육재정교부금법』상 지방자치단체에 교부하는 교부금은 보통교부금과 특별교부금으로 나눈다.

》ADVICE 교육비특별회계의 재원

　　　 ㉠ 교육에 관한 특별부과금 · 수수료 및 사용료

　　　 ㉡ 지방교육재정교부금(내국세 총액의 일정률, 교육세 전액)

　　　 ㉢ 해당 지방자치단체의 일반회계로부터의 전입금(시 · 도세, 담배소비세, 지방교육세, 학교용지일반회계부담금 등)

　　　 ㉣㉠ 내지 ㉢ 외의 수입으로서 교육 · 학예에 속하는 수입으로 이루어진다.

20 다음 설명에 해당하는 교육평등의 관점은?

- 단지 취학의 평등만으로는 충분하지 않다.
- 고교평준화 정책이 지향한 목적이다.
- 시설, 교사의 자질, 교육과정 등에서 학교 간에 차이가 없어야 교육평등이 실현된다.

---

① 교육기회의 허용적 평등

② 교육기회의 보장적 평등

③ 교육조건의 평등

④ 교육결과의 평등

》ADVICE ③ 학교시설, 교사의 자질, 교육기관 등의 환경에서 학교 간에 차이가 없어야 평등하다는 신념이다.

　　 ① 모든 사람에게 동등한 기회가 고르게 허용되어야한다는 신념이다. 교육기회의 허용 적 평등은 신분, 성, 종교, 인종 등에 의한 차별을 철폐하고 형편에 따른 교육기회의 차이를 인정한다.

　　 ② 경제적, 지리적, 사회적 제약기반을 제거함으로써 교육의 평등을 실현한다는 신념이다.

　　 ④ 교육은 배움에 목적을 두기에 교육을 받고 난 이후의 결과가 평등하지 않으면 평등이 아니라는 신념이다. 이는 능력이 낮은 학에게 교사가 더 많은 시간과 노력을 투자하고, 능력이 우수한 학생보다 열등한 학생에게 좋은 교육조건을 제공한다는 의미에서 역차별로 나타난다.

1 항존주의 교육철학에 대한 설명으로 옳은 것은?

① 아동 존중의 원리를 채택한다.
② 교육을 통한 사회 개조를 중시한다.
③ 지식이나 진리의 영원성을 강조한다.
④ 실제적인 삶의 문제를 해결하는 데 초점을 둔다.

>**ADVICE** 항존주의 교육철학 … 근본적 사상은 중세의 스콜라 철학을 현대에 부활시켜 절대적, 보편적인 제일원리의 기초 위에 현대의 문화와 교육을 재현시켜 혼란을 극복하고자 한다.
①④ 진보주의
② 재건주의

2 코메니우스(Comenius)의 교육사상에 대한 설명으로 옳지 않은 것은?

① 모든 사람에게 모든 것을 철저하게 가르쳐야 한다고 주장하였다.
② 그림을 넣은 교재인 『세계도회』를 제작하여 문자 위주 언어교육의 문제를 해결하고자 하였다.
③ 동굴의 비유를 통해 교육의 핵심적 원리와 지식의 단계를 제시하였다.
④ 어머니 무릎 학교, 모국어 학교, 라틴어 학교, 대학으로 이어지는 단계적 학교 제도를 제안하였다.

>**ADVICE** ③ 동굴의 비유를 통해 교육의 핵심적 원리와 지식의 단계를 제시하는 것은 플라톤의 「국가론」이다.

3 비고츠키(Vygotsky)의 사회문화이론에 근거할 때, ㈜에 들어갈 말은?

> 타인의 도움을 받아서 수행할 수 있는 수준과 자기 혼자서 독립적으로 수행할 수 있는 수준 사이에
> [㈜] 이 있다.

① 집단 무의식
② 근접발달영역
③ 학습된 무기력
④ 잠재적 발달영역

>**ADVICE** 근접발달영역 … 아동이 스스로 해결하거나 성취할 수 있는 능력과 자신보다 인지수준이 높은 또래나 성인의 도움을 받아 과제를 해결하거나 성취할 수 있을 것으로 기대되는 능력 간의 차이

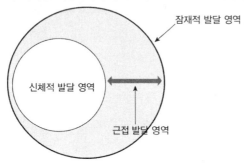

4 교수 – 학습 과정 중 출발점 행동 진단에 대한 설명으로 옳지 않은 것은?

① 학습내용과 매체를 선정하고 수업절차를 확인한다.
② 학습자가 해당 학습과제를 학습할 만한 발달수준에 도달했는지를 확인한다.
③ 학습자의 선수학습 요소를 확인한다.
④ 해당 학습과제에 대한 학습자의 흥미나 적성을 확인한다.

>**ADVICE** ① 학습내용과 매체를 선정하고 수업절차를 확인하는 것은 수업분석 단계에서 이루어진다.

5 다음에 해당하는 지도성 유형은?

> • 지도성에 대한 중앙집권적 사고를 부정한다.
> • 학교 구성원 모두가 공동의 지도성을 실행하면서 학교 조직의 효과성을 극대화하는 것을 목표로 한다.
> • 학교 조직이 크고 업무가 복잡하므로 조직 내 다양한 자원을 적극 활용하는 것을 강조한다.

① 분산적 지도성
② 상황적 지도성
③ 거래적 지도성
④ 변혁적 지도성

> **ADVICE** 제시된 내용은 분산적 지도성에 대한 설명이다.
>
> ② 상황적 지도성 : 허시와 블랜차드는 지도성을 지도자의 과업 지향적 행동, 인화 지향적 행동, 그리고 조직 구성원들의 과업 수행 능력 및 심리 상태의 성숙도와의 상호작용에 의해서 나타나는 것으로 보았다.
> ③ 거래적 지도성 : 리더는 할당된 업무를 효과적으로 수행할 수 있도록 부하들의 욕구를 파악하고 성과에 따라 보상하는 것으로, 즉 리더와 부하 간의 거래 관계에 바탕을 둔 지도성을 말한다.
> ④ 변혁적 지도성 : 조직구성원들로 하여금 리더를 신뢰하게 하는 카리스마는 물론, 조직변화의 필요성을 감지하고 그러한 변화를 이끌어낼 새로운 비전을 제시할 수 있는 능력이 요구되는 지도성이다.

6 콜버그(Kohlberg)의 도덕성 발달이론에 대한 설명으로 옳은 것은?

① 아동 초기에 초점을 둔 이론으로 도덕성 발달은 동화와 조절의 과정을 거쳐 이루어진다.
② 전인습(preconventional) 수준에서 도덕성 발달의 시작은 처벌을 피하기 위한 행동에서 비롯된다.
③ 선악을 판단하는 초자아(superego)의 작동에 의해 도덕성이 발달한다.
④ 인습(conventional) 수준에서 도덕성은 정의, 평등, 생명과 같은 보편적인 원리를 지향한다.

> **ADVICE** ① 도덕성 발달이론은 인습적 수준에 따라 순차적으로 도덕성이 발달한다는 것을 강조한다.
>
> ③ 인지능력의 발달에 따라 도덕 발달 수준이 순차적으로 발달해 간다고 믿는다.
> ④ 콜버그는 전인습적 수준, 인습적 수준, 후인습적 수준으로 구분 후 각 수준당 두 가지 하위 단계를 제시하였다. 인습 수준은 중산 성년의 내면화를 보이는 시기로, 어느 특정 기준을 따라 도덕적 관념을 가지며 그 기준은 보통 다 인이나 사회에 의해 규정된 기준(사회적 규범 및 법)이며, 아직 그 기준을 완전히 내면화하지는 못한 상태이다.

7 「학교폭력예방 및 대책에 관한 법률」상 학교폭력의 예방 및 대책에 대한 설명으로 옳지 않은 것은?

① 학교 안뿐만 아니라 학교 밖에서 발생한 학생 간의 상해, 폭행, 협박, 따돌림 등도 이 법의 적용대상이다.

② 경미한 학교폭력사건의 경우 가해학생 및 그 보호자가 학교폭력대책심의위원회의 개최를 원하지 않으면 학교의 장은 자체적으로 해결할 수 있다.

③ 학교의 장은 학교폭력의 예방 및 대책 등을 위한 교직원 및 학부모에 대한 교육을 학기별로 1회 이상 실시하여야 한다.

④ 피해학생의 보호를 위한 조치에는 학내외 전문가에 의한 심리상담 및 조언, 일시보호, 치료 및 치료를 위한 요양, 학급교체 등이 있다.

> **ADVICE** ② 제13조 제2항 제4호 및 제5호에도 불구하고 피해학생 및 그 보호자가 심의위원회의 개최를 원하지 아니하는 다음 각 호에 모두 해당하는 경미한 학교폭력의 경우 학교의 장은 학교폭력사건을 자체적으로 해결할 수 있다. 이 경우 학교의 장은 지체 없이 이를 심의위원회에 보고하여야 한다〈「학교폭력예방 및 대책에 관한 법률」 제13조의2(학교의 장의 자체해결) 제1항〉.
> 1. 2주 이상의 신체적·정신적 치료가 필요한 진단서를 발급받지 않은 경우
> 2. 재산상 피해가 없거나 즉각 복구된 경우
> 3. 학교폭력이 지속적이지 않은 경우
> 4. 학교폭력에 대한 신고, 진술, 자료제공 등에 대한 보복행위가 아닌 경우

8 가상현실(VR) 기술을 활용한 교육에 대한 설명으로 옳지 않은 것은?

① 다양한 각도에서 수업자료를 탐구하도록 유도할 수 있다.

② 현실에서 직접 경험할 수 없었던 사물, 장소, 역사 속 사건 등을 재현할 수 있다.

③ 투사매체인 실물화상기나 OHP(overhead projector)를 핵심 장치로 활용한다.

④ 학습활동 과정에서 학습자의 흥미와 몰입감을 높일 수 있다.

> **ADVICE** ③ 가상현실 기술을 활용한 교육에서는 VR기기, 스마트폰의 가상현실 또는 증강현실 애플리케이션을 핵심 장치로 사용한다.

9 다음 설명에 해당하는 블룸(Bloom)의 교육목표 분류 범주는?

> • 복잡한 사상이나 아이디어의 구조를 파악하는 수준의 행동으로, 그 구성요소나 관계의 확인을 포함한다.
> • 이 범주에 속하는 목표 진술의 예로는 사실과 추론을 구분하기, 원인과 결과를 찾아내기 등이 있다.

① 적용   ② 평가
③ 종합   ④ 분석

> **ADVICE** 블룸은 그의 저서 『교육 목표 분류학 : 지적 영역』에서 수업을 통하여 달성할 수 있는 지적 영역의 교육목표로 지식, 이해력, 적용력, 분석력, 종합력, 평가력의 6가지를 제시했다.
> ㉠ 지식
> ㉡ 이해력 : 자료의 의미를 파악 · 적용 · 분석 · 관계 짓는 능력
> ㉢ 적용력 : 사실 · 원리 · 방법이나 이론 같은 지식의 면을 구체적으로 활용하는 능력
> ㉣ 분석력 : 자료를 구성요소나 부분으로 분할하여 부분의 확인, 부분 간의 관계의 확인 및 부분들의 조직 원리를 찾아 내는 능력
> ㉤ 종합력 : 전에 없었던 어떤 전제를 구성하도록 요소와 부분을 함께 모으는 능력
> ㉥ 평가력 : 어떤 준거에 비추어볼 때 어떤 자료와 방법이 주어진 목적에 대하여 얼마만큼의 가치를 갖느냐를 판단하는 능력

10 페스탈로치(Pestalozzi)의 교육사상에 대한 설명으로 옳지 않은 것은?

① 『일반교육학』을 저술하여 심리학적 원리에 기초한 교육방법을 정립하였다.
② 아동의 자발적 활동과 실물을 활용한 직관교육을 중시하였다.
③ 루소의 자연주의 교육사상을 교육 실제에 적용하여 빈민학교를 설립하였다.
④ 전체적인 구조 속에서 신체적 능력, 도덕적 능력, 지적 능력의 조화로운 발달을 주장하였다.

> **ADVICE** ① 헤르바르트에 대한 설명이다.

11 다음 설명에 해당하는 교육행정의 과정은?

> 조직의 목표를 설정하고 목표 달성에 필요한 수단을 선택하여 미래의 행동을 준비한다.

① 기획(planning)
② 자극(stimulating)
③ 조정(coordinating)
④ 평가(evaluating)

>ADVICE 제시된 내용은 교육행정의 과정 중 기획 과정에 대한 설명이다.

12 (가), (나)에 들어갈 말을 바르게 연결한 것은?

> • 허즈버그(Herzberg)는 직무 불만족을 야기하는 근무조건, 직업안정성, 보수 등을 [(가)]으로 보았다.
> • 맥그리거(McGregor)는 적절하게 동기부여가 되면 누구나 자율적이고 창의적으로 행동한다는 관점을 [(나)]로 불렀다.

	(가)	(나)
①	동기요인	이론 X
②	동기요인	이론 Y
③	위생요인	이론 X
④	위생요인	이론 Y

>ADVICE • 허즈버그는 조직구성원에게 만족을 주고 동기를 유발하는 동기요인과 욕구 충족이 되지 않을 경우 조직구성원에게 불만족을 초래하지만 그러한 욕구를 충족시켜 준다 해도 직무수행 동기를 적극적으로 유발하지 않는 위생요인으로 구분하였다.
> • 맥그리거는 X이론에서 인간이 본래 게으르고 일을 싫어하며, 야망과 책임감이 없고, 변화를 싫어하며, 자기중심적이고, 금전적 보상이나 제재 등 외재적 유인에 반응한다고 가정한다. 한편 Y이론은 인간이 본성적으로 일을 즐기고 책임 있는 일을 맡기를 원하며, 문제 해결에 창의력을 발휘하고, 자율적 규제를 할 수 있으며, 자아실현 욕구 등 고급 욕구의 충족에 의해 동기가 유발된다고 가정한다.

13 정신분석 상담의 주요 기법에 해당하지 않는 것은?

① 전이 분석　　　　　　　　　　② 저항의 분석
③ 자유연상법　　　　　　　　　　④ 비합리적 신념 논박

> **ADVICE** ④ 비합리적 신념 논박은 인지적 접근의 상담이론에 해당하는 기법이다. 합리정서행동치료자의 창시자인 엘리스는 각
> 자의 목표가 무엇이든 그 목표 달성에 방해가 되는 생각은 비합리적 신념이며, 비합리적 신념의 핵심에는 인간 문제의
> 근원이 되는 당위적 사고가 자리 잡고 있다고 보았다.

14 「초·중등교육법」상 학교운영위원회의 심의사항에 해당하지 않는 것은?

① 학교급식
② 자유학기제 실시 여부
③ 교과용 도서와 교육 자료의 선정
④ 대학입학 특별전형 중 학교장 추천

> **ADVICE** 학교운영위원회의 기능〈「초·중등교육법」 제32조〉
> ① 학교에 두는 학교운영위원회는 다음 각 호의 사항을 심의한다. 다만, 사립학교에 두는 학교운영위원회의 경우 제7
> 호 및 제8호의 사항은 제외하고, 제1호의 사항에 대하여는 자문한다.
> 　　1. 학교헌장과 학칙의 제정 또는 개정
> 　　2. 학교의 예산안과 결산
> 　　3. 학교교육과정의 운영방법
> 　　4. 교과용 도서와 교육 자료의 선정
> 　　5. 교복·체육복·졸업앨범 등 학부모 경비 부담 사항
> 　　6. 정규학습시간 종료 후 또는 방학기간 중의 교육활동 및 수련활동
> 　　7. 「교육공무원법」 제29조의3 제8항에 따른 공모 교장의 공모 방법, 임용, 평가 등
> 　　8. 「교육공무원법」 제31조 제2항에 따른 초빙교사의 추천
> 　　9. 학교운영지원비의 조성·운용 및 사용
> 　　10. 학교급식
> 　　11. 대학입학 특별전형 중 학교장 추천
> 　　12. 학교운동부의 구성·운영
> 　　13. 학교운영에 대한 제안 및 건의 사항
> 　　14. 그 밖에 대통령령이나 시·도의 조례로 정하는 사항
> ② 삭제〈2021. 9. 24.〉
> ③ 학교운영위원회는 제33조에 따른 학교발전기금의 조성·운용 및 사용에 관한 사항을 심의·의결한다.

✎ **ANSWER**　11.①　12.④　13.④　14.②

15 다음과 같이 주장한 교육 사회학자는?

- 학교가 지배집단의 의미체계와 가치체계인 헤게모니를 주입하여 기존 질서를 정당화한다.
- 학교 교육과정과 수업에서 가르치는 지식은 이데올로기적 속성을 갖는다.

---

① 애플(Apple)
② 파슨스(Parsons)
③ 로젠탈(Rosenthal)
④ 드리븐(Dreeben)

)ADVICE 제시된 내용은 애플의 문화적 헤게모니 이론에 대한 설명이다.

16 콜만(Coleman)의 사회자본(social capital)에 대한 설명으로 옳지 않은 것은?

① 부모-자녀 간의 상호신뢰, 긍정적 상호작용, 자녀에 대한 높은 기대 등으로 나타난다.
② 지역사회 주민들이 생활지도, 학습지원 방법, 학습분위기 조성 등에 대해 협력하는 활동이다.
③ 학생의 학업성취 격차를 설명하는 주요 변인이다.
④ 학교시설, 실험실 등 물리적·객관적 여건에 따라 좌우된다.

)ADVICE ④ 콜만은 사회자본을 "주어진 구조에 속하는 개인이나 집단으로 하여금 특정한 행위를 하도록 유도하고 촉진하는 것이며, 다른 형태의 자본과 마찬가지로 생산적인 것"으로 보면서 사회 구조적인 맥락에서 기능적으로 정의한다. 부모와 관계, 부모의 직장, 형제자매의 학교/직장, 지역사회의 환경 등에 따라 좌우된다.

17 다음 설명에 해당하는 것은?

> • 학습 정도를 시간의 함수로 본다.
> • 적성은 최적의 학습 조건하에서 학습 과제를 일정한 수준으로 성취하는 데 필요한 시간으로 표현된다.
> • 수업 이해력은 학습자가 수업내용, 교사의 설명, 제시된 과제를 이해하는 정도를 의미한다.

① 글래이저(Glaser)의 교수과정
② 캐롤(Carroll)의 학교학습모형
③ 브루너(Bruner)의 발견학습
④ 가네(Gagné)의 학습위계

> **ADVICE** 제시된 내용은 캐롤의 학교학습모형에 대한 설명이다. 학교학습모형은 학습에 필요한 시간은 최소화하고 학습에 사용한
> 시간은 최대화하면 학업성취를 높일 수 있다고 보는 학습모형으로, 교사 변인과 학생 변인의 개인차를 변수로 한다.

18 교육평가에 관한 설명으로 옳은 것은?

① 속도검사 : 모든 학생이 모든 문항을 풀어볼 수 있도록 충분한 시간을 준 다음 측정한다.
② 준거지향평가 : 학생의 점수를 다른 학생들의 점수와 비교하여 상대적 서열 또는 순위를 매긴다.
③ 형성평가 : 학기 중 학습의 진척 상황을 점검하여 학습속도 조절이나 학습자 강화에 활용한다.
④ 표준화검사 : 교사가 제작하여 수업 진행 중 학생들의 학업성취도나 행동 특성을 측정한다.

> **ADVICE** ① 역량검사에 대한 설명이다.
> ② 규준지향평가에 대한 설명이다.
> ④ 형성평가에 대한 설명이다.

19 다음 설명에 해당하는 청소년 비행 관련 이론은?

> - 뒤르켐(Durkheim)의 이론을 발전시켜 머톤(Merton)이 정립하였다.
> - 문화적인 가치와 사회적 수단 간의 불일치로 인한 사회 · 심리적 긴장 상태에서 벗어나고자 비행을 시도한다.

① 낙인 이론
② 사회통제 이론
③ 아노미 이론
④ 합리적 선택 이론

>**ADVICE** 제시된 내용은 아노미 이론에 대한 설명이다. '아노미'란 문자적으로는 '무규범'을 뜻하지만, 일반적으로 적절한 규범에 대하여 실질적인 불일치가 존재하는 사회의 상태를 말한다.

20 생활지도 활동과 적용 사례가 바르게 짝지어진 것은?

① 학생조사 활동 – 진로 탐색을 위한 학생 맞춤형 프로그램을 실시하였다.
② 정보제공 활동 – 신입생에게 학교의 교육과정 및 특별활동에 관한 안내 자료를 배부하였다.
③ 배치(placement) 활동 – 학생들의 수업 적응 정도를 점검하고 부적응 학생을 상담하였다.
④ 추수(follow-up) 활동 – 학기 초에 학생에 관한 신체적 · 지적 특성과 가정환경 등 기초적인 정보를 수집하였다.

>**ADVICE** ① 배치 활동에 대한 설명이다.
> ③ 추수 활동에 대한 설명이다.
> ④ 학생조사 활동에 대한 설명이다.

1 아이즈너(Eisner)의 교육과정 이론에 대한 설명으로 옳은 것만을 모두 고르면?

> ⊙ 행동목표 중심으로 교육과정을 개발해야 한다.
> ⓒ 내용선정 과정에서 영 교육과정에 대해서 신중히 고려해야 한다.
> ⓒ 학습기회의 유형을 개발할 때 교육적 상상력을 동원해야 한다.
> ⓔ 교육과정 개발 과정은 목표설정부터 평가방법 개발에 이르는 직선적 과정이다.

① ⊙, ⓒ   ② ⊙, ⓔ
③ ⓒ, ⓒ   ④ ⓒ, ⓔ

>**ADVICE** ⊙, ⓔ 타일러의 합리적 교육과정에 대한 설명이다.

2 ADDIE모형에 대한 설명으로 옳지 않은 것은?

① 분석 – 요구 분석, 학습자 분석, 환경 분석, 과제 분석 등이 실시된다.
② 설계 – 수행 목표 명세화, 교수전략 및 매체 선정 등이 실시된다.
③ 개발 – 설계명세서를 토대로 교수학습자료를 개발한다.
④ 평가 – 평가도구를 제작하고 평가를 실시한다.

>**ADVICE** ④ 평가도구를 제작하고 평가를 실시하는 것은 개발 단계에서 이루어진다.
> ※ ADDIE 모형

분석(Analysis)	설계(Design)	개발(Development)	실행(Implementation)	평가(Evaluation)
• 교육 목적 설정 • 학습 콘텐츠 분석 • 학습자 특성 분석	• 학습 목표 진술 • 평가 문항 설계 • 교수 전략 설계	• 교육용 Material 개발 • 교육 매체 개발	• 교수 활동	• 평가 • 수정 및 개선

✎ **ANSWER** 19.③ 20.② / 1.③ 2.④

3 행동주의 학습이론과 관련이 없는 것은?

① 강화
② 사회학습이론
③ 조작적 조건화
④ 통찰학습이론

>ADVICE ④ 통찰학습에서는 문제를 해결하기 위해 학습 상황에 있는 요소를 탐색하고 요소 간의 관계를 발견한다. 통찰학습이론에서 학습은 학습장면의 전체적인 형태를 구성하는 요소 간의 관계를 파악하는 능력으로, 형태주의 학습이론과 관련있다.

4 학문중심 교육과정에 대한 설명으로 옳지 않은 것은?

① 경험을 통한 생활적응학습을 강조한다.
② 지식의 구조를 중요시한다.
③ 나선형 교육과정으로 내용을 조직한다.
④ 발견학습을 강조한다.

>ADVICE ① 경험중심 교육과정에 대한 설명이다.

5 다음 설명에 해당하는 이론은?

> • 사회질서는 상징적 폭력을 매개로 하여 재생산된다.
> • 체화된 상태의 자본(취향, 태도 등), 객관화된 상태의 자본(책, 예술작품 등), 제도화된 상태의 자본(졸업장, 학위 등)을 강조한다.

① 경제재생산이론
② 문화재생산이론
③ 저항이론
④ 지위경쟁이론

>ADVICE 제시된 내용은 부르디외의 문화재생산이론에 대한 설명이다.

6 의무교육의 대안으로 '학습망(learning web)'이라는 개념을 제시한 학자는?

① 영(Young)

② 일리치(Illich)

③ 지루(Giroux)

④ 프레이리(Freire)

>ADVICE 일리치는 형식적인 학교교육은 제도의 경직성, 빈부와 지역적 격차, 지식교육 강조 등으로 학교 본래의 기능인 자유롭고 참된 인간의 성장에 기여하지 못하고 오히려 소외, 지배구조의 현상유지 등을 낳고 있기 때문에 형식적인 학교교육의 제도를 지양하고 비공식적이고 실질적인 교육을 해야 한다는 탈학교론을 주장하면서 의무교육의 대안으로 '학습망'이라는 개념을 제시하였다.

7 성인학습에 대한 린드만(Lindeman)의 설명으로 옳지 않은 것은?

① 성인학습자의 개인차는 나이가 들수록 감소한다.
② 경험은 성인학습의 중요한 자원이다.
③ 토론은 성인교육의 실천적 방법이다.
④ 성인학습은 삶 혹은 현장 중심적이다.

>ADVICE ① 성인학습자의 개인차는 나이가 들수록 증가한다.

8 다음 설명에 해당하는 피터스(Peters)가 제시한 교육의 개념적 기준은?

- 교육은 일반적인 훈련과 달리 전인적 계발을 지향해야 한다.
- 교육받은 사람은 폭넓은 안목을 가짐으로써 자신과 분야가 다른 인간의 삶과 어떤 관련을 맺고 있는지를 깊이 이해할 수 있어야 한다.

① 규범적 기준

② 내재적 기준

③ 과정적 기준

④ 인지적 기준

>ADVICE 피터스 교육의 세 가지 준거
  ㉠ 규범적 준거 : 교육은 바람직성, 규범성, 가치 등 내재적 가치를 추구해야 한다.
  ㉡ 인지적 준거 : 신념을 변화시키는 전인교육을 통해 사물 전체를 조망할 수 있는 통합된 안목을 형성해야 한다.
  ㉢ 과정적 준거 : 도덕적으로 온당한 방법, 즉 학습자의 자발성을 토대로 해야 한다.

ANSWER 3.④ 4.① 5.② 6.② 7.① 8.④

9 1894년부터 1896년까지 추진된 갑오개혁의 과정에 관제(官制) 또는 영(令)에 의해 설립된 근대 교육기관이 아닌 것은?

① 소학교   ② 중학교
③ 외국어학교   ④ 한성사범학교

> **ADVICE** ② 중학교(1899)
> ① 소학교(1896)
> ③ 외국어학교(1894)
> ④ 한성사범학교(1895)

10 다음과 같이 주장한 교육학자는?

> 교육의 목적은 궁극적으로 학생의 도덕적 품성을 강화하는 것이다. 도덕적 품성은 다섯 가지 기본 이념으로 이루어져 있으며, 내적 자유의 이념, 완전성의 이념, 호의(선의지)의 이념, 정의(권리)의 이념, 공정성(보상)의 이념이다.

① 페스탈로치(Pestalozzi)   ② 피히테(Fichte)
③ 프뢰벨(Fröbel)   ④ 헤르바르트(Herbart)

> **ADVICE** 제시된 내용은 헤르바르트가 교육적 교수에서 강조한 내용이다. 헤르바르트는 표상을 연결하고 적용하게 하는 교육적 교수를 통해 모든 영역에서 다면적 흥미를 일으켜 도덕적 인간을 만드는 것을 교육목표로 삼았다.

11 「사립학교법」의 내용으로 옳지 않은 것은?

① 학교법인의 설립 당초의 임원은 정관으로 정하여야 한다.
② 기간제교원의 임용기간은 1년 이내로 하되, 필요한 경우 4년의 범위에서 그 기간을 연장할 수 있다.
③ 사립학교 교원은 권고에 의하여 사직을 당하지 아니한다.
④ 각급 학교의 장은 해당 학교를 설치 · 경영하는 학교법인 또는 사립학교경영자가 임용한다.

> **ADVICE** ② 기간제교원의 임용기간은 1년 이내로 하되, 필요한 경우 3년의 범위에서 그 기간을 연장할 수 있다〈「사립학교법」 제54조의4(기간제교원) 제3항〉.

12 고전검사이론에 대한 설명으로 옳지 않은 것은?

① 문항난이도는 문항의 쉽고 어려운 정도를 나타낸다.

② 피험자의 능력과 문항의 답을 맞힐 확률 간의 관계를 나타내는 문항특성곡선을 사용한다.

③ 문항변별도는 문항이 피험자의 능력을 변별하는 정도를 나타낸다.

④ 관찰점수는 진점수와 오차점수의 합으로 가정한다.

>ADVICE ② 문항반응이론에 대한 설명으로, 문항반응이론은 고전검사이론이 문항모수의 불변성을 유지하지 못하기 때문에 이를 해결하고자 피험자의 능력과 문항의 답을 맞힐 확률 간의 관계를 나타내는 문항특성곡선을 사용하였다.

13 다음의 상담기법이 활용되는 상담이론은?

- 숙련된 질문 기술
- 적절한 유머
- 토의와 논쟁
- 직면하기
- 역설적 기법

---

① 게슈탈트 상담

② 인간중심 상담

③ 행동주의 상담

④ 현실치료

>ADVICE 제시된 상담기법은 글래서의 현실치료에서 사용되는 기법이다. 현실치료는 현실, 책임, 옳고 그름의 세 가지 개념을 토대로 소개한 상 담접근으로, 현재 시점을 강조하고, 내담자의 생각과 행동의 변화를 유도하여 보다 나은 삶을 살 수 있도록 조력하는 데 초점을 둔다.

ANSWER 9.② 10.④ 11.② 12.② 13.④

14 다음 설명에 해당하는 청소년 비행 관련 이론은?

• 일탈행위가 오히려 정상행동이며, 규범준수행위가 비정상적인 행동이다.
• 인간의 본성은 악하기 때문에 사람은 항상 규범을 위반할 수 있으며, 개인과 사회 간의 결속이 약화될수록
일탈할 확률이 높아진다.

---

① 낙인이론
② 사회통제이론
③ 아노미이론
④ 차별접촉이론

⟩**ADVICE** 제시된 내용은 개인과 사회 간의 결속(사회통제)이 약화될수록 일탈할 확률이 높아진다고 보는 사회통제이론에 대한
설명이다.

15 다음 설명에 해당하는 교육정책 형성의 관점은?

• 공동의 목표가 있고 이를 달성하기 위해 최선의 선택을 하며, 체제 내의 작용에 의해 의사결정이 이루어진다.
• 의사결정을 관련 당사자 간의 논의를 통한 합의의 결과로 이해한다.
• 폐쇄적 체제로, 환경의 다양한 변화에 민감하게 반응하지 않는다.
• 관료제 조직보다 전문직 조직에 적합하다.

---

① 합리적 관점
② 참여적 관점
③ 정치적 관점
④ 우연적 관점

⟩**ADVICE** 제시된 내용은 의사결정 관점 중 참여적 관점에 대한 설명이다.
　　　　※ 에스더의 의사소통(결정) 관점
　　　　　　㉠ 합리적 관점 : 관료제 집단
　　　　　　㉡ 정치적 관점 : 이해집단 간
　　　　　　㉢ 참여적 관점 : 전문가 집단
　　　　　　㉣ 조직화된 무정부(우연적 관점) : 쓰레기통 모형

16 「독학에 의한 학위취득에 관한 법률」의 내용으로 옳지 않은 것은?

① 국가는 독학자가 학사학위를 취득하는 데에 필요한 편의를 제공하여야 한다.

② 학위취득시험에 응시할 수 있는 사람은 고등학교 졸업이나 이와 같은 수준 이상의 학력이 있다고 인정된 사람이어야 한다.

③ 일정한 학력이나 자격이 있는 사람에 대하여는 학위취득 종합시험을 면제할 수 있다.

④ 교육부장관은 학위취득 종합시험에 합격한 사람에게는 학위를 수여한다.

> **ADVICE** ③ 시험은 다음 각 호의 과정별 시험을 거쳐야 하며, 제4호의 학위취득 종합시험에 응시하려는 사람은 제1호부터 제3호까지의 각 과정별 시험을 모두 거쳐야 한다. 다만, 대통령령으로 정하는 바에 따라 일정한 학력(學歷)이나 자격이 있는 사람에 대하여는 제1호부터 제3호까지의 각 과정별 인정시험 또는 시험과목의 전부 또는 일부를 면제할 수 있다 〈「독학에 의한 학위취득에 관한 법률」 제5조(시험의 과정 및 과목) 제1항〉.
> 1. 교양과정 인정시험
> 2. 전공기초과정 인정시험
> 3. 전공심화과정 인정시험
> 4. 학위취득 종합시험

17 교육재정의 구조와 배분에 대한 설명으로 옳지 않은 것은?

① 학생이 교육을 받는 기간 동안 미취업에 따른 유실소득은 공부담 교육기회비용에 해당된다.

② 국가는 지방교육재정상 부득이한 수요가 있는 경우, 국가예산으로 정하는 바에 따라 보통교부금과 특별교부금 외에 따로 증액교부할 수 있다.

③ 시·도 및 시·군·자치구는 관할구역에 있는 고등학교 이하 각급학교의 교육경비를 보조할 수 있다.

④ 시·도의 교육·학예에 필요한 경비는 해당 지방자치단체의 교육비특별회계에서 부담한다.

> **ADVICE** ① 학생이 교육을 받는 기간 동안 미취업에 따른 유실소득은 사부담 교육기회비용에 해당된다. 공부담 교육기회비용에는 비영리 교육기관의 면세(조세감면) 등이 해당된다.
>
> ※ 교육비 구조
>
> | 총교육비 | 직접교육비 | 공교육비 | 공부담 | 국가와 지방공공단체 |
> |---|---|---|---|---|
> | | | | 사부담 | 입학금, 수업료, 학교운영지원비 등 |
> | | | 사교육비 | 사부담 | 과외비, 진문깅습비, 익용품, 교재 등 |
> | | 간접교육비 | 교육기회비용 | 공부담 | 비영리 교육기관의 면세 |
> | | | | 사부담 | 대학진학으로 취업 포기 |

✏ **ANSWER** 14.② 15.② 16.③ 17.①

18 허즈버그(Herzberg)의 동기 – 위생이론에서 교사의 직무만족을 가져다주는 동기요인에 해당하는 것만을 모두 고르면?

㉠ 근무조건   ㉡ 동료와의 관계   ㉢ 가르치는 일 자체   ㉣ 발전감

① ㉠, ㉡
② ㉠, ㉣
③ ㉡, ㉢
④ ㉢, ㉣

> **ADVICE** 허즈버그는 조직구성원에게 만족을 주고 동기를 유발하는 동기요인과 욕구 충족이 되지 않을 경우 조직구성원에게 불만족을 초래하지만 그러한 욕구를 충족시켜 준다 해도 직무수행 동기를 적극적으로 유발하지 않는 위생요인으로 구분하였다.
> ㉠, ㉡ 위생요인
> ㉢, ㉣ 동기요인

19 다음 설명에 해당하는 교육평가의 유형은?

• 평가의 교수적 기능을 중시한다.   • 최종 성취수준에 대한 관심보다는 사전 능력 수준과 현재 능력 수준의 차이에 관심을 둔다.   • 고부담시험보다는 영향력이 낮은 평가에서 사용하는 것이 바람직하다.

① 규준참조평가
② 준거참조평가
③ 능력참조평가
④ 성장참조평가

> **ADVICE** 성장참조평가 … 교육과정을 통하여 얼마나 성장하였느냐에 관심을 두는 평가로, 최종적 성취보다는 초기에 비해 얼마나 능력이 향상되었느냐에 집중한다.

20 다음 사례에 해당하는 학습의 전이(transfer)가 아닌 것은?

> 수학 시간에 사칙연산을 배우는 것은 가게에서 물건 값을 지불하고 잔돈을 계산하는 데 도움을 준다.

① 긍정적(positive) 전이
② 특수(specific) 전이
③ 일반(general) 전이
④ 수평적(lateral) 전이

> **ADVICE** ① 사칙연산을 배운 것이 잔돈을 계산하는 데 도움을 줌
> ② 사칙연산, 잔돈 계산이라는 특수적 관계
> ④ 사칙연산과 잔돈 계산의 난이도가 유사
> ※ 학습의 전이
>   ㉠ 긍정적 VS. 부정적
>   • 긍정적 전이 : 선행학습이 후행학습을 조장하거나 촉진함
>   • 부정적 전이 : 선행학습이 후행학습을 방해하거나 억제함
>   ㉡ 수평적 VS. 수직적
>   • 수평적 전이 : 선행학습이 후행학습과 내용은 다르지만 난이도가 유사한 것을 때의 전이
>   • 수직적 전이 : 전행학습과 후행학습이 내용 면에서 위치관계가 있을 때의 전이
>   ㉢ 특수적 VS. 비특수적(일반)
>   • 특수적 전이 : 특정 자극에 대하여 특정 반응이 학습되는 것
>   • 비특수적(일반) 전이 : 일반적 원리나 개념으로 인한 학습
>   ㉣ 자동적 VS. 의식적
>   • 자동적 전이 : 의식적 노력 없이 발생하는 학습
>   • 의식적 전이 : 의식적 노력이나 훈련이 필요한 학습

ANSWER 18.④ 19.④ 20.③

1 특정 교사가 개발한 시험에 대한 전문가들의 평가가 다음과 같은 경우, 이 시험의 양호도에 대한 설명으로 옳은 것은?

> 반복 측정에서의 결과가 일관성은 있으나 측정하고자 하는 것을 충실히 측정하지 못하고 있다.

① 신뢰도는 높지만 실용도는 낮은 시험
② 신뢰도는 높지만 타당도는 낮은 시험
③ 타당도는 높지만 난이도는 낮은 시험
④ 타당도는 높지만 신뢰도는 낮은 시험

>**ADVICE** 타당도는 어떤 측정 도구가 본래 측정하고자 하는 내용을 얼마나 충실하게 측정하는지를 나타낸다. 특정 교사가 개발한 시험이 측정하고자 하는 것을 충실히 측정하고 있지 못하므로 타당도가 낮은 시험이다. 신뢰도는 어떤 측정 도구를 통해 얻은 결과를 믿을 수 있느냐의 정도인데 이는 곧 검사 결과의 일관성을 나타낸다. 사례의 경우 반복 측정에서의 결과의 일관성이 나타났으므로 신뢰도는 높은 시험이다.

2 다음과 같이 주장한 교육사상가는?

> • 인간이 세계에 대하여 갖는 두 가지 관계는 나-너의 관계와 나-그것의 관계이다.
> • 나-그것의 관계에서 세계는 경험과 인식과 이용의 대상이다.
> • 나-너의 관계는 직접적이고 인격적 관계이다.
> • 나-너의 관계를 통해서 만남이 이루어진다.

① 부버(Buber)
② 프뢰벨(Fröbel)
③ 피터스(Peters)
④ 헤르바르트(Herbart)

>ADVICE 부버(Buber)의 세계관은 인간의 내면성을 중시하는 하시디즘(Hasidism)을 바탕으로 하고 있다. 나–너의 인격적 관계와, 나–그것의 비인격적 관계(소외)로 구성된 교육의 장을 주장하였다. 또한 부버는 인간의 소외 극복을 위해서 하시디즘을 통한 대화를 통해 참다운 인격적 관계 회복을 강조하였다.

3 켈러(Keller)가 제시한 학습자의 동기유발을 위한 4요소에 해당하지 않는 것은?

① 관련성
② 만족감
③ 자신감
④ 자율성

>ADVICE 켈러(Keller)는 동기에 대한 이해와 동기의 요소를 학습에 어떻게 체계적으로 통합시키는가를 바탕으로 학습동기를 위한 4가지 조건을 제시하였다. 주의집중(Attention), 관련성(Relevance), 자신감(Confiednce), 만족감(Satisfaction)의 앞글자를 따서 ARCS이론이라고 부른다.
자율성은 에릭슨(Erikson)의 심리사회적 성격발달이론을 구성하는 성격특성이다.

4 조선 후기 실학자에 의해 직접 편찬된 한자 학습용 교재는?

① 아학편
② 천자문
③ 동몽선습
④ 입학도설

>ADVICE 아학편은 조선후기 실학자 정약용이 아동의 한자 학습을 위하여 저술한 교재 및 한자 학습서이다. 정약용은 당시 대표적인 한자 학습서인 천자문이 체계적인 글자의 배열과 초학자를 배려한 학습의 단계성이나 난이도를 전적으로 무시하고 있음을 지적하고, 이러한 내용 및 체계상의 결점을 극복하고자 이 책을 찬술하게 되었음을 밝히고 있다.
② 천자문은 중국 남조 양나라의 주흥사가 글을 짓고 동진의 왕희지의 필적 중에서 해당되는 글자를 모아 만든 것으로 전해지며 250구, 합해서 1000자가 각각 다른 글자로 되어 있다.
③ 동몽선습은 조선 중기 유학자인 박세무와 민제인이 초학 아동들을 위하여 지은 책이다. 유학의 핵심 윤리인 오륜에 관한 부분과 중국과 조선의 역사를 서술한 부분으로 구성되어 있다.
④ 입학도설은 조선전기 문신이며 학자인 권근이 초학자들을 위해 성리학의 기본원리를 쉽게 해설하여 1390년에 편찬한 성리학입문서이다.

ANSWER 1.② 2.① 3.④ 4.①

5 생활지도의 원리로 옳은 것만을 모두 고르면?

> ⊙ 모든 학생을 대상으로 해야 한다.
> ⓛ 치료나 교정이 아니라 예방에 초점을 두어야 한다.
> ⓒ 인지적 발달뿐만 아니라 정의적·신체적 발달도 함께 도모해야 한다.

① ⊙, ⓛ   ② ⊙, ⓒ

③ ⓛ, ⓒ   ④ ⊙, ⓛ, ⓒ

❯❯ADVICE ⊙ 생활지도는 균등성에 따라 모든 학생을 대상으로 해야 한다.
             ⓛ 생활지도는 사후적인 치료나 교정이 아니라 적극적으로 예방에 초점을 두어야 한다.
             ⓒ 생활지도는 전인성에 따라 인지적 발달뿐만 아니라 정의적·신체적 발달도 함께 도모해야 한다.

6 다음 설명에 해당하는 지능은?

> • 카텔(Cattell)과 혼(Horn)이 제시한 지능 개념이다.
> • 유전적·신경생리적 영향을 받는 지능이다.
> • 기계적 암기, 지각, 일반적 추리 능력과 관련된다.
> • 청소년기까지 증가하다가 성인기 이후 점차 쇠퇴한다.

① 결정지능   ② 다중지능

③ 성공지능   ④ 유동지능

❯❯ADVICE 카텔(Cattell)과 혼(Horn)은 인간의 지능을 유동 지능과 결정 지능으로 구분하였다.

유동 지능	결정 지능
- 유전적, 신경 생리적 영향에 의해 발달 - 신체적 요인에 따라 청소년까지 발달하다가, 이후 퇴보하는 현상 - 속도, 기계적 암기, 지각 능력, 일반적 추론 능력과 관련	- 경험적, 환경적, 문화적 영향의 누적에 의해 발달이 이루어지며, 교육 및 가정환경 등에 의해 영향 - 나이가 들수록 더욱 발달 - 언어 이해 능력, 문제 해결 능력, 상식, 논리적 추론력 등과 관련

             ② 가드너(Gardner)는 전통적인 지능 이론이 지능의 일반적 측면을 강조한다고 지적하였다. 문제해결 능력과 함께 사회적, 문화적 상황에서 산물을 창조하는 능력을 강조하며 다중 지능을 제시하였다.
             ③ 성공지능은 스턴버그(Sternberg)가 삼원지능이론에서 제시한 개념이다.

7 마샤(Marcia)의 정체성 지위 이론에서 다음의 특징에 해당하는 것은?

> • 정체성 위기의 상태에 있다.
> • 구체적인 과업에 전념하지 못하고 있다.
> • 자신의 정체성에 대해 적극적으로 탐색한다.

① 정체성 동요(identity agitation)
② 정체성 상실(identity foreclosure)
③ 정체성 유예(identity moratorium)
④ 정체성 혼미(identity diffusion)

>**ADVICE** 정체성이란 '나는 누구이고 자신의 존재 의미가 무엇이며, 인생에서 무엇을 성취하고자 하는지에 관한 생각'이라 정의할 수 있다. 마샤는 정체성 지위 이론에서 위기와 참여를 기준으로 정체성 지위를 4가지 유형으로 분류하였다.

정체성 성취	- 정체성 지위 중에서 가장 발전된 단계 - 삶의 목표, 신념, 진로, 정치적 견해 등에서 위기를 경험한 후 스스로 의사결정을 할 수 있는 확고한 개인적 정체성 확립 - 자아 존중감이 높고 스트레스에 대한 저항력도 높음
정체성 유예	- 삶의 목표와 가치에 대해 회의하고 대안을 탐색하기는 하지만 구체적인 수행과업에 관여하지 못함 - 안정감은 없지만 가장 적극적으로 정체성을 탐색하는 상태로 점차 정체성을 확립해 나감 - 정체성 성취에 도달하기 위해 필요한 과도적 단계이며 정체성 상실이나 혼미보다는 발전된 단계
정체성 상실	- 충분한 정체성 탐색 없이 지나치게 빨리 정체성 결정을 내린 상태 - 자신의 신념, 가치, 진로 등의 중요한 의사결정에 앞서 여러 대안을 생각해 보지 않고 주변의 다른 역할모델의 가치나 기대 등을 그대로 수용하여 그들과 비슷한 선택을 함 - 스스로의 정체성 위기를 경험하지 않았으면서도 자신의 삶의 목표를 확립하고 몰입 - 독립된 사고와 의사결정은 자신의 신념과 가치관 등에 대한 심각한 문제 없이는 불가능하므로 위기를 경험하는 것이 필요
정체성 혼미	- 자아에 대해 안정되고 통합된 견해를 갖는 데 실패한 상태 - 삶의 목표와 가치를 탐색하려는 노력도 보이지 않고, 자신의 생애를 계획하고 설계하려는 욕구가 부족하며 가치나 진로 등의 주제에 관심이 없음 - 자아존중감이 낮으며, 혼돈과 공허감에 빠져 있음

8 와이너(Weiner)의 귀인 이론에 따르면 그 소재가 내부에 있고 불안정하며 통제 가능한 귀인은?

① 과제난이도

② 교사의 편견

③ 일시적인 노력

④ 시험 당일의 기분

> **ADVICE** 와이너(Weiner)의 귀인 이론에 따라 소재가 내부에 있고 불안정하며 통제 가능한 귀인은 일시적인(즉시적) 노력이다.
> ① 과제난이도는 외부 – 안정적 – 통제 불가능한 요인이다.
> ② 교사의 편견은 외부 – 안정적 – 통제 가능한 요인이다.
> ④ 시험 당일의 기분은 내부 – 불안정적 – 통제 불가능한 요인이다.

9 참모조직과 계선조직에 대한 설명으로 옳은 것은?

① 참모조직은 전문적인 지식과 기술을 활용하여 직접적인 명령, 집행, 결정을 행사한다.

② 계선조직은 권한과 책임의 한계가 불명확하여 능률적인 업무 수행이 어려운 한계가 있다.

③ 참모조직은 계선조직이 원활하게 역할을 수행하도록 연구, 조사, 계획 등의 기능을 수행한다.

④ 계선조직은 횡적 지원을 하는 수평적 조직인 반면, 참모조직은 계층적 구조를 갖는 수직적 조직이다.

> **ADVICE** ① 계선조직은 전문적인 지식과 기술을 활용하여 직접적인 명령, 집행, 결정을 행사한다.
> ② 참모조직은 권한과 책임의 한계가 불명확하여 능률적인 업무 수행이 어려운 한계가 있다.
> ④ 참모조직은 횡적 지원을 하는 수평적 조직인 반면, 계선조직은 계층적 구조를 갖는 수직적 조직이다.

10 교육과 관련하여 우리나라 헌법에 명문화되어 있지 않은 내용은?

① 국가는 평생교육을 진흥하여야 한다.

② 모든 국민은 능력에 따라 균등하게 교육을 받을 권리를 가진다.

③ 교육의 자주성 · 전문성 · 정치적 중립성 및 대학의 자율성은 법률이 정하는 바에 의하여 보장된다.

④ 국가는 특별한 교육적 배려가 필요한 사람의 교육을 지원하기 위하여 필요한 시책을 수립 · 실시하여야 한다.

> **ADVICE** ④ 국가와 지방자치단체는 신체적 · 정신적 · 지적 장애 등으로 특별한 교육적 배려가 필요한 사람을 위한 학교를 설립 · 경영하여야 하며, 이들의 교육을 지원하기 위하여 필요한 시책을 수립 · 실시하여야 한다〈「교육기본법」 제18조〉.

11 조하리(Johari)의 창에 따른 의사소통 모형에서 다음에 해당하는 것은?

- 마음의 문을 닫고 자기에 관해서 남에게 노출하기를 원치 않는다.
- 자기의 생각이나 감정은 표출시키지 않으면서 상대방으로부터 정보를 얻기만 하려고 한다.
- 자기 자신에 대하여 다른 사람들은 전혀 모르고 있고, 본인만이 알고 있는 정보로 구성되어 있다.

① 개방(open) 영역
② 무지(blind) 영역
③ 미지(unknown) 영역
④ 은폐(hidden) 영역

>ADVICE 조하리(Johari)의 창에 따른 의사소통 모형에서 은폐 영역은 마음의 문을 닫고 본인만이 알고 있는 정보로 구성되어 있는 특징이 있다.

	자신은 안다	자신은 모른다
타인은 안다	열린 창 open	보이지 않는 창 blind
타인은 모른다	숨겨진 창 hidden	미지의 창 unknown

12 학교조직의 운영 원리에 대한 설명으로 옳지 않은 것은?

① '적도집권의 원리'는 분권을 중심으로 학교조직을 운영하는 것이다.
② '분업의 원리'는 조직의 업무를 직능 또는 특성별로 구분하여 한사람에게 동일한 업무를 분담시키는 것이다.
③ '조정의 원리'는 조직의 목표 달성을 위해서 구성원의 노력을 집결시키고 업무 간·집단 간 상호관계를 조화롭게 유도하는 것이다.
④ '계층의 원리'는 조직의 목표를 달성하기 위한 업무를 수행함에 있어 권한과 책임의 정도에 따라 직위를 수직적으로 서열화·등급화하는 것이다.

>ADVICE 적도집권이란 중앙집권과 지방분권 사이에 균형점을 확보하는 행정조직 형태로 분권을 중심으로 하는 것도, 집권을 중심으로 하는 것도 아니라고 볼 수 있다. 즉, 적도집권은 이러한 양극의 문제를 피하고 균형점을 찾으려는 것이다.

ANSWER 8.③ 9.③ 10.④ 11.④ 12.①

13 다음 설명에 해당하는 것은?

> • 일정 규모의 단위학교가 현재 교육목표 및 교육과정 등 제반 교육체제를 유지한다는 전제하에서 정상적인 교육 활동을 수행하는 데 필요한 최소한의 교육비를 의미한다.
> • 최저소요교육비라고도 한다.

① 간접교육비
② 직접교육비
③ 표준교육비
④ 공부담교육비

>**ADVICE** ① 간접교육비는 교육을 받기 위해 소비한 직접교육비를 다른 용도로 소비했을 경우를 가정했을 때의 유실소득 또는 기회비용이다. 즉 학교 재학기간 중 취업을 하지 못함으로 유실되는 소득인 것이다.
> ② 직접교육비는 교육에 직접 투입되는 비용으로서 교육을 받기 위한 납입금, 정부의 교육 예산, 교재 등의 형태로 소비된다.
> ④ 공부담교육비는 국가나 지자체, 학교에서 부담하는 비용이나 경비를 의미한다.

14 타일러(Tyler)가 제시한 학습경험을 효과적으로 조직하기 위해 고려할 준거에 해당하지 않는 것은?

① 범위(scope)
② 계속성(continuity)
③ 계열성(sequence)
④ 통합성(integration)

>**ADVICE** 타일러는 학습경험의 조직원리를 수직적 조직원리와 수평적 조직원리로 나누고 계속성, 계열성, 통합성을 제시하였다.
> ② 계속성(continuity)은 수직적 원리로 학습경험의 여러 동일 요소들을 학기와 학년을 계속하면서 반복하여 경험하도록 조직하는 것으로 누적학습을 의미한다.
> ③ 계열성(sequence)은 수직적 원리로 학습자가 어떤 내용을 먼저 배우고 어떤 내용을 나중에 배우는가를 결정한다. 이를 통해 교육 내용이 점차 깊이와 넓이를 더해가게 된다.
> ④ 통합성(integration)은 수평적 원리로 교육내용들의 관련성을 바탕으로 하여 교육내용들을 하나의 교과나 단원으로 묶거나 관련있는 내용들을 서로 연결하여 제시하는 것을 말한다.

15 번스타인(Bernstein)의 계층과 언어사용에 대한 설명으로 옳지 않은 것은?

① 학교교육에서는 제한된(restricted) 언어코드가 많이 사용된다.
② 학생의 출신 배경에 따라 사용하는 언어방식이 다르다.
③ 중류층 가정의 학생들은 정교한(elaborated) 언어코드를 많이 사용한다.
④ 노동자 계층 가정의 학생들은 제한된(restricted) 언어코드를 많이 사용한다.

》ADVICE 학교교육에서는 제한된(restricted) 언어코드가 아닌 정교한 어법(elaborated code)이 많이 사용된다. 여기서 정교한 어법은 보편적 의미를 담고 있으며 문장이 길고 수식어가 많다. 또한 적절한 문법과 감정이 절제된 언어를 특징으로 한다.

16 다음 설명에 해당하는 것은?

> • 몸에 각인된 행동거지, 말하고 생각하고 행동하는 방식으로 계급적 배경을 반영한다.
> • 문화자본의 일종이다.

① 아비투스
② 패러다임
③ 헤게모니
④ 이데올로기

》ADVICE ② 패러다임은 현상이나 사물을 바라보는 근본적인 관점이나 시각, 프레임을 말한다.
③ 헤게모니는 지배집단이 다른 집단에 행사하는 정치, 경제, 사상 또는 완화적 영향력을 지칭한다.
④ 이데올로기는 지배계급의 가치체계를 의미한다.

✎ **ANSWER** 13.③ 14.① 15.① 16.①

17 학교의 평생교육을 규정한 「평생교육법」 제29조에 대한 설명으로 옳지 않은 것은?

① 학교의 평생교육을 실시하기 위하여 각급학교의 교실·도서관·체육관, 그 밖의 시설을 활용하여야 한다.

② 학교의 장은 학교를 개방할 경우 개방시간 동안의 해당 시설의 관리·운영에 필요한 사항을 정할 수 있다.

③ 각급학교의 장은 해당 학교의 교육여건을 고려하여 학생·학부모와 지역 주민의 요구에 부합하는 평생교육을 직접 실시하거나 지방자치단체 또는 민간(영리를 목적으로 하는 법인 및 단체는 제외)에 위탁하여 실시할 수 있다.

④ 「초·중등교육법」 및 「고등교육법」에 따른 각급학교의 장은 평생교육을 실시하는 경우 평생교육의 이념에 따라 교육과정과 방법을 수요자 관점으로 개발·시행하도록 하며 학교를 중심으로 공동체 및 지역문화 개발에 노력하여야 한다.

> **ADVICE** 학교를 개방할 경우 개방시간 동안의 해당 시설의 관리·운영에 필요한 사항은 학교의 장이 아닌 지방자치단체의 조례로 정한다.

18 다음은 2022 개정교육과정에서 교육과정 구성의 중점 중 일부이다. ㈎, ㈏, ㈐에 들어갈 말을 바르게 연결한 것은?

• 학생 개개인의 ┌ ㈎ ┐ 성장을 지원하고, 사회 구성원 모두의 행복을 위해 서로 존중하고 배려하며 협력하는 공동체 의식을 함양한다.

• 모든 학생이 학습의 기초인 언어·수리· ┌ ㈏ ┐ 기초소양을 갖출 수 있도록 하여 학교 교육과 평생 학습에서 학습을 지속할 수 있게 한다.

• 다양한 ┌ ㈐ ┐ 수업을 활성화하고, 문제 해결 및 사고의 과정을 중시하는 평가를 통해 학습의 질을 개선한다.

	㈎	㈏	㈐
①	인격적	디지털	학생 참여형
②	인격적	외국어	학생 주도형
③	통합적	디지털	학생 주도형
④	통합적	외국어	학생 참여형

> **ADVICE** 2022 개정교육과정은 교육부가 2022년 말에 총론을 고시한 국가 교육과정으로 2024년에 첫 도입하여 2027년 전 학년에 도입된다. 2015 개정교육과정 대비 8가지를 강조하고 있는데 포용성과 창의성을 갖춘 주도적인 사람 육성, 학습의 토대가 되는 기초 소양 교육 강화, 디지털 및 인공지능 소양 교육 강화, 지속 가능한 미래 대응을 위한 교육 강화, 국가 및 사회적 요구 반영, 범교과 학습 주제 개선, 창의적 체험활동 변화, 특수교육 대상 학생 통합교육 강화가 주요 골자다.

19 문화실조론에 대한 설명으로 옳은 것만을 모두 고르면?

> ㉠ 미국 헤드스타트(Head Start) 프로그램의 배경이 되었다.
> ㉡ 학생의 학업성취 격차의 원인은 학교요인에 있다고 주장한다.
> ㉢ 문화상대주의자들은 문화실조라는 개념이 성립할 수 없다고 비판한다.

① ㉠
② ㉠, ㉢
③ ㉡, ㉢
④ ㉠, ㉡, ㉢

> **ADVICE** 문화실조론(cultural deprivation theory)은 지능과 같은 유전적 요소가 아닌 사회 경험과 같은 후천적 요소와 가정의 문화적 환경 차이, 즉 학생의 문화적 경험 부족이 학습 실패의 중요 원인이라는 견해를 주장한다. 기능이론적 접근으로 콜맨(Coleman)의 주장이 해당한다. 교육격차의 해결방안으로 문화실조를 경험한 계층의 자녀들의 문화실조를 보상하는 보상적 평등정책(Head Start Project)의 구현을 주장한다. 문화실조론은 문화에 우열이 있다고 보는 입장으로 이와 대비되는 상대주의의 관점은 문화다원론이다.

문화실조론(문화박탈이론)	입장	• 가정의 문화적 환경이 지적 성취에 큰 영향 • 문화적 능력 결핍 시 학업결손 초래
	요인	• 가정변인 • 인지양식 • 언어능력 • 학습동기
문화다원론	• 문화의 다양성 인정 • 학업격차의 원인 : 익숙지 않은 문화와 교육 내용	

✏️ **ANSWER** 17.② 18.① 19.②

20 다음 설명에 해당하는 것은?

> • 슐만(Shulman)의 교수내용지식에 테크놀로지 지식을 추가한 개념이다.
> • 교수지식, 내용지식, 테크놀로지 지식 간의 상호작용을 이해하고 이를 바탕으로 수업환경에 적합한 테크놀로지를 통합하는 지식을 의미한다.

① ASSURE
② STAD
③ TPACK
④ WHERETO

ADVICE ① ASSURE은 Heinich가 제시한 것으로 수업매체 선정 및 활용의 단계를 나타낸다. 학습자 분석(Analyze) → 목표 제시(State objective) → 교수 매체와 자료의 선정(Select) → 매체와 자료의 활용(Utilize) → 학습자의 참여 요구 (Require) → 평가와 수정(Evaluation & revise)
② STAD(Student Teams Achievement Division)은 Slavin이 제안한 협동학습 수업모형이다.
④ WHERETO는 Wiggins & McTigh가 제시한 것으로 학습경험과 수업계획 원리를 약자로 제시한 것이다.

Where	단원이 어디로, 왜, 어디서부터 어디로 가는지 아는 것
Hook	주의 환기와 흥미 유지, 흥미를 넘어서 본질적인 측면으로 접근까지
Explore/Enable/Equip	탐구하고, 경험하고, 가능하게, 수행을 위한 준비하기
Rethink/Reflect	반성하기, 다시 생각하기, 수정하기
Exhibit/Evaluate	과제의 진행 과정을 스스로 평가하는 기회 주기
Tailor	학습자 개인에게 맞추기, 개인의 흥미, 스타일, 능력, 필요에 따라 맞추기
Organize	효과적인 학습을 위해 내용을 조직하고 계열화하기

1 다음 설명에 해당하는 모형은?

> 체제적 교수모형으로, 요구사정, 교수분석, 학습자 및 상황 분석, 수행목표 진술, 평가도구 개발, 교수전략 개발, 교수자료 개발 및 선정, 형성평가 개발 및 시행, 교수 수정, 총괄평가 설계 및 시행의 10단계로 구성된다.

① ADDIE 모형
② 글레이저(Glaser) 모형
③ 켈러(Keller) 동기설계 모형
④ 딕과 캐리(Dick & Carey) 모형

> **ADVICE** ① ADDIE 모형은 프리드먼과 프리드먼(Friedman & Friedman, 2001)이 고안한 모델로, 교수 설계 과정에서 가장 널리 활용되고 있는 모델 중 하나다. 분석(Analysis), 설계(Design), 개발(Development), 실행(Implementation), 평가(Evaluation)로 구성되어 있다.
> ② 글레이저(Glaser) 모형은 수업은 일종의 체제(system)이며 계속적인 의사결정의 과정이라는 관점에 입각해 있다. 교수목표, 투입행동, 교수절차, 학습성과 평가의 4단계로 구성되어 있다.
> ③ 켈러(Keller) 동기설계 모형은 실제적이고 처방적인 학습 동기 설계의 가장 대표적인 모형이다. 주의집중(Attention), 관련성(Relevance), 자신감(Confidence), 만족감(Satisfaction)의 첫 글자로 이루어진 약자로서 ARCS 이론이라고도 한다.

ANSWER 20.③ / 1.④

2 다음 설명에 해당하는 척도는?

> • 사물이나 사람을 구분하거나 분류하기 위해 사용되는 척도이다.
> • 예를 들어 성별을 표시할 때, 여학생을 0, 남학생을 1로 표시한다.

① 명명척도   ② 서열척도

③ 동간척도   ④ 비율척도

>**ADVICE** ② 서열척도는 측정 대상들의 특성을 서열로 나타낸 것으로 명명척도의 특성을 가지면서 동시에 측정 대상의 상대적 서열을 표시해 준다. 예로는 성적 등위, 키 순서 등이다.
>
>③ 동간척도는 측정 대상의 분류와 서열에 관한 정보를 주며 동간성을 갖는 척도다. 임의의 영점과 단위를 갖고 있으며 온도와 연도가 대표적인 예다.
>
>④ 비율척도는 분류, 서열, 동간성의 속성을 지닌 등간척도의 특성을 지니면서 절대 영점과 가상 단위를 갖는 척도이다. 무게와 길이가 비율척도의 예이다.

3 우리나라 교육사에 관한 설명으로 옳지 않은 것은?

① 백제에서는 교육기관으로 국학을 세웠다.

② 고구려에서는 교육기관으로 태학을 세웠다.

③ 유형원은 『반계수록』에서 교육제도 개혁을 주장하였다.

④ 근대적 관립학교인 육영공원을 세웠다.

>**ADVICE** 국학은 백제가 아닌 통일신라 신문왕 대에 설립한 고등교육기관이다. 이후 경덕왕 때 태학감, 대학감으로 명칭이 변경되었다가, 혜공왕 때 다시 국학으로 변경되었다.

4 ㈎에 해당하는 타당도는?

> 새로 개발한 A시험의 ☐㈎☐ 를 구하기 위하여 기존에 타당도를 검증한 B검사의 점수와 A시험의 점수와의 상관계수를 구하였다. (단, A시험과 B검사의 점수 획득 시기가 같다)

① 공인타당도
② 구인타당도
③ 내용타당도
④ 예측타당도

>**ADVICE** 제시문은 기존에 타당도가 검증된 도구와의 상관계수를 구한 것으로 공인타당도의 사례에 해당한다.
>　② 구인타당도는 구성타당도라고도 하며 평가 도구가 특정 이론적 구성개념을 적절히 측정하는지를 평가하는 것이다.
>　③ 내용타당도는 주로 전문가의 주관적 평가를 통해 논리적 사고에 입각한 분석의 타당도를 추정한다.
>　④ 예측타당도는 검사도구가 미래의 행위를 얼마나 잘 예측하는지에 초점을 맞춘다.

5 형태주의(Gestalt) 심리학의 관점으로 옳지 않은 것은?

① 학습의 과정에 통찰도 포함된다.
② 지각은 실제와 차이가 있을 수 있다.
③ 전체는 부분의 합이 아니라 그 이상이다.
④ 복잡한 현상을 단순한 요소로 나누어 설명한다.

>**ADVICE** 형태주의 심리학 또는 게슈탈트 심리학은 인간의 정신 현상을 개개의 감각적 부분이나 요소의 집합이 아니라 하나의 그 자체로서 중점을 두고 이를 파악하고자 한다. 이와 비교하여 요소 심리학은 복잡한 의식 현상을 감각이나 감정 등의 단순한 요소로 나누고, 이 요소들의 결합으로 의식 현상을 설명하려는 분야이다.

ANSWER 2.① 3.① 4.① 5.④

6 「평생교육법」상 (가), (나)에 들어갈 말을 바르게 연결한 것은?

> "평생교육"이란 학교의 정규교육과정을 [(가)] 학력보완교육, 성인 문해교육, 직업능력 향상교육, 성인 진로개발역량 향상교육, 인문교양교육, 문화예술교육, 시민참여교육 등을 포함하는 모든 형태의 [(나)] 교육활동을 말한다.

	(가)	(나)
①	포함한	조직적인
②	포함한	비조직적인
③	제외한	조직적인
④	제외한	비조직적인

> ▶ADVICE 평생교육이란 평생교육법 제2조 제1호에 따라 학교의 정규교육과정을 제외한 학력보완교육, 성인 문해교육, 직업능력 향상교육, 성인 진로개발역량 향상교육, 인문교양교육, 문화예술교육, 시민참여교육 등을 포함하는 모든 형태의 조직적인 교육활동을 말한다.

7 (가), (나)에 들어갈 말을 바르게 연결한 것은?

> 학습동기에 대한 목표지향성 이론에 따르면, 학습자가 [(가)] 목표를 갖고 있으면, 자신의 능력을 높이기 위한 목표를 성취하기 위해 도전적인 새로운 과제를 선택하는 경향이 높지만, 학습자가 [(나)] 목표를 갖고 있으면, 자신의 능력이 부족해 보이는 것을 피하기 위해 새롭고 도전적인 과제보다 이미 충분히 학습된 쉬운 과제를 선택하려는 경향이 높다.

	(가)	(나)
①	수행	숙달
②	숙달	수행
③	사회적	숙달
④	수행접근	과제회피

> ▶ADVICE 학습동기에 대한 목표지향성 이론은 목표는 동기와 학습에 영향을 준다는 관점에 입각해 있다. 학습자가 숙달목표를 갖고 있으면, 자신의 능력을 높이기 위한 목표를 성취하기 위해 도전적인 새로운 과제를 선택하는 경향이 높지만, 학습자가 수행목표를 갖고 있으면, 자신의 능력이 부족해 보이는 것을 피하기 위해 새롭고 도전적인 과제보다 이미 충분히 학습된 쉬운 과제를 선택하려는 경향이 높다.

8 다음에서 설명하는 교육정책 의사결정 관점은?

> • 관료제, 중앙집권적 조직에 적합하다.
> • 조직목표 달성이 의사결정의 목적이다.
> • 목표 달성을 극대화하는 최적의 대안을 선택하는 것이 가능하다고 본다.

① 우연적 관점　　　　　　　　　　② 정치적 관점
③ 참여적 관점　　　　　　　　　　④ 합리적 관점

> ⟫ADVICE 교육정책의 의사결정의 관점은 크게 네 가지로 나눌 수 있으며 관료제, 중앙집권적 조직에 적합한 형태는 합리적 관점
> 이다.

	합리적 관점	참여적 관점	정치적 관점	우연적 관점
개념	목표 달성을 극대화하기 위한 선택	합의에 의한 선택	협상에 의한 선택	선택은 우연한 결과
의사결정의 목적	조직 목표 달성	조직 목표 달성	이해 집단의 목표 달성	상징적 의미
적합한 조직 형태	관료제, 중앙 집권적 조직	전문적 조직	대립된 이해가 존재하고 협상이 용이한 조직	목표가 분명하지 않은 조직
조직 환경	폐쇄체제	폐쇄체제	개방체제	개방체제

9 다음에서 설명하는 교육행정의 기본원리는?

> • 교육활동에 투입되는 인적 · 물적 자원에 대한 교육 산출의 비율을 최대한 높이는 것이다.
> • 예를 들어 국가재정의 한계로 인해 학급당 학생 수를 늘리는 것이다.

① 민주성의 원리　　　　　　　　　② 합법성의 원리
③ 효율성의 원리　　　　　　　　　④ 기회균등의 원리

> ⟫ADVICE ① 민주성의 원리는 교육행정의 국민의 의사를 교육행정에 반영하고 국민을 위한 행정을 펼쳐야 한다는 것을 의미한다.
> ② 합법성의 원리는 모든 교육행정활동이 법 위반없이 적법하게 이루어져야 함을 의미한다.
> ④ 기회균등의 원리는 교육 기회의 평등과 교육 과정 및 교육 결과에 있어서의 평등을 실현하려는 원리다.

✎ **ANSWER** 6.③ 7.② 8.④ 9.③

10 다음과 같이 주장한 교육학자는?

> • 이상적인 성인의 활동분석을 통하여 교육목표를 설정한다.
> • 과학적인 방법에 따른 교육과정 개발이 필요하다.
> • 교육은 학생이 성인이 되어서 할 일을 미리 준비시켜 주는 것이다.

① 애플(Apple)   ② 보빗(Bobbitt)
③ 듀이(Dewey)   ④ 위긴스와 맥타이(Wiggins & McTighe)

> **ADVICE** ① 애플(Apple)은 교육 불평등 해소와 사회정의 실현을 주장하였고, 이러한 개혁 운동의 일환으로 배려, 사랑, 연대의 가치를 강조하였다.
> ③ 듀이(Dewey)는 학습자의 상황과 사회적 맥락을 생각하지 않고 정제된 지식을 단순히 주입시키는 것을 죽은 교육으로 비판하였으며, 교육은 실제 생활 속에서 이루어져야 하며 개인의 삶과 사회생활에 실용적인 측면에서 실제로 도움이 되어야 함을 주장하였다.
> ④ 위긴스와 맥타이(Wiggins & McTighe)는 백워드 설계를 제시하였는데, 성취기준 중심의 시대성과 교육정책의 기조에 부합하는 모형으로 평가 계획을 먼저 세우는 역순의 과정을 거치는 특징이 있다.

11 ㈎～㈐와 개인상담 기법을 바르게 연결한 것은?

> ㈎ 내담자가 하는 말의 이면에 담겨 있는 의미와 내면의 감정에까지 귀 기울이는 것을 의미한다.
> ㈏ 내담자의 감정상태를 공감하여, 그 공감내용을 내담자에게 다시 되비쳐 주는 기법이다.
> ㈐ 정보수집을 위한 기능 외에도 내담자가 자신의 내면을 탐색하도록 자극하거나 유도하는 기능을 한다.

	㈎	㈏	㈐
①	감정 반영	재진술	직면
②	경청	감정 반영	질문
③	주의집중	감정 반영	구조화
④	주의집중	재진술	질문

> **ADVICE** ㈎는 내담자가 하는 말의 표면뿐만 아니라 이면에 담겨 있는 의미와 내면의 감정에까지 귀 기울이는 것으로 경청에 해당한다.
> ㈏는 내담자의 감정상태를 공감하면서 이를 다시 내담자에게 되비쳐 주는 것으로 감정 반영 또는 반향이다.
> ㈐는 내담자가 자신의 내면을 탐색하며 정보를 수집하는 기능 외에도 내담자에 대한 자극을 유도하는 것으로 질문에 해당한다.

12 다음과 같이 주장한 교육학자는?

> 역사 교과서에서 자본가 집단에 유리한 내용을 비중 있게 다루고 노동자들의 기여를 언급하지 않거나 부정적으로 다르고 있다.

① 애니언(Anyon)
② 드리븐(Dreeben)
③ 프레이리(Freire)
④ 보울즈와 진티스(Bowles & Gintis)

> **ADVICE** ② 드리븐(Dreeben)은 학생들이 학교생활을 하는 과정에서 잠재적 교육과정을 통해 사회에 나갔을 때 필요한 사회적 규범을 습득한다는 사회화 이론을 제시하였다.
> ③ 프레이리(Freire)는 교육의 궁극적 목표를 인간해방으로 보고 문화 교육 캠페인과 교육 운동을 전개하였다.
> ④ 보울즈와 진티스(Bowles & Gintis)는 마르크스 교육론에 입각하여 재생산 이론을 제시하였다. 학교교육과 경제구조가 상응한다고 보았으며, 학교는 자본주의적 가치관과 성격의 주입을 진행하고 이를 통해 학교는 계층불평을 존속시키는 기능을 수행한다고 본다.

13 간접교육비에 대한 설명으로 옳지 않은 것은?

① 학생이 학교에 다니기 때문에 취업할 수 없는 데서 오는 유실소득을 포함한다.
② 비영리기관인 학교에 대해 세금을 면제해주는 면세의 비용을 포함한다.
③ 학교건물과 장비 사용에 따라 발생하는 감가상각비와 이자도 포함된다.
④ 유아의 어머니가 취업 대신 자녀 교육을 위해 가정에 머물면서 포기된 소득은 제외한다.

> **ADVICE** 간접교육비란 교육 활동을 함으로써 포기하게 되는 모든 형태의 기회비용을 의미하며, 사적 간접교육비와 공적 간접교육비로 분류된다. 사적 간접교육비는 교육기간 동안 학생이 취업을 함으로써 포기하게 된 유실소득이다. 공적 간접교육비는 학교에 주어진 각종 면세 혜택 비용, 학교건물과 교육시설을 경제적 수익사업을 위해 사용하지 않았기 때문에 발생한 비용, 학교시설 감가상각비 등을 의미한다. 유아의 어머니가 취업 대신 자녀 교육을 위해 가정에 머물 경우 유아의 교육 활동으로 어머니의 경제 활동 소득이 포기되었기 때문에 간접교육비에 포함된다.

ANSWER 10.② 11.② 12.① 13.④

14 다음은 서지오바니(Sergiovanni)의 도덕적 지도성 이론에 따라 분류한 네 가지 학교 유형이다. ㈎에 해당하는 것은?

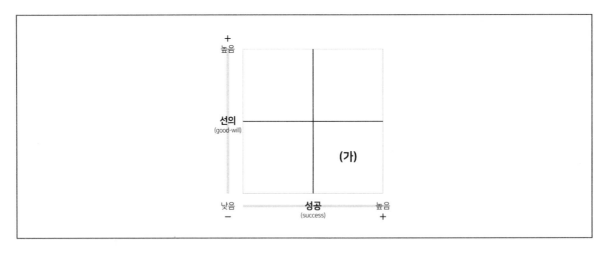

① 도덕적인 학교
② 정략적인 학교
③ 도덕적이고 효과적인 학교
④ 비도덕적이고 비효과적인 학교

ADVICE 서지오바니는 지도성을 설명하면서 학교를 도덕적 측면의 선의와 관리적 측면에서의 성공이라는 두가지 차원을 조합한 네 가지 유형을 통해 설명한다.

예	I 도덕적인 학교	II 도덕적이고 효과적인 학교
선의	III 비도덕적이고 비효과적인 학교	IV 정략적인 학교
아니오		
	아니오 ← 성공 → 예	

15 다음 설명에 해당하는 학교컨설팅의 원리는?

> • 학교 컨설턴트가 의뢰인을 대신하여 교육활동을 전개하거나 학교를 경영하지 않아야 한다.
> • 컨설팅 결과에 대한 최종 책임은 의뢰인에게 있다.

① 자문성의 원리
② 자발성의 원리
③ 전문성의 원리
④ 한시성의 원리

> **ADVICE** ② 자발성의 원리는 학교에서 필요성을 느끼고 자발적으로 도움을 요청함으로써 컨설팅이 시작된다는 원리다.
> ③ 전문성의 원리는 학교 컨설턴트는 컨설팅과 관련된 전문성을 갖추고 그 내용을 전달하는 방법에 있어도 전문성이 요구된다는 원리다.
> ④ 한시성의 원리는 의뢰된 과제가 해결되면 컨설팅 관계는 종료되어야 함을 의미한다. 컨설팅 이후에도 의뢰인이 동일한 과제에 관하여 지속적으로 도움을 받아야 한다면 해당 컨설팅은 성공적이지 못한 것이다.

16 타일러(Tyler)가 제시한 교육과정 개발에서 고려할 네 가지 질문에 해당하지 않는 것은?

① 학교는 어떤 교육목표 달성을 위해 노력해야 하는가
② 교육목표 달성을 위하여 어떤 교육경험을 제공해야 하는가
③ 교육경험을 효과적으로 조직할 때 필요한 교육매체는 무엇인가
④ 교육목표 달성여부를 어떻게 판단할 것인가

> **ADVICE** 타일러는 교육과정과 수업을 하나의 과정으로 보았으며, 교육과정을 교과 내용뿐만 아니라 교육목적, 교육내용, 교육방법, 학습활동까지 포함하는 경험으로 파악하고 있다. 그는 네 가지 질문을 중심으로 교육과정 개발 논리를 차례로 설명하였는데, 첫째, 학교는 어떤 교육목표 달성을 위해 노력해야 하는가, 둘째, 교육목표 달성을 위하여 어떤 교육경험을 제공해야 하는가, 셋째, 이들 교육경험을 효과적으로 조직하는 방법은 무엇인가, 넷째, 교육목표 달성여부를 어떻게 판단할 것인가이다.

ANSWER 14.② 15.① 16.③

17 포스트모더니즘 교육론의 특징으로 옳지 않은 것은?

① 획일적 교육방식에서 벗어나 교육내용과 방법의 다원화를 추구한다.
② 국가주도의 공교육 체제보다는 유연하고 다양한 교육체제를 요구한다.
③ 교육에서 다루는 지식의 가치를 절대적이고 보편적인 것으로 인식하고 있다.
④ 교육과정은 지식의 논리적 특성보다 지식의 사회문화적 특성에 근거해야 한다고 본다.

>**ADVICE** 포스트모더니즘은 상대적 인식론에 바탕을 두고 보편타당한 지식을 추구하는 지적 탐구활동의 기초란 없으며, 따라서 모든 인식활동은 인식자의 주관에 따른 상대적인 관점에서 이루어질 수밖에 없다고 주장한다.

18 평생교육 참여의 장애요인 중 크로스(Cross)가 분류한 세 가지 요인에 해당하지 않는 것은?

① 기질적(dispositional) 요인
② 상황적(situational) 요인
③ 기관적(institutional) 요인
④ 정보적(informational) 요인

>**ADVICE** 크로스는 평생교육 참여 장애요인으로 기질적 요인(개인 특성 요인), 상황적 요인, 기관적(기관 및 제도적 요인)요인의 세가지를 제시하였다.
>　① 기질적(dispositional) 요인은 학습자의 신념과 태도, 자신의 신체적·심리적 조건에 대한 부정적 인식 등을 의미한다.
>　② 상황적(situational) 요인은 사회적 지위와 역할에서 보는 부담을 의미한다.
>　③ 기관적(institutional) 요인은 기관의 조건이나 프로그램 및 제도가 학습자의 요구와 불일치하는 경우를 말한다.

19 뱅크스(Banks)의 다문화교육을 위한 교육과정 접근법에 해당하지 않는 것은?

① 기여적 접근
② 변혁적 접근
③ 동화주의적 접근
④ 의사 결정 및 사회적 행동 접근

>**ADVICE** 뱅크스(Banks)의 다문화교육을 위한 교육과정 접근법은 총 네 가지로 소수집단의 영웅이나 명절, 축제 같은 문화적 요소를 활용하는 기여적 접근법, 교육과정의 기본적인 구조나 목표, 특성을 변화시키지 않으면서 소수집단과 관련된 내용, 개념, 주제, 관점을 교육과정에 부가하는 부가적 접근법, 교육과정의 근본적인 목표, 구조, 관점의 변화를 도모하는 변혁적 접근법, 변혁적 접근법에 덧붙여 실천과 행동의 문제를 강조하는 사회적 행동 접근법이다.

20 「초 · 중등교육법 시행령」상 ㈎, ㈏에 들어갈 말을 바르게 연결한 것은?

> 제48조의2(자유학기의 수업운영방법 등) ① 중학교 및 특수학교(중학교의 과정을 교육하는 특수학교로 한정
> 한다)의 장은 자유학기에 [㈎   ]을 실시하고 학생의 진로탐색 등 다양한 체험을 위한 [㈏   ]을 운영
> 해야 한다.

	㈎	㈏
①	학생 참여형 수업	진로교육
②	학생 참여형 수업	체험활동
③	학생 주도형 수업	진로교육
④	학생 주도형 수업	체험활동

> **ADVICE** 현행 교육 관련 법률 체계는 국민의 권리 · 의무 및 국가 · 지방자치단체의 책임을 정하고 교육제도와 그 운영에 관한
> 기본적 사항을 규정함을 목적으로 하는 교육기본법이 존재한다. 초 · 중등교육법은 교육기본법에 따라 초 · 중등교육에
> 관한 사항을 정함을 목적으로 하며 세부적인 위임 사항과 시행에 관하여 초 · 중등교육법 시행령을 두고 있다. 시행령
> 제48조의2 제1항에 따라 중학교 및 특수학교(중학교의 과정을 교육하는 특수학교로 한정한다)의 장은 자유학기에 학
> 생 참여형 수업을 실시하고 학생의 진로탐색 등 다양한 체험을 위한 체험활동을 운영해야 한다.

ANSWER 17.③ 18.④ 19.③ 20.②

서원각 용어사전 시리즈

상식은 "용어사전"

용어사전으로 중요한 용어만 한눈에 보자

✿ **시사용어사전 1200**
매일 접하는 각종 기사와 정보 속에서 현대인이
놓치기 쉬운, 그러나 꼭 알아야 할 최신 시사상식
을 쏙쏙 뽑아 이해하기 쉽도록 정리했다!

✿ **경제용어사전 1030**
주요 경제용어는 거의 다 실었다! 경제가 쉬워지
는 책, 경제용어사전!

✿ **부동산용어사전 1300**
부동산에 대한 이해를 높이고 부동산의 개발과 활
용, 투자 및 부동산 용어 학습에도 적극적으로 이
용할 수 있는 부동산용어사전!

중요한 용어만 공부하자!

- 최신 관련 기사 수록
- 다양한 용어를 수록하여 1000개 이상의 용어 한눈에 파악
- 용어별 중요도 표시 및 꼼꼼한 용어 설명
- 파트별 TEST를 통해 실력점검